Walther Zimmerli   1.Mose 12–25: Abraham

Zürcher Bibelkommentare

herausgegeben von
Georg Fohrer, Hans Heinrich Schmid und Siegfried Schulz

Walther Zimmerli

1. Mose 12–25: Abraham

TVZ Theologischer Verlag Zürich

Zürcher Bibelkommentare AT 1.2

ISBN 3-290-14718-5

© 1976 by Theologischer Verlag Zürich
Typographische Anordnung von Max Caflisch
Printed in Switzerland

Inhaltsverzeichnis

*Den «Ehemaligen» des «Reformierten Theologenhauses» der Jahre
1940–1951 in alter Verbundenheit gewidmet*

Vorwort

Die Auslegung der Urgeschichte 1. Mose 1–11 ist erstmals 1943 während der Jahre des Zweiten Weltkrieges in der «Prophezei» erschienen. Die Auslegung der Abrahamgeschichte folgt nun im Abstand von 33 Jahren in den «Zürcher Bibelkommentaren». Ein Dritteljahrhundert geht, zumal in unserer schnellebigen Zeit, weder am Ausleger noch an der wissenschaftlichen Erschließung der biblischen Texte spurlos vorüber. Die Absicht der hier vorgelegten Auslegung ist aber keine andere als die der (hier nach der 3. Auflage 1967 als «Urgeschichte³» zitierten) Auslegung von 1. Mose 1–11. Durch das Menschenwort hindurch, in dem auch das Erzählen von Abraham auf uns gekommen ist, möchte das über allen Wandel der Zeit und menschlicher Erkenntnis hinweg gültige Zeugnis vom Handeln des Herrn aller Geschichte – «Gott des Himmels und der Erde» nennt ihn 1. Mose 24,3 – zu Gehör gebracht werden. Aller fundamentalistischen Vergesetzlichung des Bibelbuchstabens möchte dabei ganz ebenso abgesagt sein wie der Auflösung des biblischen Redens in bloße Existenzkunde, die von einem «extra nos», dem echten Gegenüber des uns anredenden Gottes, nicht mehr zu reden wagt. In beiden Fällen wäre das «wahrer Gott, wahrer Mensch», das christlicher Glaube von seinem Herrn zu bekennen wagt, verraten.

Der Auslegung liegt der von den Masoreten, den jüdischen Gelehrten des Mittelalters, bearbeitete hebräische Text, auf den mit dem Siglum MT verwiesen wird, zugrunde. Die Verszählung der aus den biblischen Büchern zitierten Textstellen folgt den gängigen wissenschaftlichen Ausgaben der hebräischen Bibel, von denen die «Zürcherbibel» in ihrer Verszählung gelegentlich abweicht. In der Umschreibung der Personen-, Volks- und Ortsnamen folgt die Auslegung der Zürcherbibel. Ebenso lehnt sich die Übersetzung, wo es richtig schien, dankbar an die schöne, vor allem von meinem Zürcher Vorgänger Prof. Jakob Hausheer erarbeitete Übersetzung des Alten Testamentes der gegenwärtigen Fassung der «Zürcherbibel» an. Die (spärlich verwendeten) Abkürzungen wissenschaftlicher Publikationen halten sich an das Abkürzungsverzeichnis der 3. Auflage der «Religion in Geschichte und Gegenwart». In runde Klammern sind Worte gesetzt, die in der Übertragung ins Deutsche zu größerer Verdeutlichung zugefügt wurden, zwischen eckige Zeichen Stellen, an denen der verschriebene hebräische Text geändert werden mußte, was in den Anmerkungen erläutert wird. Auf einen ausführlicheren wissenschaftlichen Apparat wurde verzichtet, da die «Zürcher Bibelkommentare» nicht nur die engere Zunft der Bibelwissenschaftler, sondern den weiteren Kreis der interessierten Bibelleser ansprechen möchten.

Für die Mithilfe beim Korrekturenlesen und der Erstellung des Registers habe ich Fräulein Susanne Wüst und Herrn Christoph Levin herzlich zu danken.

Gewidmet ist diese Auslegung der Abrahamgeschichte meinen einstigen Zürcher Studenten, die mit meiner Frau und mir in der Aufgescheuchtheit des Jahres 1940 und in den folgenden Jahren die zunächst ganz ungesicherte neuartige, «theologische Existenz» einer vita communis gewagt haben. Die Gültigkeit der biblischen Abrahamerzählung in Aufruf und reichster Verheißung ist uns damals so lebendig wie nie zuvor geworden. So möchte diese Auslegung der Abrahamgeschichte die Gefährten jenes Weges in dankbarer Verbundenheit grüßen.

Fanas, den 9. September 1976   Walther Zimmerli

Einleitung

Die Gestalt Abrahams steht am Eingang der Geschichte Israels, des alttestamentlichen Gottesvolkes. Diese Aussage meint mehr als nur die zeitliche Feststellung,
daß, nachdem die Urgeschichte in 1.Mose 1–11 weltweit Ausschau in ein Früh-
geschehen der Menschheit gehalten hatte, nun die Erzählung sich auf den Bericht
von dem Ahnen Israels einzuengen beginnt. Sie meint, daß in Abraham, dem Empfänger der Verheißungen Gottes, sich schon etwas von dem kommenden Geschehen zwischen Gott und seinem Volke abzeichnet.
Wer die gesamte Bibel beider Testamente vor Augen hat, für den spannt sich der
Bogen noch weiter. Nach Mat.1,1 steht die Gestalt Abrahams auch am Eingang
der Geschichte des Christus, der die frohe Botschaft verkündet. An der Stelle des
Eingangssatzes von Mark.1,1: «Anfang des Evangeliums von Jesus Christus», ist
in Mat.1,1 zu hören: «Das Buch der Abstammung Jesu Christi, des Sohnes Davids,
des Sohnes Abrahams. Abraham zeugte den Isaak ...» Auch hier will mehr als nur
ein genealogisches Herkommen von einer Gestalt der Frühzeit ausgesagt sein. Es
liegt in derselben Linie, wenn Paulus in seiner großen Darlegung der Frohbotschaft
von der Gerechtigkeit Gottes, die vom Glauben ergriffen wird, deren positive Entfaltung in Röm.4 mit dem vollen Hinweis auf Abraham bekräftigt. Nach Präskript
(1,1–7) und Proömium (1,8–15) hatte er in 1,16f. das Thema des Briefes genannt
und nach der Schilderung der Zornesoffenbarung Gottes (1,18–3,20) in 3,21–30
das Thema von der in Christus geschehenen Offenbarung der Gottesgerechtig-
keit kontrastierend dagegengesetzt. Diese Erörterung mündet in die Frage, ob denn
nun damit die Grundlage des «Gesetzes», womit hier die alttestamentliche «Schrift»
gemeint ist, die in 3,21 voller als «Gesetz und Propheten» bezeichnet worden war,
beseitigt sei. Die entschiedene Verneinung dieser Frage: «Keinesfalls! Vielmehr
richten wir das Gesetz auf» (3,31), wird durch den Hinweis auf «unseren Vorvater
Abraham» gestützt (4,1ff.).
Hält der alttestamentliche Bericht von Abraham der bei Matthäus und Paulus in
verschiedener Weise formulierten Behauptung stand, daß die Frohbotschaft in dem,
was im Alten Testament vom «Vater» Abraham bezeugt ist, wurzle?
Eine Auslegung des Berichtes von Abraham in 1.Mose 11–25 wird an diesen Fragen, die sich im gesamtbiblischen Rahmen stellen, nicht vorbeisehen können. Bevor an diese Auslegung herangegangen werden kann, sind aber noch einige Vor-
fragen zu bedenken.

I

Israel steht als Volk im vollen Licht der Menschheitsgeschichte. Wieweit gilt dieses
auch schon von den Vätern und im besonderen auch von deren erstem, Abraham?
Die Forschung hat sich mit dieser Frage in den dahintenliegenden Jahrzehnten in-
tensiv beschäftigt. H.Weidmann hat in seiner Dissertation: «Die Patriarchen und
ihre Religion im Licht der Forschung seit Julius Wellhausen», FRLANT 94, 1968,
ihren Gang in den letzten 100 Jahren bis hin zum Erscheinen von A.Alts «Gott der
Väter», 1929, und zu der ersten an Alts These geübten Kritik nachgezeichnet.
Die historisch-kritische Forschung hatte zunächst mit sehr pauschalen Urteilen ge-
arbeitet. Nach Wellhausen läßt sich den Vätergeschichten nur etwas für die Zeit, in

der sie niedergeschrieben worden sind, entnehmen. Abraham im besonderen ist keine geschichtliche Person, «eher noch könnte er eine freie Schöpfung unwillkürlicher Dichtung sein».

Die Entdeckung der babylonischen Kultur und Literatur führte im ersten Sturm der Begeisterung über die neugewonnenen Einsichten zu verwegenen neuen Thesen. Bei der Einordnung in das vermeintlich in alledem entdeckte astralmythologische Weltbild fand H. Winckler allenthalben in der Abrahamerzählung Mondmotive – bis hin zum Namen Abraham selber. «Abraham bezeichnet den Mondgott in seiner Eigenschaft als den deus summus». In anderer Weise glaubte Ed. Meyer in den Namen Abraham und Sara die Namen zweier in Hebron und bei der Höhle Machpela beheimateter Gottheiten zu finden. Gunkel und Greßmann wiederum sahen im Kontext ihrer Suche nach Märchenmotiven in den Väternamen analog den Märchenfiguren von Hänsel und Gretel «simple Personennamen wie Hinz und Kunz». Mit der schon genannten Untersuchung von A. Alt ist die ganze Frage auf methodisch zuverlässigeren Grund gestellt worden. In traditionsgeschichtlicher Nachfrage hat Alt die Rede vom «Gott der Väter», die in den konkreten Formulierungen «Gott Abrahams, Gott Isaaks, Gott Jakobs» zu fassen ist, als ein echtes religiöses Traditionselement alter Zeit herausgearbeitet und dieses durch ein reiches Material an analogen Formulierungen aus dem gewiß ein Jahrtausend jüngeren Bereich nabatäischer Inschriften abgestützt. Da die Nabatäer, aus deren Bereich das Inschriftenmaterial stammt, kulturgeschichtlich und soziologisch aus einem analogen Milieu, nämlich dem der vom Halbnomadentum zur vollen Ansässigkeit hinüberwechselnden Gruppen am Rand des palästinensisch-syrischen Fruchtlandes stammen, ist diesem Material die Vergleichbarkeit mit den Angaben der Vätergeschichten nicht unbedingt abzusprechen. Zwar ist Alt, der in den konkreten Bildungen «Gott Abrahams», «Gott Isaaks», «Gott Jakobs» das primäre Element und in der zusammenfassenden Formulierung «Gott der Väter» die sekundäre Bildung zu sehen glaubte, die Wahrnehmung entgegengehalten worden, daß sich anderenorts im vorderorientalischen Bereich durchaus auch die Rede vom «Vatergott» finde und in dieser Formulierung das Ursprünglichere zu sehen sei. Dadurch ist aber der Vermutung, daß auch in den mit den einzelnen Personennamen gebildeten Formulierungen eine eigenständige Gottesbezeichnung zu finden sein könnte, kein Abbruch getan. So können diese Benennungen auf wirkliche Gottesbegegnungen einzelner Männer dieses Namens zurückgehen, Gottesbegegnungen, die dann bei den Nachfahren derer, die diese Gottesbegegnungen hatten, lebendig blieben – ganz so wie es bei den nabatäischen Inschriften erkennbar wird.

Weitere Forschungen vor allem in der amerikanischen, aber auch der katholischen europäischen Wissenschaft haben versucht, in der geschichtlichen Fixierung der Überlieferung von den Vätern voranzukommen. Auf drei Wegen ist weiter gefragt worden. Zunächst auf dem Wege der sprachlichen Namensforschung. Es hat sich etwa für den Namen Abraham in seiner bis hin zu 1. Mose 17 verwendeten Kurzform Abram, die einem Abiram entspricht (analog steht Abner neben Abiner, oder Ahab neben Ahiab), gezeigt, daß es sich um einen auch sonst belegten Personennamen handelt. In dem nordsyrischen Ugarit ist für das 14. Jahrh. als Träger dieses Namens gleichzeitig ein Mann aus Cypern und ein solcher aus Ägypten nachzuweisen. Da der Name durch längere Zeiten hin nachweisbar ist, wird es allerdings nicht angehen, von dem Namensvergleich her auf ein bestimmtes Datum der Lebenszeit des alttestamentlichen Abraham zu schließen.

Auf einer zweiten Linie hat man versucht, Abraham, der nach 1. Mose 11 von Osten her nach Kanaan gekommen ist, mit bestimmten Bevölkerungsbewegungen, die aus den Nachrichten der Umwelt Israels erkennbar sind, zu verbinden. Danach meint etwa R. de Vaux in seiner «Histoire Ancienne d'Israël», 1971, den Erzvater ins 18. vorchristliche Jahrh. datieren zu können.

Eine weitere Hilfe zur Datierung der Väterzeit schienen die Rechtstexte zu bieten, die man in Nuzi, dem heutigen Kerkuk, am Tigris gefunden hatte. Diese in das 15. Jahrh. v. Chr. (?) zu datierenden Texte schienen eine Rechtskultur besonderer Eigenart erkennbar zu machen. Man meinte in ihnen Rechtsformen zu finden, die in besonderer Weise in den Vätergeschichten des 1. Mosebuches wiederkehren. Auch hierin glaubte man ein Mittel zu genauerer Datierung der Väterzeit in die Hand bekommen zu haben. Doch sind gegen die Heranziehung dieses Materials ganz so wie gegen die Argumentation mit den Bevölkerungsbewegungen in der 1. Hälfte des 2. Jahrt. neuerdings stärkste Bedenken angemeldet worden (Th. L. Thompson, The Historicity of the Patriarchal Narratives, 1974). Aus allgemeineren Erwägungen zum Vorgang der Überlieferung von den Vätern würde man ihre Zeit lieber nicht allzuweit von der Zeit der Einwanderung der wohl im Ausgang des 13. Jahrh. aus Ägypten kommenden Gruppen abrücken wollen. Vgl. weiter zu 15,13–16.

Die Ausbeute der Umweltnachrichten für die Erfassung der geschichtlichen Wirklichkeit der Väterberichte ist mager. Es ist aber angesichts der Nachrichten über Abraham in 1. Mose 11–25 auch von vornherein nicht zu erwarten, daß die Umweltberichte von dieser Gestalt Notiz genommen haben. Abgesehen von dem eigenartigen Kap. 14, über das bei der Auslegung näher zu handeln sein wird, ist der Ahne Israels an keiner Stelle mit größeren politischen oder gar militärischen Ereignissen, deren Erwähnung dann in den Nachrichten der politischen Herren der Zeit erwartet werden könnte, in Verbindung gebracht.

II

Die Berichte über Abraham, dessen Name, wie erwähnt, am zuverlässigsten in der Rede vom «Gott Abrahams» aufbewahrt ist, wurzeln in einer anderen Sphäre als derjenigen der Berichte über politische oder gar militärische Ereignisse. Sie wollen von jener eigenartigen Geschichte des «Zuvor» Israels, des Gottesvolkes, künden. Im Medium der ihnen zugekommenen Überlieferungselemente verschiedener Art wollen sie ihr bestimmtes Verständnis von diesem «Zuvor» der göttlichen Führung mit dem Ahnherrn zu Gesicht bringen, in dem sich von ferne das Geschick Israels ankündet und etwas vom Willen Gottes mit dem von ihm Berufenen erkennbar wird. So läßt sich denn beim Versuch, die Berichte über Abraham zu verstehen, auch nicht von der besonderen Art des jeweiligen Erzählers absehen, der in seiner Erzählung zugleich Zeuge eines Geschehens zwischen Gott und dem von ihm Berufenen sein will, das die bruta facta äußerer Geschichte transzendiert.

In der Einleitung zur Auslegung der «Urgeschichte», 3. Aufl. 1967, ist «die Mehrzahl der Zeugen im 1. Mosebuch» schon angesprochen worden. In der Urgeschichte waren es zwei Stimmen, die unterschieden werden konnten. Eine kurze Rückerinnerung an die Art ihrer Aussage und die Frage, mit der eine jede von ihnen den Hörer entlassen hat, dürfte sinnvoll sein, bevor an die Einzelauslegung der Abrahamberichte herangegangen wird.

Die in der Urgeschichte besonders markant heraustretende Stimme, die deren Anfang und zeitlichen Aufriß beherrscht, ist die eines priesterlichen Verfassers (P). Sein Bericht zeigte eine ganz ausgeprägte Eigenart. An zwei Stellen wuchs er zu breiter

Darstellung aus: 1. Im Schöpfungsbericht 1. Mose 1,1–2, 4a, der auf das Heilige des Sabbats hinstrebte und in ihm das majestätische Tun des Schöpfers der Welt zu seinem Ziel kommen ließ. 2. In dem Bericht über die große Flut, in der Gott eine durch «Gewalttat» (6,11f.) geschändete Welt richtete. Über dieser Welt aber, die nicht mehr die gute Welt, wie sie aus der Hand des Schöpfers gekommen war (1,31), darstellte, so erzählte P weiter, richtete Gott seinen «Bund» barmherziger Erhaltung auf. Ihr sagte er zu, daß er sie weiter unter dem Segen von Fruchtbarkeit und Mehrung leben lassen wolle. In der Verzweigung in die Völkerwelt (10,1ff.) gewann dieser erneute Segen sichtbare Gestalt. Die Verbindungslinie zwischen diesen beiden breiten Erzählkomplexen und über sie hinaus wurde durch einfache genealogische Aufreihung der Zwischenglieder hergestellt.

Die priesterschriftliche Erzählungsweise wird sich auch im Bereich der Abrahamgeschichten bestätigen. Mit einem dünnen, theologisch völlig akzentlosen Erzählungsfaden, der die genealogischen Zusammenhänge sichtbar macht und die von den anderen Erzählern berichteten Ereignisse in Auswahl nur knapp registriert, (11,27–28. 31–32; 12,4b–5; 13,6.11b. 12 ab α; 16,1a.3.15–16), wird an das gewichtige Kap.17 herangeführt, das in starker Ballung der Überlieferungselemente ausführlich schildert, was es ist um die Beziehung Gottes zu Abraham. Mit einem einzigen Vers (19,29) streift P dann die Sodomgeschichte, um in 21,1b–5 die Geburt und Beschneidung Isaaks zu registrieren. Über die auffallend breit berichtete Episode vom Erwerb eines Grabplatzes nach dem Tode Saras (Kap.23) geht es weiter zur Mitteilung vom Tode Abrahams in 25,7–11a. Die Tatsache, daß die erwähnten Stücke eine völlig lückenlose Erzählung von Abraham ergeben, was sich so von den gleich zu erwähnenden anderen Erzählungsfäden nicht sagen läßt, führt zu der schon aus der Urgeschichte zu gewinnenden Erkenntnis, daß der Mann, der die verschiedenen Erzählungen vereinigt hat, den P-Bericht als die eigentliche Grundlage bewertet hat. In sie wurde eingebaut, was sich aus den anderen Erzählungen einbauen ließ.

Wichtig aber ist es, die inhaltliche Frage zu bedenken, mit welcher der priesterliche Erzähler der Urgeschichte den Leser scheiden läßt. Der Leser wird sich fragen, ob es nun bei diesen zwei mächtigen Akten Gottes sein Bewenden haben kann, der Erschaffung einer guten, dann aber von der Kreatur geschändeten Welt der göttlichen Schöpfung und dem Akt barmherzigen Innehaltens im Gericht, durch welchen dieser Welt Zukunft zugesichert wird. Wird Gott es dabei bewenden lassen, oder ist nochmals ein oder sind gar mehrere Akte göttlichen Eingreifens in diese Welt zu erwarten, die auch dieser Welt noch eine neue Richtung oder eine neue Mitte geben?

Hat sich der priesterliche Erzähler in der Urgeschichte da, wo er erzählerisch in die Breite geht, in einem entschlossen theozentrischen Interesse auf die Darstellung der großen göttlichen Akte konzentriert (noch war in 1. Mose 1–11 kein einziges Mal eine menschliche Stimme zu Gehör gekommen), so redet der zweite Erzähler eine sehr andere Sprache. Weil er unbefangen vom ersten Satz seiner Erzählung in 2,4b ab den Gottesnamen, unter dem Israel seinen Gott kennt, verwendet, hat man ihn als Jahwisten (J) bezeichnet. Die Möglichkeit, daß in diesem «jahwistischen» Reden in der Urgeschichte mehr als nur eine einzige Stimme zu Gehör kommt, ist nicht auszuschließen. Dieses jahwistische Reden aber läßt die strenge Einseitigkeit des Berichtes von göttlichen Setzungen vermissen. In diesem Erzählen beginnt der Mensch zu leben und zu sprechen. Schon beim Eingang, der die göttlichen Anfangstaten vom Anfang der Welt schildert, bekommt auch der Mensch Stimme (2,23). Und auf den Menschen, bis hinein in seine feinsten Regungen, ist auch im weiteren das Augenmerk gerichtet. Nicht so, daß man nun von einer anthropozentrischen Wendung im Gegensatz zur Theozentrizität des priesterlichen Erzählers reden dürfte. Auch hier ist es immer der Mensch vor Gott. Aber dieser Menschengeschichte vor Gott, die ganz so wie in den knappen Feststellungen des P in 6,11 f. eine Geschichte fortgesetzter Gottentfremdung ist, gilt nun eben das gespannte Interesse des Jahwisten. Auch er muß schildern, wie sich über diesem Menschen das göttliche Gericht ereignet. In einer größeren Zahl von Einzelepisoden schildert er Entfremdung und göttliches Gericht – im Paradies, über dem Brudermörder Kain, über einer Menschheit, die sich die Vermischung mit der Himmelswelt gefallen läßt (6,1–4), so daß auch hier von der Weltkatastrophe der Flut berichtet werden muß, auf die dann Jahwes Langmut mit dem Versprechen antwortet, kein zweites Mal eine solche Flut kommen zu lassen (8,21 f.). Von einem «Bund» ist hier nicht die Rede. Nochmals aber wird in Noahs Familie ein Fluchwort laut (9,25). In der Völkertafel macht der Jahwist anders als der priesterliche Zeuge sichtbar, wie Gewaltherrschaften in der Völkerwelt errichtet werden (10,8 ff.). Die Geschichte vom Turmbau zu Babel schließlich läßt erkennen, wie die Völkerwelt sich in ihrer Sprachvielfalt nicht mehr versteht und auseinanderfährt (11,1–9).

Auch die jahwistischen Berichte der Urgeschichte entlassen ihren Hörer mit einer Frage: Wird Jahwe es dabei bewenden lassen, daß er je und je in Fällen neuen Ungehorsams zwar nicht mehr die Totalvernichtung einer Flut sendet, aber doch, wie es schon die Kaingeschichte zeigte, verhalten straft? Wird er es dabei bewenden lassen, daß der Fluch, der in der jahwistischen Urgeschichte über der Kreatur laut wurde (3,14.17; 4,11; 9,25), wenn auch zurückgebunden, an der totalen Auswirkung gehindert, das Stichwort bleiben soll, das die Menschengeschichte kennzeichnet? Auf diese Frage hin drängt der Jahwist den Hörer seines Berichtes von der Urgeschichte.

In der Abrahamgeschichte wird dann vor allem in 1. Mose 20–22 noch eine dritte Stimme laut werden, die bisher nicht zu vernehmen war. Weil sie von Gott in ihren klar erkennbaren Stücken zunächst unter der Allgemeinbezeichnung «Gott» (Elohim) redet, hat man sich gewöhnt, diesen Erzähler als den Elohisten (E) zu bezeichnen. In 2. Mose 3,14 wird dann dieser Erzähler wie der priesterliche Zeuge in 2. Mose 6,2 ff. davon berichten, daß dem Mose der Name Jahwe, unter dem Israel seinen Gott kennt, geoffenbart worden sei. Wird die Erzählung des Jahwisten gemeinhin in die frühe Königszeit (10./9. Jahrh. v. Chr.) datiert (vgl. zu 12,1–3) und diejenige des priesterlichen Erzählers in die exilische oder frühnachexilische Zeit (6./5. Jahrh. v. Chr.), so meint man als Zeit der Aufzeichnung der elohistischen Stücke die mittlere Königszeit vermuten zu sollen. Vgl. zur relativen Datierung des Elohisten und Jahwisten etwa den Vergleich von 12,10–20 mit 20,1–18 und von 16,1b–2.4–14 mit 21,8–21.

Darüber hinaus aber wird man, sicher in Kap. 14, aber wahrscheinlich auch in Kap. 15 (auch 24?) mit Stücken rechnen müssen, die weder der einen noch der anderen der erwähnten hauptsächlichen Erzählvorlagen entstammen, sondern als eigenständige Erzählungsstücke zugesetzt worden sind.

Doch ist dieses im Zusammenhang mit der Erwägung der Texte selber näher zu prüfen. Diese müssen nun zu Worte kommen.

1. Mose 12–25: Abraham

11,27–12,9   Die Herkunft Abrahams. Der Aufbruch aus dem Osten und die Ankunft in Kanaan

11,27 Das ist die Geschlechterfolge Tharahs: Tharah zeugte den Abram, den Nahor und den Haran. Und Haran zeugte den Lot. **28** Haran aber starb vor seinem Vater Tharah im Lande, da er seine Verwandtschaft hatte, im Ur der Chaldäer. **29** Und Abram und Nahor nahmen sich Frauen. Der Name der Frau Abrams war Saraj und der Name der Frau Nahors war Milka. (Sie war) die Tochter Harans, des Vaters der Milka und der Jiska. **30** Saraj aber war unfruchtbar. Sie hatte kein Kind. **31** Da nahm Tharah seinen Sohn Abram und Lot, den Sohn Harans, seinen Enkel, und seine Schwiegertochter Saraj, die Frau Abrams, seines Sohnes. Und sie zogen ⸗ [1] weg vom Ur der Chaldäer, um ins Land Kanaan zu gehen, und kamen nach Haran und blieben dort wohnen. **32** Die Lebenszeit Tharahs aber betrug ⟨145⟩ [2] Jahre. Dann starb Tharah in Haran.
12,1 Da sprach Jahwe zu Abram: «Geh weg aus deinem Lande und deiner Verwandtschaft und deinem Vaterhaus in das Land, das ich dir zeigen will. **2** Und ich will dich zu einem großen Volke machen und dich segnen und deinen Namen groß machen, und du sollst ein Segen sein. **3** Und segnen will ich, die dich segnen, wer dich aber schmäht, den will ich verfluchen. Und Segen sollen durch dich empfangen alle Geschlechter der Erde.»
4 Da ging Abram weg, wie ihm Jahwe gesagt hatte, und mit ihm ging Lot. Und Abram war 75 Jahre alt, als er von Haran auszog. **5** Und Abram nahm sein Weib Saraj und seinen Bruderssohn Lot und all ihre Habe, die sie (sich) erworben hatten, und die Leute, die sie in Haran gewonnen hatten. Und sie zogen aus, um ins Land Kanaan zu gehen, und sie gelangten ins Land Kanaan.
6 Und Abram durchzog das Land bis (hin) zu dem Ort Sichem bei dem Orakelbaum. Die Kanaaniter aber wohnten damals im Lande. **7** Da erschien Jahwe dem Abram und sprach: «Deinen Nachkommen werde ich dieses Land geben.» Da baute er dort einen Altar für Jahwe, der ihm erschienen war. **8** Dann rückte er von dort weiter aufs Gebirge hinauf (zu einem Ort) östlich von Bethel und spannte sein Zelt auf – Bethel im Westen und Ai im Osten. Und er baute dort einen Altar für Jahwe und rief den Namen Jahwes an. **9** Dann brach Abram auf, immer weiter zum Südland hin.

An diesem einleitenden Stück der Erzählung von Abraham, der bis hin zu 17,5 mit der Kurzform des Namens als Abram bezeichnet wird (s. d., in der Auslegung wird im folgenden durchgehend die Form «Abraham» verwendet), sind die beiden von der Urgeschichte her bekannten Erzähler beteiligt. Der priesterliche Erzähler ist leicht an der Überschrift, die in (2,4a) 5,1; 6,9; 10,1; 11,10 ihre Entsprechungen in der Urgeschichte hatte, am Stil der Genealogie von 11,27.32, der seine Entsprechung in 11,10–26 hat, und an der listenartigen Vollständigkeit der Aufzählung

---

[1]   Das im MT noch zu lesende «mit ihnen» paßt nicht in das Satzgefüge und ist wohl durch Dittographie entstanden. Die alten Übersetzungen glätten das Gefüge je in unterschiedlicher Weise.

[2]   So nach dem samaritanischen Text. MT liest: 205 Jahre. Vgl. die Auslegung.

der jeweils beteiligten Personen, was an seine Erzählung der Flutgeschichte erinnert, zu erkennen. Ihm sind 11,27–28.31–32; 12,4b–5, die in sich einen geschlossenen Zusammenhang ergeben, zuzuweisen. Kontrovers ist darin nur V.28, den manche um des darin vorkommenden Wortes für «Verwandtschaft», das in J 12,1 wiederkehrt, bei P aber sonst nie belegt ist, gerne J zuweisen möchten. Der Zusammenhang von P, den der Endredaktor schon in der Urgeschichte nach Möglichkeit vollständig zu erhalten bemüht war, bedarf aber des V.28, damit in V.31 verständlich wird, warum Tharah den Lot, nicht aber seinen Vater Haran mit sich nimmt. So stellt der Ausdruck «im Lande, da er seine Verwandtschaft hatte,» in 11,28 wohl eine nachträgliche redaktionelle Verklammerung, bei welcher der Redaktor mit dem Vokabular von 12,1 arbeitet, dar. Der übrige Bestand von V.28 ist P zu belassen.

a) *Der priesterliche Erzähler* (**11,27–28*.31–32; 12,4b–5**) berichtet von einer Wanderung der Familie Abrahams, deren eigentliches Ziel «das Land Kanaan» ist (V.31b). Der Name Kanaan dürfte nach Ausweis älterer Nachrichten aus der Umwelt Israels zunächst «das Land der Purpurhändler», d.h. die phönizischen Städte, bezeichnet haben. Für Israel wird es über die in Palästina liegenden Stadtstaaten hin, die strukturell den phönizischen Städten verwandt sind, zur allgemeinen Landesbezeichnung. Als «Kanaaniter» (12,6; 13,7) werden dann aber vor allem bei J in einem zusammenfassenden Ausdruck die Vorbewohner des Landes bezeichnet, von denen sich Israel, das in der Folge ebenfalls in «Kanaan» wohnt, bewußt unterscheidet.
Die Wanderung Abrahams wird in zwei Etappen zurückgelegt. Die Angabe über Nachkommenschaft und Lebensdauer Tharahs in 11,27.32, die in einer Mischung des Stils von 5,1–32 und 11,10–26 gehalten ist, umklammert den Bericht über die erste Wanderungsphase, für die Tharah allein Verantwortung trägt. Abraham ist einer der drei Söhne Tharahs, die in Wiederaufnahme der Aussage von V.26 zunächst eingeführt werden. Daß mit der Überschrift von 27 nochmals hinter die Gabelung der Genealogie in drei Zweige zurückgegriffen wird, hat im Nebeneinander von 5,32 und 6,9f. seine Analogie und darf nicht abgeändert werden. Im Verzeichnis der mit Tharah Wandernden wird der Sohn Nahor nicht erwähnt. Daß der Enkel Lot in der wandernden Gruppe dabei ist, wird durch die Angabe von V.28, nach welcher sein Vater Haran, der dritte Sohn Tharahs, schon in Ur gestorben ist, verständlich. Warum ist Nahor nicht dabei? Ist auch er schon gestorben? Warum ist das dann aber nicht ebenso erwähnt wie bei Haran? Die Angabe in 22,20 (J) setzt dieses nicht voraus. Bleibt er allein von den drei Söhnen in Ur zurück? Das ist wenig wahrscheinlich, da der Name Nahor in der übrigen Tradition besonders stark mit Haran verbunden ist (vgl. 24,10.24). Dazu kommt weiter, daß sich im Umkreis der Stadt Haran Ortsnamen finden, welche Namen der Abrahamgenealogie anklingen lassen, neben Sarug (dazu Urgeschichte[3], 420) und Turah (vgl. Tharah) ist auch ein Nahur nachzuweisen, in dem man gerne den Namen Nahor finden möchte. So bleibt die Nicht-Nennung Nahors ein Rätsel.
Gegenstand von Fragen bleibt auch der Ausgangsort der Wanderung Tharahs. Ur ist eine durch die Ausgrabungen in ihrer hohen Bedeutung eindrücklich gemachte Stadt, die schon in früher, sumerischer Zeit ein bedeutsames kulturelles und auch politisches Zentrum des südlichen Zweistromlandes war.[3] Was soll aber das Beiwort «(Ur) der Chaldäer»? Es ist uns bekannt, daß die aramäische Gruppe der Chal-

---

[3]   Vgl. etwa C. L. Woolley, Ur in Chaldäa, 1956.

däer seit dem 9. Jahrh., oder nach höheren Schätzungen schon im 11. Jahrh. im südlichen Zweistromland auftauchte. Ihre eigentliche Bedeutung hat diese von der Wüste her eingedrungene Gruppe dann in der neubabylonischen Zeit bekommen, als sie nach einer noch wenig dauerhaften Erstphase z. Zt. Jesajas unter Merodach-Baladan (Jes. 39) das Königtum in Babylon (Nabopolassar, Nebukadnezar II. und ihre Nachfolger) voll übernahm. Was soll aber ein Ur der Chaldäer in den Tagen der Patriarchen? Es handelt sich dabei um einen Anachronismus. So hat man denn gemeint, die Erwähnung der Chaldäer als junge Beifügung zum Namen Ur abtun zu können, eine Beifügung, die allerdings an allen Stellen im Alten Testament, welche Ur erwähnen, zu finden ist (1. Mose 15,7; Neh. 9,7, vgl. auch die ungenaue Anspielung auf Abrahams Auszug aus dem Lande der Chaldäer in Apg. 7,4). Dazu kommt die weitere Frage: Sollten wirklich in Südbabylonien seßhaft gewordene Aramäer (Chaldäer) erneut aufgebrochen und in das nordmesopotamische Haran gezogen sein?

Die Nennung Harans als der Gegend, von der die Väter Israels kommen, ist demgegenüber unverfänglich und, wie schon erwähnt, durch die Tradition auch der nichtpriesterlichen Überlieferung bestätigt. Die im großen Euphratbogen am oberen Balich, einem Nebenfluß des Euphrat, gelegene Stadt Haran trägt schon in ihrem Namen *ḫarrānu* «Weg» die Erinnerung an ihre besondere Bedeutung als «Wege-Stadt» an der großen Karawanenstraße vom Tigrisgebiet, in dem die Großstädte des assyrischen Reiches lagen, zum Mittelmeer hin. Es hat in der neubabylonischen Zeit unter dem letzten König Naboned unversehens eine große Bedeutung gewonnen durch die Restaurierung des dortigen Mond-(Sin-)Kultes durch Naboned, der damit den Zorn der Mardukpriester in Babylon erregte. Ist es Zufall, daß auch Ur in Südbabylonien einen bedeutsamen Kult des Sin kennt? Spiegeln sich in der Vorschaltung von Ur in der Wanderschaft der Väter verborgene, uns nicht mehr durchsichtige Tendenzen der doch wohl im babylonischen Exil zu suchenden Gestalter der Priesterschrift wider? Ihre Sicht ist klar zu erkennen: Die Väter kommen aus dem ehrwürdigen Ur nach Haran. Nach einem längeren Zwischenhalt zieht Abraham mit Lot von dort ins Land Kanaan. Das wird in 12,4 b. 5 unter genauer Aufführung der Beteiligten und mit der Altersangabe für Abraham erzählt. Ein bestimmter Ort in Kanaan, an den Abraham zöge, wird dabei nicht genannt.

Nach 11,26 werden dem Tharah seine drei Söhne (gleichzeitig?) in seinem 70. Lebensjahr geboren. Nach 12,4 b ist Abraham 75 Jahre alt, wie er von Haran nach Kanaan zieht. Das müßte also in Tharahs 145. Lebensjahr geschehen sein. Nun beträgt die Gesamtlebensdauer Tharahs nach der Lesung des MT in 11,32 205 Jahre. Abraham wäre danach zu Lebzeiten Tharahs von Haran weitergezogen und hätte Tharah dort zurückgelassen. Warum zieht dieser nicht mit, da es doch schon bei seinem Wegzug aus Ur nach 11,31 seine Absicht war, nach Kanaan zu ziehen? Von da her bekommt die Angabe der samaritanischen Überlieferung in V. 32, daß Tharah in seinem 145. Lebensjahr gestorben sei, ernsthaftes Gewicht. Die Lesung des masoretischen Textes erklärt sich dann leicht von der Überlieferung her, daß nach der Darstellung des J in 12,1 Abraham auf Geheiß Jahwes Heimat und Vaterhaus verlassen soll, um in das ihm von Gott gewiesene Land zu ziehen. Das müßte dann wohl noch zu Lebzeiten des Vaters geschehen sein. In der Verbindung der Aussagen von J und P konnte es leicht geschehen, daß 11,32 auf 12,1 abgestimmt und die Zahl 145 in 205 geändert wurde.

Das führt schließlich auf die Gesamterwägung der Darstellung des priesterlichen Erzählers vom Zug des Ahnen aus dem Zweistromland nach Kanaan. In dieser Darstellung fällt auf, daß von irgendeiner Weisung von seiten Gottes keine Rede ist. Der Entschluß, nach Kanaan zu ziehen, wird von Tharah offenbar ganz aus eigener Entscheidung heraus gefaßt. Abraham vollzieht dann mit seiner Weiterwanderung nach dem Tode Tharahs nur den Plan, den sein Vater schon gefaßt hatte. Darin aber wird erkennbar, daß der ganze Zug Abrahams nach Kanaan im Zusammenhang der priesterlichen Darstellung noch keine religiöse Bedeutung hat. Der Bericht vom Auszug aus dem Zweistromland und dem Hingelangen nach Kanaan ist im priesterlichen Geschichtsaufriß ein ganz unbetontes Zwischenstück. In ihm ist noch nichts von einer weiteren großen Gottessetzung, wie sie von der Urgeschichte her erwartet werden möchte, zu erkennen. Gott hat hier noch nicht gesprochen. Er wird nach der Sicht des P erst im Geschehen von 1. Mose 17 sprechen.

b) Die Sicht des priesterlichen Erzählers auf die Abrahamüberlieferung unterscheidet sich fundamental von derjenigen des *Jahwisten* (11,29–30; 12,1–4a.6–9). In J fallen bei diesem Auszug Abrahams aus seiner mesopotamischen Heimat die entscheidenden göttlichen Aussagen, welche die ganze Folgegeschichte der Väter bestimmen werden. Der gehorsame Aufbruch Abrahams aus seiner Heimat bedeutet für ihn die entscheidende Wende und sein Eintreten in die volle Bedeutsamkeit des Vaters Israels.

Im jahwistischen Bericht fehlt zunächst die genealogische Verbindung mit dem Menschheitsahnen nach der Flut, die vom Priester in 11,10–26 gegeben wurde. Auch ist keine Verbindung mit der unmittelbar vorhergehenden Erzählung von den Turmbauern in Babylon (11,1–9) zu erkennen. In einem sichtlich fragmentarischen Stück berichtet **11,29** von den Ehen Abrahams und seines Bruders Nahor. Wenn Nahors Frau Milka, die in 22,20–24 bei der Aufzählung der Nachkommen Nahors nochmals erwähnt ist, als Tochter des Haran bezeichnet wird, so ist es mehr als fraglich, ob auch der Jahwist in Haran einen weiteren Bruder Abrahams sieht. Die Ehe Nahors mit einer Nichte wäre doch recht auffallend. So wird man eine von V. 27 (P) abweichende genealogische Zuordnung Harans beim Jahwisten zu vermuten haben. Wenn dann dieser Haran weiter als «Vater der Milka und der Jiska» bezeichnet wird, so ahnt man, daß der alten Überlieferung wohl noch weitere Nachrichten (über Haran und Jiska) vorgelegen haben dürften. Diese sind für uns versunken.

Für die folgenden Erzählungen bedeutsamer ist demgegenüber die knappe Feststellung, daß Sara kinderlos gewesen sei. Die Analyse von Kap. 16 läßt es als möglich erscheinen, daß die Aussage von **11,30** einst den Eingang der jahwistischen Erzählung der Hagargeschichte bildete. Besteht diese Vermutung zu Recht, dann verdankt 11,30 seine jetzige Stellung der Arbeit des Redaktors, der damit die Spannung, daß ein Kinderloser die göttliche Verheißung empfängt und unter dieser ins Ungewisse auszieht, schon gleich ganz zu Beginn vernehmbar machen wollte. Diese knappe Notiz gehört für den jetzt vorliegenden Text zu den Vorgaben der folgenden Erzählung, in welcher Abrahams Weg unter einer spürbaren Spannung angetreten wird.

Über diesen Weg tritt mit **12,1–3** ein ohne jede weitere Orts- oder Situationsangabe eingeführter Gottesbefehl. In einer neueren Analyse ist vermutet worden, daß dieser Befehl in der vom Jahwisten bearbeiteten Vorlage zunächst nur 12,1 umfaßte und dann von J in 12,2f. mit seinen eigenen Akzenten versehen worden sei, welche das Thema der jahwistischen Abrahamüberlieferung unüberhörbar herausstellen.

Über dem Aufbruch Abrahams aus seiner Heimat steht hier ein klarer göttlicher
Befehl. Dreifach, in immer enger werdenden Kreisen ist dabei benannt, wovon
sich Abraham bei seinem Aufbruch lösen soll:
1. Aus seinem Lande soll er ausziehen. Daß schon der Vater Tharah diesen Aufbruch aus dem «Land», in dem seine gleich nachher genannte «Verwandtschaft»
wohnte, vollzogen habe, ist hier offensichtlich nicht vorausgesetzt. Romantische
«Heimatgefühle» wird man aber hier besser nicht eintragen.
2. Die Lösung von der «Verwandtschaft», d. h. der umgebenden Sippe, bedeutet für
diesen Einzelnen mit seiner kinderlosen Frau die Preisgabe des äußeren Schutzes.
Einen solchen gewährt Abraham nicht so sehr eine festgefügte Staatlichkeit, sondern die notfalls in der Blutrache für ihn eintretende Sippe. Und wenn schließlich
3. in der engsten Formulierung auch das Hinausgehen aus dem Vaterhaus, d. h. der
Kleinfamilie, gefordert wird, so ist darin kaum der schon eingetretene Tod des
Vaters Tharah vorausgesetzt, an den die Altersberechnung der samaritanischen
Überlieferung in 11,32 denken läßt, sondern das Heraustreten auch aus dieser
engsten noch bestehenden Verbundenheit der patriarchalischen Kleinfamilie. Danach hat MT dann den Text von 11,32 (P) geändert, s. o. Wer von der Turmbau-
geschichte her die Formulierung von 11,4 in den Ohren hat, nach welcher die Stadt-
und Turmbauer von Babylon mit dem Stadtbau der Zerstreuung wehren und die
geballte Macht der Masse zusammenhalten wollten (Urgeschichte[3], 401), der wird
schon hier den starken Kontrast dessen, was Gott fordert, zu dem, was Menschen
planen, empfinden. Fehlt auch die genealogische Verbindung zwischen 11,1–9 und
Abraham, so tritt die (antithetische) Sachbeziehung in 12,1–3, wie sich immer deutlicher zeigen wird, um so bestimmter heraus.
Der eindeutigen, dreifach gestaffelten Formulierung der Forderung zum Aufbruch steht eine auffallend unbestimmt gehaltene Beschreibung des Ziels gegenüber, zu dem hin Abraham aufbrechen soll. «In das Land, das ich dir zeigen werde.»
Keine klare Ortsangabe, wohin denn nun die Reise gehen soll. Was allein gesagt
wird, ist ein Versprechen Gottes, daß er dann einmal zeigen wolle, wohin die Reise
gehen solle. Wieder ist der tiefe Unterschied der Darstellung zur priesterlichen Aussage erkennbar, wo sowohl beim Aufbruch Tharahs (11,31) wie dann bei demjenigen Abrahams (12,5) die vom Menschen selber geplante Zielrichtung genannt
ist. In der jahwistischen Erzählung ist der Wegzug von der angestammten Heimat
unter dem Geheiß Gottes zum Gefäß der Schilderung eines Aufbruchs unter der
alleinigen Verheißung Gottes geworden. Hier wird ein Gehorsam erwartet, der Gott
kein Programm des von ihm geplanten Weges bis hin zu seinem Ziel abfordert, sondern es diesem zutraut, daß er sein Versprechen, das Ziel zur gegebenen Zeit zu zeigen, einhalten wird. Hinter dieser Schilderung steckt das Wissen um die Wirklichkeit des Glaubens, das um die Verläßlichkeit der göttlichen Führung weiß. Das wird
in Hebr. 11,8 durchaus richtig verstanden, wenn dort gesagt ist: «Aus Glauben
gehorchte Abraham, als er gerufen wurde, an einen Ort zu gehen, den er als Erbgut
empfangen sollte, und er zog aus, ohne zu wissen, wohin er gehe.»
Schon die dem J vorgegebene Überlieferung dürfte von der Verheißung des Landes
an Abraham gewußt haben. In 12,2f. vertieft der J diese ältere Aussage und stellt sie
in einen überraschend erweiterten Horizont. In Sätzen, in welchen die hartnäckige,
nicht weniger als fünfmal geschehende Erwähnung des Stichwortes «Segen-segnen»
gar nicht überhört werden kann, stellt er heraus, daß das, was nun von Gott her im
Geschehen mit Abraham geplant ist, Verkörperung von «Segen» sein wird. Die
Rede ist dabei in einer deutlichen Steigerung angelegt: Über den Segen hinaus, der

Abraham selber zugesagt wird, eröffnet sich die Bedeutsamkeit dieses Gesegneten für seine ganze Umwelt, ja schließlich die völkerweite Umwelt, die zuletzt im Ausklang der Urgeschichte in 10 und 11 J angesprochen war.

«Ich will dich zum großen Volke machen und dich segnen.» Das wird dem Manne gesagt, der aller äußeren Sicherheiten bar mit einer Frau, die unfähig ist, Kinder zu gebären, einem unbekannten Ziel entgegenzieht. «Segen» hat es von Hause aus zunächst mit Mehrung der Lebenskraft, Fruchtbarkeit und Zeugung zu tun. So hatte der Segen der Schöpfungsgeschichte über Mensch und Tier gelautet: «Seid fruchtbar und mehret euch» (1,22.28, vgl. 9,1). So redet auch die große Segensverheißung über dem Gehorsam gegen das Gebot in 5. Mose 28,2ff. zunächst von der Frucht des Leibes, der Frucht des Landes und der Frucht des Viehs. Von solchem «Segen» ist zunächst auch hier die Rede. Aus dem Kinderlosen soll durch die geheimnisvolle Kraft des gottgeschenkten Wachstums ein großes Volk werden. Erneut ist der Kontrast zu 11,1–9 spürbar. Das große Volk der Menschheit in Babylon, das sich selber in seiner geballten Kraft erhalten wollte, scheiterte in seinem Tun. Hier steht der wehrlose Einzelne, der unter dem Geheiß Gottes allen äußeren Schutz preisgeben soll. Er wird zum großen Volke werden.

Unüberhörbar wird der Kontrast dann aber bis in den Wortlaut hinaus in dem Weiteren. «Wir werden uns einen Namen machen», hatten nach 11,4 jene Turmbauer von Babylon gesagt und waren in ihrem Tun zuschanden geworden. «Ich will deinen Namen groß machen, und du sollst ein Segen sein», sagt hier Gott zu dem, den er aus den Sicherungen herausruft. Es ist nicht auszuschließen, daß hier alte Königssprache nachhallt (Ps. 72,17). Im «Namen» lebt Erinnerung, Gedächtnis, Ehre eines Menschen. Der biblische Zeuge sagt nicht: Es ist nichts um die Ehre eines Menschen. Wohl aber sagt er: Die vom Menschen selbst genommene Ehre hat keine Verheißung. Die echte Ehre, der «große Name» eines Menschen, entsteht unter dem Anruf Gottes. Nicht anders wird auch der johanneische Christus von der «Ehre» reden (Joh. 5,41.44; 8,50). Der so zu Ehren Gebrachte wird in einem eigentümlich vollen Ausdruck geradezu als Verkörperung von «Segen» bezeichnet. «Du sollst ein Segen sein.» Das kann schon auf der Schwelle zu dem dann Folgenden verstanden werden. Abraham verkörpert nicht nur in dem, was er unter Gottes Zusage wird, geradezu personhaft in sich den Segen. Die in ihm verkörperte Macht des Segens hat darüber hinaus ihre Ausstrahlung nach außen hin. Es sei immerhin erwähnt, daß manche Ausleger die Aussage hier durch eine leichte Umvokalisierung, welche den Konsonantentext unangetastet läßt, auf den «Namen» beziehen wollen: «Er soll ein Segen sein.»

Dann aber wird sichtbar gemacht, wie auch die Umwelt von dem in Abraham verkörperten Segen bestimmt sein wird. Dieser wird zunächst zu einem Element der Krisis für die Umwelt. An ihm werden sich Geschicke scheiden. «Segnen will ich, die dich segnen, wer dich aber schmäht, den will ich verfluchen.» Der Satz kehrt in der strafferen Formulierung: «Gesegnet sind, die dich segnen, verflucht, die dir fluchen», in den Bileamsprüchen (4. Mose 24,9) wieder. In der Erzählung von Bileam suchen 4. Mose 22–24 in besonderer Weise sichtbar zu machen, wie an dem Gesegneten kein Fluch haften kann. In umgekehrter Reihenfolge ist der Doppelsatz in seiner straffen Form auch im Segen Isaaks über Jakob 1. Mose 27,29 zu hören. Es liegt darin das Wissen beschlossen, daß der von Gott aufgerichtete Segen nicht allgemeine milde Wohltat ist, sondern zur Entscheidung zwingt, zur Frage wird, an der sich auch das Geschick der zunächst nicht unmittelbar angesprochenen Umwelt entscheidet.

Aber dazu ist eine letzte Aussage gefügt, die sichtbar macht, daß Gott in dem, was er in Abraham tut, zum Segen und nicht zum Fluch hin parteiisch ist. Nicht gleichmütig läßt er die Möglichkeiten von Segen und Fluch in seiner Hand liegen. Sosehr der von ihm in Abraham in die Welt hinein gestiftete Segen zur Krisis werden wird, so klar ist doch sein Wille, durch Abraham Segen in die Völkerwelt hineinzubringen. «In dir sollen Segen empfangen alle Geschlechter der Erde.» Die Übertragung dieses Satzes ist kontrovers.[4] Im Rahmen des jahwistischen Erzählganges liegt es jedoch nahe, daß hier gegenüber der Fluchgeschichte, welche in den Kapiteln der Urgeschichte entfaltet war, die große göttliche Gegenwende geschieht. Über die Krisis hinaus, zu welcher Abraham und das von ihm herkommende Volk für seine ganze Umwelt wird, ist hier ein aktives Tun Gottes an den Völkern der Welt ausgesagt. Es wird nicht nur in deren Mitte einer gestellt, der entgegen all dem Fluch der Menschheit nun den Segen auf sich konzentriert, sondern darüber hinaus davon geredet, daß Gott damit in die ganze Menschengeschichte hinein Segen zu bringen gewillt ist.

Sollte der J, wie viele annehmen, in die Zeit bald nach David zu datieren sein, so könnte er im Geschehen dieser Zeit die Zusage erfüllt sehen, daß Abraham in seinen Nachkommen zum großen Volk und darin zum Träger eines großen Namens werden sollte. In der Erzählung des J macht schon die folgende Erzählung 12,10–20 sichtbar, wie sich am Verhalten zu Abraham auch das Ergehen derer, die mit ihm zu tun haben, gestalten kann. Daß von den Nachkommen Abrahams auch Segen auf Nichtisraeliten überströmt, mag man im Wort Labans 1.Mose 30,27 ausgesagt finden: «Jahwe hat mich um deinetwillen gesegnet.» Auch die Josephgeschichte, nach welcher Gott durch einen Nachkommen Abrahams Ägypten Gutes tut, möchte man gerne in dieser Ausrichtung verstehen. Aber es sind dieses doch nur geringe Anzeichen, neben denen 1.Mose 12,3 einen großen, noch unausgelösten Überschuß enthält. Das Wort greift in eine größere, noch ungeschaute Zukunft aus und wagt es, das in der Segenszusage Gottes an Abraham Ausgesagte auf dem Hintergrund

---

[4]   Das Niphal des Hebräischen, das in dieser letzten Segensformulierung vorliegt, kann sowohl passivisch wie reflexiv verstanden werden. Es tritt dazu die Wahrnehmung, daß anstelle der hier vorliegenden Formulierung im Niphal, die noch in 18,18 und 28,14 vorliegt, in 22,18 und 26,4 (vgl. auch noch Jes. 65,16; Jer. 4,2; Ps. 72,17) die eigentliche Reflexivkonjugation des Hithpael tritt. Diese ist wohl zu übersetzen: «Sie werden sich (gegenseitig) Segen wünschen.» Dabei ist daran zu denken, daß Segens- und Fluchwünsche einem anderen Menschen gegenüber gerne in konkreter Exemplifizierung ausgesprochen wurden. 1.Mose 48,20 läßt diesen Vorgang im Bereich des Segens deutlich erkennen, wenn der alte Jakob bei der Segnung der beiden Söhne Josephs sagt: «‹Euch› wird Israel segnen und sprechen: Gott mache dich wie Ephraim und Manasse» (vgl. weiter Ps. 72,17; Jer. 4,2). Im Bereich der Fluchaussage findet sich die Entsprechung in Jer. 29,22. Nachdem Jeremia hier zwei ungehorsamen Propheten in Babylonien angekündigt hat, daß Nebukadnezar sie hinrichten werde, formuliert er: «Man wird unter allen Verbannten Judas in Babel ihren Namen als Fluchwort brauchen und sagen: Jahwe mache dich wie Zedekia und Ahab, welche der König von Babel mit Feuer verbrannt hat.» Danach möchten denn manche Ausleger die Aussage über Abraham verstehen: «Mit deinem Namen werden sich Segen wünschen alle Geschlechter der Erde.» Abraham wäre dann lediglich als Exempel eines besonders Gesegneten verstanden. Unter allen Völkern der Erde wird man seinen Namen als Namen eines Gesegneten nennen.

Gegen dieses Verständnis steht nun aber einmal die Wahrnehmung, daß die letzte Aussage von 12,2f. damit wieder hinter die vorhergehende zurückfallen würde, in welcher unter dem Gedanken der Krisis, zu der Abraham für seine Umwelt wird, ein aktives Gotteshandeln an eben diesen Menschen der Umwelt angesagt war. Vor allem aber dürfte der Gesamtaufriß des jahwistischen Erzählwerkes, in dem hier ein Schlüsselpassus vorliegt, auf ein volleres Verständnis weisen.

der Urgeschichte als eine Hoffnung für die Völkerwelt zu verstehen. In der Verkündigung Deuterojesajas, der mitten in der Nacht des Exils erkennt, wie das an Israel Geschehene Bedeutung für die Völkerwelt zu bekommen beginnt, und der in Israel den Zeugen Gottes unter den Völkern zu sehen wagt (Jes. 43,10.12; 44,8), meint man etwas von der Saat der Zusage Gottes an Abraham aufgehen zu sehen. In Gal. 3,9 wagt es dann Paulus unter dem Eindruck des Christusgeschehens, die Zusage von 1. Mose 12,3 b voll aufzunehmen und die Entschränkung des göttlichen Segens über Abraham auf die ganze Völkerwelt uneingeschränkt zu verkündigen.

Noch muß eine Frage gestellt werden. Ist die Verheißung des Segens, die in 12,2f. laut wird, apodiktisch oder konditional zu verstehen? Hängt ihr Wirklichwerden an der Tat Abrahams als an seiner großen eigenen Leistung? Die spätere jüdische Auslegung hat den Zug des Verdienstes Abrahams gelegentlich stark herausgestellt. Im Zusammenhang mit Kap. 22 wird davon ausführlicher geredet werden müssen. Der vorliegende Text von 1. Mose 12 überrascht demgegenüber durch die anspruchslose Knappheit der Aussage vom Gehorsam Abrahams. «Da ging Abram weg, wie ihm Jahwe gesagt hatte, und mit ihm ging Lot» (V. 4a). Abraham greift nach der ausgestreckten Hand. Von einem Verdienst und dem Gewicht großer eigener Leistung ist in diesem schlichten Satz, der auch ganz unmittelbar den Neffen Lot miteinbezieht, nichts zu erkennen. Gewiß, die Verheißung des Segens ist verbunden mit dem Ruf, der aus bergenden Bindungen herausruft in die Ungesichertheit eines Weges, über dem allein die Verheißung Gottes steht. Aber diese Verheißung soll gerühmt werden, nicht Abrahams Leistung. Der Blick auf 12,10–20 macht es dann vollends zur Gewißheit, daß hier nicht mit frommer Leistung des Menschen gerechnet wird, sondern nüchtern mit dem Menschen, in dem vertrauensvolle Hingabe und angstvolles Erschrecken immer wieder hart nebeneinanderliegen.

Das Gewicht des Auftaktes der jahwistischen Abrahamgeschichte in 12,1–3 kann nicht leicht überschätzt werden. Durch seine Verklammerung des urgeschichtlichen Hintergrundes, in dem das Stichwort «Fluch» dominierte, mit der nun anhebenden Geschichte, in welcher das Stichwort «Segen» nicht mehr zur Ruhe kommt, bietet er den Schlüssel zur ganzen Abrahamgeschichte und durch Abraham hin zum Israelverständnis dieses biblischen Zeugen. Es zeugt andererseits von der großen Freiheit der biblischen Erzähler, daß der priesterliche Zeuge in einer späteren Zeit den Bericht über Abraham entscheidend umzugestalten, die Akzente ganz neu zu setzen und den Auftakt der Abrahamgeschichte zunächst ohne jede Erwähnung eines göttlichen Befehls und einer göttlichen Verheißung zu erzählen wagt. In seiner Erzählung wird sich alles, was er über das Geschehen zwischen Gott und Abraham zu sagen hat, in das Kap. 17 zusammenballen. In äußerlich anders gestalteter Rede will er dort in seiner Weise vom Segen reden, der Abraham zuteil geworden ist.

Der Jahwist läßt auf die große Eingangsszene des göttlichen Rufes an Abraham in 12,6–9 einen Reisebericht folgen, der anders als der Bericht des P bestimmte Orte in Kanaan nennt. Abraham zieht durch das Land. Warum er seine Schritte gerade nach Kanaan lenkt, ist nicht näher erläutert. Er kommt dabei an einen Ort Sichem. Das hebräische Wort für «Ort» wird gerne für Heiligtumsstellen gebraucht. Klingt dieses hier schon gleich zu Beginn an? Der Ort Sichem ist auch sonst aus dem Alten Testament wohlbekannt. Er liegt im nördlichen Teil des mittelpalästinensischen Berglandes. Auf dem *tell balāta,* nahe bei dem heutigen großen Orte Nablus, in dessen Namen die Benennung der römischen Nachfolgesiedlung des alten Sichem, Flavia Neapolis, noch anklingt, ist die alte Ortslage der Stadt Sichem zu finden. Sie ist schon in den Amarnabriefen aus dem 14. Jahrh. als bedeutsame, dem ägyptischen

Oberherrn gegenüber unbotmäßige Stadt genannt. Ri. 9 zeigt, wie in der Richterzeit hier in der Verbindung der noch kanaanitischen Stadt mit dem Israeliten Abimelech ein erster, rasch scheiternder Versuch eines Königtums nach dem Muster kanaanitischer Königtümer gemacht worden ist. Bedeutsamer ist für den vorliegenden Zusammenhang, daß der Ort auch im Zusammenhang der Jakoberzählung eine wichtige Stelle einnimmt. Nach seiner Rückkehr von Laban hält sich Jakob in der Flur von Sichem auf, kauft hier ein Landstück von den Bewohnern Sichems und errichtet darauf einen Altar, dem er den Namen: «El (= Gott), Gott Israels» gibt (1. Mose 33,19f.). Nach dem feindseligen Zusammenstoß mit den Sichemiten, von dem 1. Mose 34 berichtet, zieht er auf Geheiß Gottes nach Bethel, um dort in Erinnerung an die ihm in Bethel bei seiner Flucht zuteil gewordene Gotteserscheinung und -verheißung (28,10–22) einen Altar zu bauen. Nach Vollzug eines auffallenden Aktes der Abrenuntiation gegenüber allen fremden Göttern, deren Bilder und Zeichen «unter dem großen Baum bei Sichem» verborgen werden, nach Reinigung und Kleiderwechsel wird der Weg nach Bethel angetreten. A. Alt hat vermutet, daß sich hinter diesem Bericht eine von Israel regelmäßig geübte «Wallfahrt von Sichem nach Bethel» und deren Ritual erkennen läßt. Den «großen Baum bei Sichem» möchte man gerne dem in der Abrahamgeschichte genannten «Orakelbaum», der mit etwas anderem Wortgebrauch in Ri. 9,37 als «Wahrsagerbaum» und möglicherweise schon in Ri. 9,6 als der große Baum, unter dem Abimelech zum König gemacht wird, genannt ist, gleichsetzen.

Auf dem Hintergrund all dieser Angaben gewinnt auch die vorliegende Stelle ihr Gewicht. Sie will sagen, daß schon, bevor Jakob an diesen Ort kam und bevor dort ein Altar stand, der den Namen des «Gottes Israels» trug, in Abraham der erste Ahne Israels, der auf Geheiß Gottes sich in dieses Land aufgemacht hatte, auf diesen Ort stieß. Und sie besagt nun vor allem, daß an diesem Ort Jahwe erstmals dem Ahnen im Lande Kanaan erschienen sei und ihm das Geheimnis des seinen Nachkommen verheißenen Landes gelüftet habe. Hatte der erste Anruf Jahwes an Abraham, der diesen aus seinem Lande herausrief, das Versprechen enthalten, daß Jahwe ihm das Land zeigen werde, in das er ziehen solle, so wird dieses Versprechen nun in der göttlichen Zusage: «Deinen Nachkommen werde ich dieses Land geben», eingelöst. Seltsam doppelsinnig aber ist, was hier laut wird. Die Zusage des Segens von 12,2f. ist hier überraschend um ein neues Versprechen ausgeweitet. Landbesitz ist in Aussicht gestellt. Ende der Wanderschaft, in die Abraham gerufen, neuer Wohnsitz zeichnet sich hier ab. Aber zugleich ist das Ganze erneut ferngerückt. Das Land, das Jahwe dem Abraham zu zeigen verhieß, soll noch nicht das Land sein, in dem seine Wanderung durch feste Zuweisung von Besitz zur Ruhe kommt. Seinen Nachkommen soll das Land gegeben werden. Das wird dem Kinderlosen gesagt, dem damit die Verheißung der gesegneten Mehrung vom Eingang nochmals erneuert wird. Zugleich aber wird auch sein Leben im Blick auf das «Land» auf Hoffnung gestellt. Erst der Nachkommen Land soll das Land werden. Die Bemerkung: «Die Kanaaniter aber wohnten damals im Lande», will, mag sie nun von J selber oder erst einem Späteren zugefügt sein, dieses Ausschauen auf heute noch nicht zu Schauendes nochmals nüchtern unterstreichen.

Abrahams Antwort geschieht in einem wortlos berichteten Tun. An der Stelle, da Gott ihm erschienen, errichtet er einen Altar. Der Altar ist der Ort, an dem Gott durch des Menschen Gabe geehrt wird. Von solcher Gabe ist hier nicht weiter berichtet. Lediglich die Bereitung der Stelle, an der Gott geehrt wird, ist als Zeichen der demütigen Anerkennung des Abraham Zugesagten erwähnt. Wer später zu dem Altar in der Flur von Sichem hinzutritt, dem Ort, der im alten Israel große Bedeutung gehabt haben muß (vgl. die zwei verschiedenartigen Landtage, Jos. 24 und 1. Kön. 12), soll wissen, daß Jahwe hier dem Ahnen erstmals Israels Land zugesagt hat.

Abraham selber aber bleibt unterwegs. Er zieht südwärts in das höhergelegene mittlere Bergland Kanaans hinauf, schlägt sein Zelt an einer Stelle östlich von Bethel, zwischen Bethel und Ai, wohl der Stelle des heutigen *burdsch betīn,* auf. Hier errichtet er, ohne daß zunächst von einer Gotteserscheinung berichtet würde, wie in Sichem einen Altar. Anders als bei der kurzen Notiz vom Altar in Sichem ist hier zwar nicht von einem Opfer, wohl aber von der Anrufung des Namens Jahwes, durch die der Ort für Jahwe beschlagnahmt wird, ausdrücklich die Rede. 13,14–17 werden dann auch für diesen Ort von einer verheißenden Anrede durch Jahwe zu berichten wissen.

Auch bei dem Orte Bethel handelt es sich um einen für Israel wichtigen Ort. Auch von ihm wird im Rahmen der Jakobgeschichte berichtet. Dem vor Esau Fliehenden begegnet hier Jahwe mit seiner Verheißung (28,10–22). Der von der Flucht Zurückkehrende zieht, wie schon erwähnt, von Sichem nach Bethel, um dort an der Stelle, da ihm Jahwe erschien, einen Altar zu errichten. Die Tatsache, daß schon Abraham dort einen Altar errichtet hat, findet dabei keine Erwähnung. Vor allem wird Bethel dann aber in der Königszeit bedeutsam. Nach 1. Kön. 12,26–30 errichtet dort Jerobeam I. nach der Reichstrennung ein Heiligtum, das die gewichtige Konkurrenz des judäischen Jerusalem mit seinem salomonischen Tempel ausstechen soll. Es ist von vornherein wahrscheinlich, daß Jerobeam für sein Heiligtum, das der dortige Oberpriester nach Am. 7,13 ausdrücklich als ein «Königsheiligtum» und einen «Königreichstempel» bezeichnet, einen Ort altehrwürdiger Tradition wählt. Die Wallfahrt, die in Sichem mit dem zuvor erwähnten Ritual des Abtuns alles heidnischen Wesens und der Bereitung für den Hinaufzug nach Bethel beginnt, könnte in ihrer Weise belegen, daß Bethel (erst durch die Erhebung zum «Königsheiligtum» oder schon früher?) in seiner Bedeutung für Israel Sichem den Rang abgelaufen hat.

Abrahams Wanderung findet aber auch in Bethel noch nicht ihren Ruhepunkt. Der Weg führt weiter nach Süden. Der hebräische Wortlaut: «Er brach auf – ein Gehen und Aufbrechen –» läßt dabei anschaulich den Vorgang des mit seinen Herden und Zelten langsam von Ort zu Ort rückenden Kleinviehnomaden erkennen. Das hebräische Äquivalent für «Aufbrechen» bezeichnet ursprünglich das «Ausreißen» der Zeltpflöcke, die dann am nächsten Ort wieder in den Boden getrieben werden. Die Weiterwanderung Abrahams hat in einer älteren Gestalt der Erzählung wohl direkt auf das heute in 13,18 zu Lesende geführt, den dritten Ort bei Hebron, an dem von der Errichtung eines Altars berichtet wird. Im heute vorliegenden Erzähltext hat sich dazwischen der Bericht über eine Digression in den fernsten Süden jenseits der Grenzen Kanaans geschoben. Von dort aus lenken dann 13.1.3f. nochmals auch hinter 12,9 an die Stelle von 12,8 bei Bethel zurück. Die Erwägungen zu diesen Fragen der Komposition müssen im Anschluß an Kap. 13 nochmals kurz angesprochen werden.

12,10–20   Die Gefährdung der Ahnfrau in Ägypten

10 Und es brach eine Hungersnot im Lande aus. Da zog Abram hinunter nach Ägypten, um dort (als Schutzbürger) zu verweilen, denn die Hungersnot lastete schwer auf dem

Lande. 11 Als er aber nahe an Ägypten herankam, da sagte er zu seiner Frau Saraj: «Siehe, ich weiß, daß du eine Frau von schönem Aussehen bist. 12 So wird es sich zutragen, daß die Ägypter dich sehen und sagen: Seine Frau ist diese da, und mich töten werden. Dich aber werden sie am Leben lassen. 13 So sage doch, du seiest meine Schwester, damit es mir um deinetwillen gut gehe und ich durch dich am Leben bleibe.» 14 Als nun Abram nach Ägypten kam, da sahen die Ägypter, daß die Frau sehr schön war. 15 Und es sahen sie (auch) die Minister des Pharao und rühmten sie beim Pharao. Da wurde die Frau ins Haus des Pharao geholt. 16 Abram (aber) ließ er es um ihretwillen gut gehen, und er bekam Kleinvieh und Großvieh und Esel [und Knechte und Mägde][5] und Eselinnen und Kamele. 17 Jahwe aber schlug den Pharao mit schweren Plagen [und (auch) sein Haus][6] um Sarajs, der Frau Abrams, willen. 18 Da ließ der Pharao den Abram rufen und sagte: «Was hast du mir da angetan? Warum hast du mir nicht kundgetan, daß sie deine Frau ist? 19 Warum hast du mir gesagt: Sie ist meine Schwester? – so habe ich sie mir zur Frau genommen. Und nun: da hast du deine Frau. Nimm sie und geh!» 20 Dann gab der Pharao seinetwegen (einigen) Männern Befehl. Die geleiteten ihn und seine Frau und alles, was ihm gehörte (an die Grenze).

Die Verwendung des Jahwenamens in V. 17 wie auch die sorgfältige redaktionelle Vernähung der Episode mit dem Kontext des J in 12,9 und 13,1.3f. läßt es ganz so wie die Wahrnehmung, daß die Parallelerzählung in Kap. 20 dem E zugehört, als das Wahrscheinlichste erscheinen, daß hier der J oder doch ein Ergänzer aus seiner Nähe das Wort führt.

Die hier erzählte Episode läßt erstmals das Phänomen der Doppelüberlieferung in der Vätergeschichte erkennen. Dieses wird sich im Nebeneinander der Hagargeschichten von 1. Mose 16 und 21 sowie im Bericht vom Vertragsschluß des Ahnen mit Abimelech von Gerar, der in Kap. 20 von Abraham, in Kap. 26 von Isaak erzählt ist, wiederholen. Genauer muß an der vorliegenden Stelle sogar eine Dreifachüberlieferung des gleichen Motives festgestellt werden, wobei zweimal von Abraham (12,10–20 und 20) und in 26,7–11 von Isaak geredet wird. An allen drei Stellen geht es darum, daß der Ahnherr Israels seine Frau als seine Schwester ausgibt. Dabei kommt es in den beiden Abrahamerzählungen zu einer echten Gefährdung der Ahnfrau, während es in der Isaakvariante lediglich um die Befürchtung, daß eine solche eintreten könnte, geht, alles sich aber vorher noch rechtzeitig aufklärt. Der Vergleich der drei Varianten läßt in der Isaakvariante von Kap. 26 die ursprünglichste Form der Erzählung vermuten. Die Abwanderung der Geschichte von dem nach dem heutigen Text unbedeutenderen Isaak auf den großen Ahnen des Volkes, auf Abraham, hat ebenso die größere Wahrscheinlichkeit wie die Übertragung aus dem kleinräumigen Bereich von Gerar, der auch noch in der Abrahamvariante von 1. Mose 20 Ort der Handlung ist, in den Raum der Großmacht Ägypten. Zudem meint man in der Abfolge 1. Mose 26 – 12 – 20 festzustellen, daß die Episode in steigendem Maße in die Geschichte zwischen Jahwe bzw. «Gott» und dem Ahnvater einbezogen wird. Berichtet 1. Mose 26 noch von keinerlei Ein-

---

[5]   Die Zerreißung des zusammengehörigen Paares: «Esel und Eselinnen» durch «Knechte und Mägde» läßt es als sehr wahrscheinlich erscheinen, daß letzteres eine nachträglich an ungeschickter Stelle eingeschobene Erweiterung darstellt.

[6]   Die Bemerkung «und (auch) sein Haus» klappt auffallend nach und dürfte sich von daher als eine Erweiterung, welche die Aussagen an 20,17 in der Parallelerzählung anzugleichen sucht, erweisen.

greifen Jahwes, so führt die Version von Kap. 12 Jahwe als den Retter im Moment der Krise ein, während 1. Mose 20 darüber hinaus Abraham mit zusätzlichem Nachdruck als den fürbittekräftigen Propheten heraushebt. Eine noch weiter entfaltete midraschartige Gestalt der Variante von 1. Mose 12 ist in dem sog. Genesis Apokryphon aus Höhle 1 in Qumran zu finden. (Deutsche Übersetzung bei A. Dupont-Sommer, Die essenischen Schriften vom Toten Meer, 1960, 309–313.)

Auf die Frage, woher das Element der Gefährdung der Ahnfrau stammen könnte, hat E. A. Speiser geglaubt, hier ein echtes Erinnerungselement aus der Väterzeit finden zu können. Abraham hält dem Abimelech in 20,12 entgegen, daß Sara auch wirklich seine (Halb-)Schwester sei. Speiser meint darin die Erinnerung an eine in den Nuzitexten belegte hurritische Rechtsform zu finden, nach welcher ein Mann seine Frau gleichzeitig als seine Schwester adoptiert, um die Ehe im Rahmen einer fratriarchalischen Gesellschaftsstruktur besonders zu festigen. Diese auch in Haran bekannte und in der Vätergeschichte von dort her tradierte Rechtsform, die in ihrer eigentlichen Bedeutung nicht mehr verstanden wurde, habe Anlaß zur Bildung dieses Erzählmotives gegeben. Näher dürfte aber die Vermutung von M. Noth liegen, daß es «sich um eine an einem konkreten Beispiel deutlich gemachte Charakterisierung der kanaanäischen Stadtbewohner …, deren Schwäche und Hemmungslosigkeit gegenüber weiblichen Reizen man in den Kreisen der israelitischen Wanderhirten offenbar als befremdend empfand», handle. Diese gerne und in verschiedener Variation erzählte Episode ist nun in 12,10–20 in Übertragung auf den ägyptischen Bereich durch J von Abraham erzählt worden.

Anlaß zum Übertritt aus Kanaan nach Ägypten (10) ist eine Hungersnot in Kanaan. Von Jahren der Dürre in Palästina ist im Alten Testament des öfteren die Rede. Vgl. etwa 2. Sam. 21,1; 1. Kön. 17; Jer. 14. Darüber hinaus zeigt die Josephgeschichte in 1. Mose 42 ff., daß nicht seßhafte Randgruppen in solcher Zeit der Dürre gerne nach Ägypten, das in seiner Fruchtbarkeit nicht vom Regen des Himmels, sondern von der stetigen Bewässerung durch den Nil abhängig war, ausgewichen sind. Bestätigend kommen Nachrichten aus Ägypten selber dazu. So, wenn etwa in einem Text aus dem Grab Haremhebs (ca. 1349–1319 v. Chr.) gesagt sein kann: «Asiaten … ihre Länder darben, sie leben wie das Wild der Wüste … Sie sagen: Einige Asiaten, die nicht wußten, wie sie am Leben bleiben sollten, sind gekommen …» Und noch deutlicher redet der Brief eines Grenzbeamten vom Ende des 13. Jahrh. v. Chr., der seinem Vorgesetzten meldet: «Wir haben den Durchzug der Beduinenstämme von Edom durch die Festung des Menephta in Zeku nach den Sümpfen von (der Stadt) Pithom des Menephta in Zeku beendet, um sie und ihre Herden in der Besitzung des Königs, der guten Sonne jedes Landes …, am Leben zu erhalten.» So haben zu allen Zeiten in dürren Jahren Wanderhirten Zugang zu dem reicheren Ägypten gesucht, um dort als «Fremdlinge», d. h. nicht voll rechtsfähige Schutzbürger, die Notzeit zu überstehen.

Fremde aber bedeutet Gefährdung. Und Gefahr läßt die Angst hochsteigen (11–13). So spricht sich in Abrahams Worten die Angst aus, die den Rechtsgeminderten in fremder Umgebung befällt. Es spricht sich darin die für unser Rechtsempfinden auffallende Überzeugung aus, daß bestehende Ehe auch im fremden Lande geachtet wird, das Leben des Fremdlings dagegen wohlfeil ist. Will darum einer nach der Frau des anderen greifen, so ist nicht dessen Ehe, wohl aber sein Leben als erstes gefährdet. In Abrahams Überlegung aber spricht sich zugleich der heimliche Stolz des israelitischen Erzählers auf die Schönheit der Ahnfrau aus, die jedem Ägypter als begehrenswertes Gut in die Augen stechen mußte. Die Geschichte setzt nicht die

Altersberechnung des P voraus, nach welcher Sara, wie ein Vergleich von 12,4b mit 17,17 errechnen läßt, beim Zug nach Kanaan 65 Jahre alt ist, hier dann also bestenfalls eine Siebzigjährige sein dürfte. Diese Schönheit wird denn auch durch die Minister dem König gemeldet (14–15a). Der enge Bereich der Kleinstadt Gerar, wo der König nach 20,2 sofort selber nach Sara schickt, und gar von 26,8, wo der König durchs Fenster ins Nachbarhaus des Fremdlings schaut, ist hier durch die Zwischenschaltung königlicher Minister erweitert. Im Genesis Apokryphon ist es ein Höfling HRQNWS (Hyrkanus), der dem König in einer Stilform, die an das Hohelied gemahnt, die einzelnen Körperteile der erschauten schönen Frau meldet und seine überschwengliche Beschreibung mit den Worten schließt: «Keine Jungfrau, keine Verlobte, die in die Brautkammer eintritt, wird jemals schöner sein als sie! Mehr als alle Frauen ist sie voller Schönheit, und ihre Schönheit erhebt sich über die aller Frauen. Und all diese Schönheit ist in ihr mit viel Weisheit gepaart. Und die Schlankheit ihrer Hände ist so anmutig.»
Der Preis solcher Schönheit läßt den Pharao denn auch sofort nach Abrahams Frau greifen (15b). Gewiß so, daß er dem vermeintlichen Bruder der Frau volle Gaben zukommen läßt (16). Die Aufzählung des Reichtums an Vieh, in dem nun auch Großvieh und Kamele nicht fehlen, ist von späterer Hand noch durch männliche und weibliche Dienerschaft ergänzt worden (Anm. 5). Unverkennbar soll mit alledem die in Kap. 13 folgende Erzählung, die den Reichtum an Vieh voraussetzt, vorbereitet werden. Die Ergänzung durch die Dienerschaft mag ihr geheimes Absehen auf Kap. 16 haben, wo die ägyptische Magd Hagar im Hausgesinde Abrahams zu finden ist. Soll darüber hinaus auch die überraschende Angabe von 14,14, wo von 318 kriegstüchtigen Knechten Abrahams die Rede ist, vorbereitet werden?
Für den, der von der Eingangsverheißung der Abrahamgeschichte in 12,2f. herkommt, muß sich an dieser Stelle der Abgrund des Entsetzens öffnen. Die Ahnfrau, auf der doch zusammen mit Abraham alle Erwartung ruht, eine Kebse im Harem des ägyptischen Königs, ihrem Manne, der doch mit ihr zusammen der Zukunft der Verheißung entgegengehen müßte, verloren. Was nützt diesem nun all der Reichtum, der ihm vom Pharao zuteil geworden ist?
Der Erzähler läßt hier das Geschehen mit einer ganz abrupten, durch nichts äußerlich vorbereiteten Wendung umbrechen. Anders als im Genesis Apokryphon ist hier nichts von Gebet und Tränen Abrahams berichtet, welche das Folgende von menschlichem Tun her verständlich werden ließen. Jahwe handelt. Er schlägt den Pharao mit Plagen (17). Die Variante von Kap. 20 sucht hier zu verdeutlichen, indem sie von Hemmungen der geschlechtlichen Kräfte des Königs und seiner Umgebung redet (V. 17). Das Genesis Apokryphon redet von einem «Geist der Züchtigung», der den Pharao durch zwei Jahre hin hindert, sich Sara zu nähern. Ebenso abrupt und ohne weitere Erläuterung wird daraufhin weiter berichtet, daß der Pharao, der auf irgendwelchem Wege dessen gewahr geworden ist, daß die Plagen, die ihn betroffen, mit Sara und der Tatsache, daß sie Abrahams Frau sei, zusammenhängen, Abraham zur Rechenschaft zieht (18–19). 1. Mose 26,8 läßt die Enthüllung der wirklichen Beziehung zwischen Abraham und Sara durch einen zufälligen Blick des Königs durchs Fenster ins Nachbarhaus geschehen, während 20,3 Gott selber als den einführt, der dem Abimelech das Verborgene kundmacht. Und das Genesis Apokryphon steigert den ganzen Vorgang unter deutlicher Anlehnung an das Geschehen zwischen Mose und dem Pharao, indem erst die Weisen, Beschwörer und Ärzte Ägyptens eingeschaltet werden, die dabei übel zuschanden und selber vom bösen Geiste geschlagen werden (vgl. 2. Mose 9,11). Dann erfährt der Pharao

durch Vermittlung des HRQNWS und Lots das ihm bisher Verborgene. 1. Mose 12,17f. erzählt dieses Geschehen in einer deutlich gerafften Weise, die vermuten läßt, daß ihm schon ein volleres Erzählen vorausliegt.

Um so auffallender ist es, daß J dann da, wo Abraham vor den Pharao zitiert ist, dem Pharao Raum für eine volle und den Hörer eigentlich innerlich überzeugende Anklagerede gibt: «Was hast du mir da angetan? Warum hast du mir nicht kundgetan, daß sie deine Frau ist? Warum hast du mir gesagt: Sie ist meine Schwester? – so habe ich sie mir zur Frau genommen. Und nun: da hast du deine Frau. Nimm sie und geh!» Abraham wird kein Wort der Verteidigung oder gar Entschuldigung zugebilligt (20). Schweigend steht er vor dem Pharao, schweigend läßt er es über sich ergehen, daß er «per Schub» mit einer Eskorte über die Grenze abgeschoben wird.

Der Bericht von 1. Mose 12,10–20 bleibt so in aller Härte als Bericht über ein Geschehen, in dem Abraham eine sehr seltsame Figur macht, stehen. Seine Fragwürdigkeit wird besonders deutlich, wenn daneben die elohistische Variante gehalten wird. In dieser greift nicht nur Gott von Anfang an, schon bei der Enthüllung der vollen Wahrheit der Situation, selber ein. Hier erhält dann auch Abraham das Wort zur Verteidigung und kann sich mit der Feststellung, daß Sara tatsächlich seine Halbschwester ist, entlasten. Ja, in dem Hinweis darauf, daß er angenommen habe, daß in Abimelechs Königsbereich keine Gottesfurcht herrsche (20,11), wird er gar selber zum Ankläger kanaanäischen Gehabens und schließlich von Gott als Fürbitter für Abimelech aufgeboten. Das Genesis Apokryphon geht über all dieses noch einen Schritt hinaus, indem Gott selber den Abraham beim Betreten Ägyptens durch einen Traum mit der ihm hier drohenden Gefahr bekannt macht, so daß die Notmaßnahme der Verheimlichung seiner Ehe als geradezu von Gott selber empfohlenes Tun dasteht. Auch weiß Abraham hier Sara 5 Jahre lang verborgen zu halten. Durch einen Zufall (der Text ist leider gerade hier etwas lückenhaft) kommt sie den drei Großen des Pharao vor die Augen. Diese melden, was sie gesehen, gleich an den Hof weiter. All diese Elemente der Entschuldigung fehlen der Erzählung von 12,10–20. Hart bleibt hier die Furcht Abrahams, die ihn zur Notlüge treibt, stehen. Wenn die Vermutung richtig sein sollte, daß der beigefügte Absichtssatz von V. 13b, «damit es mir um deinetwillen gut gehe,» zusammen mit V. 16, der von der reichen Beschenkung durch den Pharao redet, Zusatz des J zu einer vorgefundenen Erzählung sein sollte, dann tritt die Fragwürdigkeit des von seiner Notlüge auch noch Gewinn erhoffenden Abraham besonders grell heraus. Die antisemitische Polemik hat sich denn auch mit Freude auf diese Erzählung gestürzt und die Zuhälter- und Viehhändlergeschichten des Alten Testamentes angeprangert.

Man wird die Erzählung so stehenlassen müssen, wie sie dasteht. Der Jahwist hat nicht die Absicht, das Charakterbild eines Helden zu zeichnen. Er läßt den Abraham, von dem er eben noch den schlichten Gehorsam bei seinem Aufbruch unter dem Geheiß Jahwes berichtet hatte, hier in der ganzen Fragwürdigkeit eines furchtsamen und für sich selber gar einen Gewinn errechnenden Menschen stehen. Gleich das folgende Kapitel wird ihn aber wieder in einer anderen Haltung zeigen, und 18,22–32 führen dann auf ein «Rechnen» Abrahams von noch ganz anderer Art. In alledem aber will 12,10–20 deutlich machen, wie auch über diesem Manne, dem das Allzumenschliche nicht fremd ist, die feste, führende Hand Gottes die Dinge nach seinem Willen lenkt und durch Menschenversagen Gefährdetes wieder zurechtzubringen weiß. Sara wird, ohne daß ihr etwas geschieht, Abraham wieder zurückgegeben. Zusammen ziehen sie – ein noch immer kinderloses Ehepaar – in das Land zurück, in dem einer noch ungeborenen Nachkommenschaft große Verheißung wartet.

13,1–18   Die Trennung von Abraham und Lot

1 Und Abram zog von Ägypten ins Südland hinauf, er mit seiner Frau und all seiner Habe und Lot mit ihm. 2 Abram aber war sehr reich an Vieh, an Silber und an Gold. 3 Und er zog von Lagerplatz zu Lagerplatz von Süden her bis nach Bethel, bis zu dem Ort, an dem sein Zelt am Anfang gestanden hatte, zwischen Bethel und Ai, 4 zu dem Ort des Altars, den er dort früher gemacht hatte und wo Abram den Namen Jahwes angerufen hatte. 5 Aber auch Lot, der mit Abram zog, hatte Kleinvieh und Großvieh und Zelte.
6 Das Land aber trug sie nicht, daß sie hätten zusammen wohnen können, denn ihre Habe war groß und sie konnten nicht zusammen wohnen. 7 Und es kam zu Streit zwischen den Viehhirten Abrams und den Viehhirten Lots – die Kanaaniter und Pheresiter aber wohnten damals im Lande. 8 Da sagte Abram zu Lot: «Es soll doch nicht Streit sein zwischen mir und dir, und zwischen meinen Hirten und deinen Hirten, denn wir sind ja Brudersleute. 9 Steht dir nicht das ganze Land offen? Trenne dich doch von mir. Willst du zur Linken gehen, so gehe ich zur Rechten, wenn du aber zur Rechten (gehst), so gehe ich zur Linken.» 10 Da hielt Lot Ausschau und sah, wie der ganze Jordanbezirk bewässert war – bevor Jahwe Sodom und Gomorrha zerstört hatte –, gleich dem Garten Jahwes, gleichwie Ägyptenland, bis dahin, wo man nach Zoar kommt. 11 Da wählte sich Lot den ganzen Jordanbezirk. Und Lot brach auf gegen Osten. So trennte sich einer vom anderen. 12 Abram wohnte im Lande Kanaan, Lot aber wohnte in den Städten des (Jordan-)Bezirks und zog mit seinen Zelten bis gegen Sodom. 13 Die Leute von Sodom aber waren sehr böse und sündig Jahwe gegenüber.
14 Jahwe aber sprach zu Abram, nachdem sich Lot von ihm getrennt hatte: «Halte Ausschau und schaue von dem Orte, an dem du bist, nach Norden und Süden und Osten und Westen, 15 denn das ganze Land, das du siehst, will ich dir und deinen Nachkommen für alle Zeiten geben. 16 Und ich will deine Nachkommen (zahlreich) machen wie den Staub der Erde, so daß, wenn einer den Staub der Erde zählen kann, auch deine Nachkommenschaft gezählt werden kann. 17 Mache dich auf, durchziehe das Land in seiner Länge und seiner Breite, denn dir will ich es geben.» 18 Da brach Abram mit seinen Zelten auf, zog hin und ließ sich bei den Eichen [7] Mamres, die in (der Flur von) Hebron liegen, nieder und baute dort einen Altar für Jahwe.

Auch hier lassen sich aus dem im übrigen geschlossenen Text, in dem zunächst der Gebrauch des Gottesnamens (4. 10. 14. 18) wie auch der deutliche Rückbezug auf den J-Bericht in Kap. 12 für Herkunft von J sprechen, zwei Aussagen herauslösen, die zu P gehören. So nimmt V. 6 sachlich den Gehalt des anschaulicher erzählenden V. 7 vorweg, während umgekehrt 11 b. 12 abα die glatt an V. 11 a anschließende Zielangabe V. 12 bβ durch eine allgemein gehaltene, den ganzen Vorgang summierende Aussage trennen. V. 6. 11 b. 12 ab α schließen sich ihrerseits glatt zusammen. Sie

---

[7] Die griechische und syrische Überlieferung liest hier den Singular. Manche Ausleger möchten dieser Lesung unter Hinweis auf 18,4.8 (12,6) folgen. Da MT aber auch in 14,13; 18,1 den Plural liest, wird MT zu belassen sein. Die Übersetzungen dürften hier eine Angleichung an 18,4.8 vollziehen.

registrieren in knappen Sätzen den Vorgang der Trennung von Abraham und Lot, ohne die bewegte Auseinandersetzung, mit welcher ein drohender Streit zwischen den beiden vermieden wird, zu erwähnen. Das erinnert an die ebenso knappe Zusammenfassung, mit welcher in 12,4b.5 der von J in 12,1–4a.6–9 berichtete Vorgang der Wanderung Abrahams nach Kanaan von P registriert worden war. Man vergleiche damit 36,6–8, wo P das Auseinanderrücken von Jakob und Esau mit ganz ähnlichem Vokabular und gleichartiger Motivation beschreibt, ohne etwas von Spannung zwischen den beiden Brüdern erkennen zu lassen.

Bei J wird demgegenüber der Bericht von der Trennung Lots von Abraham erneut Anlaß, etwas von der Geschichte Jahwes mit Abraham sichtbar werden zu lassen. Lot war in 12,4a von J als Begleiter Abrahams bei dessen Wegzug nach Kanaan erwähnt worden. In der Episode von 12,10–20 war seiner nicht Erwähnung getan worden. Das Genesis Apokryphon hat das offensichtlich vermißt und Lot auch dort handelnd ins Spiel gebracht. Kap. 13 hat nun die Aufgabe zu zeigen, wie sich die Wege der beiden Verwandten trennen. Israel, das von Abraham herkommt, und Moab-Ammon, die nach 19,30–38 von Lot abstammen, mit denen sich Israel in Verwandtschaft verbunden weiß, wohnen in getrennten Gebieten. Dieser Zustand des späteren geschichtlichen Völkerlebens beginnt sich hier in der Geschichte der beiderseitigen Völkerahnen abzuzeichnen. Zugleich bereitet Kap. 13 in J die Erzählung vom Untergang Sodoms und der Rettung Lots aus diesem Untergang vor. Kap. 14, das ebenfalls an Kap. 13 anschließt, stammt aus einem ganz anderen Erzählbereich.

Im Eingang von Kap. 13 sind **V. 1.3.4**, wie schon zu 12,10–20 zu erwähnen war, redaktionelle Nahtverse, welche die Erzählung nach der Digression nach Ägypten wieder an die mit 12,8 erreichte Stelle zurückführen. Etwas umständlich wird der Weg über das in 12,9 erwähnte Südland (13,1) zur Stelle zwischen Bethel und Ai, an der Abraham zuvor einen Altar gebaut und Jahwe angerufen hatte (12,8), beschrieben (13,3f.). Die eigentliche Exposition dessen, was dann in der Folge in Kap. 13 zur Sprache kommt, ist in **V. 2** und **5** zu erkennen, welche den Reichtum Abrahams und Lots schildern. Diese beiden Verse dürften den Eingang der ursprünglichen Erzählung von Kap. 13 vor der Einwebung von 12,10–20 (durch J oder den ihm nahestehenden Ergänzer) darstellen. Es mag auffallen, daß auch der Reichtum Abrahams an «Silber und Gold» hervorgehoben wird. Für die folgende Erzählung ist nur der Viehreichtum Abrahams von Bedeutung. Bei Lot ist nur dieser hervorgehoben. Mit den «Zelten», die dazutreten, ist auf den Bestand an Helfern (und ihrer Familien), die ein reicher Herdenbesitzer um sich her haben muß, gewiesen.

Unter diesen Helfern, den Hirten Abrahams und Lots, brechen denn auch zuerst die Spannungen auf, die im begrenzten Weideraum und eventuell auch in der Knappheit an Wasserstellen (vgl. dazu die anschauliche Schilderung von 26,19–22) ihre Ursache haben **(7)**. Wiederum mag es wie in 12,6 eine jüngere Hand sein, die daran noch die Erinnerung gefügt hat, daß damals die Kanaaniter und Pheresiter als die eigentlichen Besitzer im Lande wohnten. Zu den «Kanaanitern» s.o. S. 16 zu 11,31. Die Pheresiter werden auch sonst in Reihenaufzählungen der Vorbewohner des Landes aufgeführt (15,20; 2. Mose 3,8.17 u.ö.). Ihren genauen Haftpunkt und die Bedeutung des Namens auszumachen ist leider nicht mehr möglich. Die gleiche Zusammenstellung der beiden Völkerschaften findet sich noch in 1. Mose 34,30 und Richt. 1,4. Diese Erwähnung der Vorbevölkerung soll wohl deutlich machen, daß Abraham und Lot ihre Weidegründe und Wasserrechte nur in der Art der weidewechselnden Halbnomaden aufgrund besonderer Abmachungen mit der landsässigen Bevölkerung bekommen. Der reiche Besitz der beiden Väter ist zunächst wohl ein Hinweis auf die besondere Segnung Jahwes, die ihnen zuteil geworden ist. Für den J spielt darüber hinaus die Erinnerung an die Gaben des Pharao (12,16) herein. Der reiche Segen ist nun aber gleichzeitig die Quelle der Mißhelligkeiten und des Streites der Hirten der beiden Männer.

In dieser Lage ergreift Abraham die Initiative (8–9). Es geschieht hier, anders als in 12,10–20, nicht aus einer Empfindung der Angst heraus, sondern in der Haltung einer ungewöhnlichen Freiheit, welche in der schwierigen Situation dazu rät, das unter den gegebenen Umständen Sinnvolle und Vernünftige zu tun. Man wird das «wir sind ja Brudersleute» nicht zu stark emotional beladen dürfen. Abraham rät zu dem, was bei ihrer verwandtschaftlichen Verbundenheit zur Erhaltung des friedlichen Verhältnisses getan werden kann. Auffallend ist allerdings darüber hinaus, daß er, der Ältere, der eigentliche Familienvorstand, dem Jüngeren nun, wo ein Auseinanderrücken das Vernünftigste ist, die Wahl des Bereichs großmütig überläßt.

Lot trifft seine Wahl, nachdem er gründlich Ausschau gehalten hat (10–11a.12bβ.13). Es ist daran gedacht, wie die beiden auf der Wasserscheide des Gebirges an der Stelle zwischen Bethel und Ai freie Sicht ins Jordantal hinunter haben, dem nun auch Lots Blicke vor allem gelten. Dieses Jordantal liegt in seiner ganzen Ausdehnung bis hin nach Zoar, dem Ort, der 19,20ff. im Kontext der Geschichte vom Untergang Sodoms und Gomorrhas erst diesen Namen erhalten wird, vor Lots Augen. Es ist in idealen Farben geschildert und in seinem Wasserreichtum dem «Garten Jahwes» verglichen. 1. Mose 2,10–14 hatte in seiner «Paradiesesgeographie» von dem gewaltigen Strom geredet, der diesen Garten durchfließt und nachher sich in die vier großen Ströme der bekannten Welt teilt. Daneben tritt, vielleicht auch einer Ergänzerhand zu danken, der realistischere Vergleich mit dem vom Nil durchflossenen Land Ägypten. Der Reichtum der wasserreichen Oase Jericho scheint hier auf das ganze Jordantal ausgeweitet zu sein. Ist es ebenfalls die Hand eines Jüngeren, der, das hier gezeichnete Ideal mit der Wirklichkeit vergleichend, dazu die erläuternde Bemerkung gefügt hat, daß diese ideale Fruchtbarkeit herrschte, bevor Jahwe Sodom und Gomorrha vernichtet hatte? Kap. 19 weiß dann allerdings nichts von einer Vernichtung der Fruchtbarkeit des ganzen Jordanbezirkes bei der Zerstörung der zwei Städte. – Der Reichtum der Fruchtbarkeit dieses Landes sticht Lot in die Augen. So wählt er sich diesen Teil des Landes zum Weidegrund für seine Herden und rückt mit seinen Zelten in die Gegend von Sodom hinunter. Der Erzähler aber setzt hier einen Akzent, der schon im voraus andeutet, daß Lots kluge, scheinbar nach dem guten Teil greifende Wahl keine gute Wahl war. Nur andeutend wird festgestellt, daß die Leute von Sodom böse und vor Jahwe gar sehr sündig waren. Kap. 14, in dem Sodom eine wichtige Rolle spielt, scheint davon nichts zu wissen, was die Vermutung nahelegt, daß dort ein ganz anderer Erzähler am Werke ist. Wohl aber wird das von J erzählte Kap. 19 die volle Illustration zu dieser knappen Bemerkung in 13,13 bringen, die das Kommende erst in Andeutung ahnen läßt.

Abraham scheint in alledem das schlechtere Teil zugefallen zu sein (14–17). Der Erzähler macht aber hörbar, daß es dennoch das bessere Teil ist. Jahwe redet ihn erneut an – so wird nun auch der heilige Ort bei Bethel, wo schon der Altar errichtet und der Name Jahwes angerufen worden ist (12,8), einer Gottesrede gewürdigt. Jahwe selber heißt Abraham nach allen vier Himmelsrichtungen Ausschau zu halten. Und er verheißt ihm und seinen Nachkommen das ganze von ihm erschaute

Land zum ewigen Besitz. Über die Verheißung in Sichem (12,7) hinaus, sie im Wortlaut steigernd, wird dieses ganze Land ihm selber und seinen Nachkommen verheißen. Dem Abraham, der in seiner Freiheit und in dem Wunsch, den Frieden mit seinem Blutsverwandten auf jeden Fall zu wahren, das beste Teil verschenkt zu haben scheint, wird hier die volle, alle Himmelsrichtungen umfassende Landverheißung gegeben. Anders als bei der ähnlich gestalteten Versuchungsszene von Mat. 4,8f. ist hier kein Kniefall vor gottfremder Macht als Bedingung vorgeschaltet. Gott schenkt seine Zusage aus seiner Freiheit heraus. Zur Landverheißung hinzu tritt in V. 16 die schon 12,2f. ergangene Verheißung reicher Nachkommenschaft. Ihre Fülle wird mit der Fülle der nicht zu zählenden Staubteilchen, von welcher der Mensch in Palästina in den langen Monaten der Trockenheit eine besonders unmittelbare Anschauung hat, verbildlicht. Die Aufforderung, dieses Land nun in seinen verschiedenen Richtungen zu durchziehen, beschließt die Gottesrede. Im Genesis Apokryphon wird die Befolgung dieses Befehls voll entfaltet und Abrahams Wanderschaft zwischen Euphrat und Nil mit bestimmten geographischen Angaben beschrieben. In diesem Abschreiten des Landes geschieht ein erster Akt der Besitzergreifung. Ist D. Daube im Recht, so verbirgt sich schon hinter der Aufforderung zum Überschauen des ganzen Landes der Rechtsakt der traditio eines Landstückes.

Es wird auffallen, daß in der Verheißung Jahwes das von Lot beanspruchte Stück des Verheißungslandes gar nicht weiter berücksichtigt wird. Zu dessen Bestand gehört, auch wenn man mit einer nur westjordanischen Auffassung vom Verheißungsland rechnet (darauf führt auch noch die Landumgrenzung von Ez. 47,13–20, welche den Jordan als Ostgrenze bezeichnet), auf jeden Fall die Westhälfte des Jordantals. Jahwes Verheißung geht über den scheinbaren Zwischenfall von Kap. 13 hinweg. Sie hält an ihrem anfänglichen Ausmaß fest. Sowenig wie bei 12,10–20 ist es aber auch hier angebracht, nach einem Maß der frommen oder zwischenmenschlich tugendhaften «Vorleistung» Abrahams zu fragen, von welcher diese volle Verheißung abhängig wäre – auch nur so, daß sie durch die Bewährung besonders groß gemacht würde. Das schließt die Feststellung nicht aus, daß diese Episode Abraham als den Gelassenen, innerlich Freien, sich nicht gierig auf den besten Verheißungsanteil Stürzenden sichtbar macht. Sie macht zugleich sichtbar, wie der Ältere, der in solchem Adel des Verhaltens dem Jüngeren den Vortritt läßt, nicht fürchten muß, an der Verheißung verkürzt zu werden, die ihm von Gott zugedacht ist. Im Unterschied zu der reflektierten Bemerkung von 15,6 ist hier aber so wenig wie in 12,10–20 ein explizites Werturteil über das Verhalten Abrahams ausgesprochen. Der Hinweis auf Jahwes unwandelbare Verheißung, die gerade da besonders voll formuliert wird, wo es scheinen möchte, daß etwas an ihr abgebrochen sei, beherrscht den Wortlaut des Berichtes.

Kap. 13 schließt mit der erneuten Aufnahme des in 12,6 anlaufenden Reiseberichtes ab (18). An die Stationen Sichem und Bethel, die je durch eine Gotteserscheinung und einen Altarbau als ausgezeichnete Orte der Gottesverehrung gekennzeichnet sind, schließt sich als dritte Stelle die Örtlichkeit Mamre in der Flur von Hebron an, bei der von dem dritten Altarbau Abrahams berichtet wird. Die Frage möchte sich erheben, ob nicht auch dieser Ort durch eine Gotteserscheinung ausgezeichnet wird. Kap. 18 wird darauf die Antwort geben. Eine besondere Ähnlichkeit zur heiligen Stelle bei Sichem ergibt sich daraus, daß auch hier von einem Baumheiligtum geredet wird. Anders als dort scheint es hier allerdings um eine Mehrzahl von Bäumen zu gehen, so daß die Lutherbibel von einem «Hain Mamre» redet (vgl. aber

Anm. 7). Der Name Mamre tritt in 14,13 als Name eines Bewohners jener Örtlichkeit auf. Die mit diesem Namen bezeichnete Örtlichkeit wird dem heutigen *ramet el-chalil*, etwa 3 km nördlich von Hebron, gleichgesetzt. Die Baureste an dieser Stelle lassen sich bis zur herodianischen Zeit zurückverfolgen. Hieronymus berichtet, daß an dieser Stelle nach dem Bar-Kochba-Aufstand die gefangenen Juden als Sklaven verkauft wurden. Euseb erwähnt für jene Stelle eine heidnische Kultstätte, die dann von Konstantin zerstört und durch eine Kirche ersetzt wurde. Diese ist auf der Mosaikkarte der Kirche von Madeba zu erkennen. Mamre ist in der Flur der Stadt Hebron, des heutigen *el-chalil*, gelegen. Dieses hat seinen heutigen arabischen Namen *el-chalil*, «der Freund (Allahs)», von Abraham her erhalten, der schon in Jes. 41,8 und dann in der Folge im Islam als «Freund Gottes» bezeichnet wird. Auch Hebron spielt in der Geschichte Israels eine bedeutende Rolle. Es ist die erste Königsstadt Davids (2. Sam. 2,1–3), bevor dieser nach der Erhebung zum König von ganz Israel Jerusalem erobert und die Residenz dorthin verlegt (2. Sam. 5,1 ff.). Die Vermutung ist ausgesprochen worden, daß das Heiligtum bei (in?) Hebron kultisches Zentrum der in der Frühzeit Davids zum Königreich Juda zusammengeschlossenen Stammesgruppen war. In Hebron schlug dann auch Absalom bei seinem Aufstand gegen David los, nachdem er David vorgegeben hatte, daß er im Heiligtum in Hebron ein Gelübde in einer Opferdarbringung einzulösen habe (2. Sam. 15,7–9).

Im Rückblick ist deutlich zu erkennen, daß der Reisebericht mit seinen drei Stationen Sichem, Bethel, Hebron die Funktion hat, die drei hauptsächlichsten Heiligtumsorte im israelitischen Bergland als Gründungen Abrahams, des Volksahnen und eigentlichen Verheißungsträgers, auszuweisen. Indem Abraham die Altäre an all diesen drei Orten baut, wird die «Besitzergreifung» des Landes in einer eigentümlich demütigen Weise zu Gesicht gebracht. Nicht durch Eroberung und auch nicht durch eigenmächtiges Sich-Eindrängen, sondern in der Beugung vor Jahwe und der dankenden «Anrufung seines Namens» (12,8) nimmt Abraham das Land auf Gottes Zusage hin gottesdienstlich in Besitz. Zunächst allerdings führt ihn diese «Besitznahme» in eine weitere Zeit ausschauenden Wartens hinein.

14,1–24   Der Krieg der Könige und Abrahams Begegnung mit Melchisedek

1 Es begab sich in den Tagen Amraphels, des Königs von Sinear, Arjochs, des Königs von Ellasar, Kedor-Laomers, des Königs von Elam, und Thideals, des Königs von Gojim, 2 daß diese Krieg[8] führten mit Bera, dem König von Sodom, und mit Birsa, dem König von Gomorrha, mit Sineab, dem König von Adma, und Semeber, dem König von Zeboim, und dem König von Bela – das ist Zoar[9]. 3 Diese alle hatten sich zusammengetan im Tale von Siddim – das ist das Salzmeer[9]. 4 Zwölf Jahre hatten sie dem Kedor-Laomer gedient, aber im dreizehnten Jahre waren sie abtrünnig geworden. 5 Im vierzehnten Jahre aber kamen Kedor-Laomer und die Könige, welche mit ihm

---

[8] Die syntaktische Konstruktion ist hier brüchig, indem die im Genitiv einer Zeitangabe genannten vier Könige unversehens zum Subjekt der Weiterführung werden. Das hat zu allerlei Vorschlägen anderer Textlesung geführt. Man wird aber mit der Annahme nachlässiger Formulierung dieses auch im weiteren stilistisch nicht besonders geschickt formulierten Kapitels auskommen können.

[9] Die in diesem Kapitel mehrfach zu findenden erklärenden Bemerkungen könnten nachträglich zugesetzt sein.

(verbündet) waren, und schlugen die Rephaiter in Astaroth-Karnaim und die Susiter im Ham und die Emiter in der Ebene von Kirjathaim 6 und die Horiter auf ‹den Bergen Seïrs›[10] (und verfolgten sie) bis nach El-Paran, das am Rande der Wüste liegt. 7 Und sie wandten sich und kamen nach En-Mispat – das ist Kades[9] – und schlugen das ganze Gefilde der Amalekiter und auch die Amoriter, die in Hazazon-Thamar wohnten.

8 Da zogen der König von Sodom und der König von Gomorrha und der König von Adma und der König von Zeboim und der König von Bela – das ist Zoar[9] – aus, und sie stellten sich ihnen zum Kampfe im Tale von Siddim – 9 (nämlich) dem Kedor-Laomer, dem König von Elam, und Thideal, dem König von Gojim, und Amraphel, dem König von Sinear, und Arjoch, dem König von Ellasar, vier Könige gegen die fünf. 10 Das Tal von Siddim aber war voller Asphaltgruben. Da flohen der König von Sodom und ‹der König›[11] von Gomorrha, und sie fielen dort hinein. Die aber übriggeblieben waren, flohen aufs Gebirge hinauf. 11 Und sie nahmen alle Habe von Sodom und Gomorrha und alle ihre Lebensmittel und zogen davon.

12 Und sie nahmen (auch) den Lot und seine Habe [den Sohn des Bruders Abrams][9] und zogen davon. Er aber hatte in Sodom gewohnt.

13 Da kam ein Entronnener und erzählte (es) dem Hebräer Abram. (Dies) er aber wohnte bei den Eichen Mamres, des Amoriters, des Bruders von Eskol und des Bruders von Aner. Sie aber waren Bundesgenossen Abrams. 14 Als Abram hörte, daß sein Verwandter weggeführt sei, da ‹musterte er›[12] seine Gefolgsleute, seine hausgeborenen Knechte, 318 (Mann), und machte sich auf die Verfolgung bis nach Dan. 15 Und er teilte seine Knechte[13] wider sie zur Nachtzeit und schlug sie und jagte ihnen bis Hoba, das nördlich von Damaskus liegt, nach 16 und brachte alle Habe zurück, und auch seinen Verwandten Lot und dessen Habe brachte er zurück und auch die Frauen und das Volk.

17 Nach seiner Rückkehr vom Sieg über Kedor-Laomer und die Könige mit ihm zog der König von Sodom ihm entgegen hinaus ins Tal Sawe – das ist das Königstal[9]. 18 Und der König Melchisedek von Salem brachte ihm Brot und Wein heraus. Er war aber ein Priester des El eljon (= Gottes, des Allerhöchsten). 19 Und er segnete ihn und sprach: «Gesegnet sei Abram von Gott, dem Allerhöchsten, dem Schöpfer Himmels und der Erde. 20 Und gepriesen sei Gott, der Allerhöchste, der deine Widersacher in deine Hand überliefert hat.» Und er (d. h. Abram) gab ihm den Zehnten von allem. 21 Da sprach der König von Sodom zu Abram: «Gib mir die Leute, die Habe aber behalte für dich selber.» 22 Abram aber sprach zum König von Sodom: «Ich erhebe meine Hand (im Schwur) zu Jahwe, Gott, dem Allerhöchsten, dem Schöpfer Himmels und der Erde 23 – nicht einen Faden noch einen Schuhriemen nehme ich an von all dem, was dir gehört, so daß du nicht sagen kannst: Ich habe den Abram reich gemacht. 24 Nichts will ich![14] Nur was die jungen Leute verzehrt und den Anteil der Männer, die mit mir gezogen sind – Aner, Eskol und Mamre, sie sollen ihren (Beute-) Anteil bekommen.

---

[10] So ist der MT «auf ihrem Berg, Seïr» wohl zu korrigieren.
[11] Das Wort «König» ist in MT weggefallen, wird aber von einer MT-Handschrift, von der samaritanischen Überlieferung und den Übersetzungen bezeugt.
[12] So die samaritanische Überlieferung, die vielleicht auch von der griechischen Übersetzung vorausgesetzt wird.
[13] Wörtlich: «Und er teilte sich … er und seine Knechte.»
[14] Wörtlich: «Abgesehen von mir!»

Fragt man zunächst nach der Zuteilung dieses Kapitels, so möchte der Jahwename in V. 22 auf den Jahwisten weisen. Das Wort für die «Habe» in V. 11 f. 16. 21
wiederum ist ein Lieblingswort des P (vgl. etwa 12,5; 13,6). Das Kapitel ist aber in
seinem Abrahambild (Abraham der Krieger, Anführer einer schlagkräftigen
Truppe), dem welthistorischen Kontext, auch in der Erzählweise so anders als die
ganze umgebende Abrahamerzählung, daß man mit einem eigenständigen Element
rechnen muß, das keiner der sonst vertretenen Quellenschriften zuzuweisen ist.
Bei der Beantwortung der Frage nach der Einheitlichkeit des Berichtes wird man
die stilistische Unbeholfenheit, die etwa gleich zu Beginn (Anm. 8) festzustellen ist,
die sich aber auch weiterhin noch in einigen Unausgeglichenheiten der Erzählung
zeigt, nicht gleich für eine literarische Aufspaltung auswerten dürfen. An einer Stelle
allerdings hebt sich ein Passus durch seine ungeschickte Einfügung eindeutig aus
dem Ganzen heraus. V. 17 berichtet, wie der König von Sodom dem von seinem
Sieg heimkehrenden Abraham entgegenzieht. Man erwartet, daß er das Wort ergreift und Abraham anredet. Das ist dann auch in V. 21 der Fall. Hier kommt es
zum Gespräch zwischen Abraham und dem König von Sodom. Zwischenhinein
aber schiebt sich völlig überraschend in V. 18–20 eine damit gar nicht verbundene
Episode: die Begegnung Abrahams mit dem König Melchisedek von Salem, die
dann ihrerseits in V. 21–24 keine Weiterführung mehr findet. Einzig in der Bezeichnung Jahwes als «Schöpfer Himmels und der Erde» im Schwur Abrahams vor dem
König von Sodom (V. 22) ist ein Bindeglied zu finden. Diese Prädikation Jahwes
stellt den schwachen Versuch einer Vernähung der beiden Königsbegegnungen dar
und dürfte als redaktionelle Verklammerung anzusprechen sein. Es wird sich emp-
fehlen, den Bericht von Kap. 14 zunächst unter Ausklammerung von V. 18–20 zu
lesen.
Eine Eigentümlichkeit dieses Berichtes ist die Fülle von Königs-, Völker- und Ortsnamen, die sich hier so ballt wie in keiner anderen Abrahamerzählung. Diesem
Namengut, das auf eine genaue dokumentarische Berichterstattung zu führen
scheint, ist bis in die letzte Zeit hinein eine Fülle von Untersuchungen gewidmet
worden.[15] Liegt in 1. Mose 14 ein authentischer alter Kampfbericht, der dann auch
für die historische Frage nach Abraham von Wert ist, vor? Das wird sich in der
Einzeldurchsicht der Angaben des Kapitels herausstellen müssen.
Die Erzählung ist in fünf Phasen klar gegliedert. Eine Exposition V. 1–3 stellt die am
Kriege zunächst Beteiligten vor, V. 4–7 schildern den Anmarsch der Ostkönige
gegen das Jordantal, V. 8–12 berichten von der Schlacht und ihrem Ausgang,
V. 13–16 von der Verfolgung des abziehenden Heeres durch Abraham und von
seinem Sieg über dieses. Schließlich schildern V. 17. 21–24 die Begegnung mit dem
König von Sodom und das dabei zwischen Abraham und diesem König geführte
Gespräch.
Vier Könige des Ostens und fünf Könige des Jordantales werden in der Exposition
1–3 vorgestellt:
1. Amraphel von Sinear. Das «Land Sinear» war schon in 10,10; 11,2 als Bereich,
in dem u. a. auch die Stadt Babylon liegt, genannt. Dieser Name mag einmal eine
besondere Landschaft bezeichnet haben. Er ist aber in keilschriftlichen Texten nicht
mit Sicherheit nachzuweisen. An der vorliegenden Stelle dürfte an einen babyloni-

---

[15]   Die Arbeit von W. Schatz, Genesis 14. Eine Untersuchung (Europ. Hochschulschriften,
Reihe 23 Theologie, Bd. 2, 1972) berichtet darüber sehr eingehend und bietet (S. 335–384)
reichhaltige Literaturnachweise.

schen König gedacht sein. Die zuzeiten sehr befürwortete Gleichsetzung des Namens Amraphel mit dem des großen Königs Hammurapi (1728–1686) läßt sich aber nicht halten. Für die Deutung des Namens Amraphel ist akkadische oder westsemitische Herleitung versucht worden. Ein König dieses Namens ist aber bisher nicht nachgewiesen.

2. Arjoch von Ellasar. Bei der Lokalisierung von Ellasar herrscht große Unsicherheit. Ist es mit der Stadt Larsa im sumerischen Bereich des unteren Zweistromlandes (heute *senkereh*) oder mit dem im Bergland in der Nähe der Tigrisquellen gelegenen hurritischen Alzi gleichzusetzen? Der Name Arjoch dagegen ist noch im biblisch-aramäischen Text von Dan. 2,14f. 24f. belegt. Ob man ihn mit dem Arriwuk, einem der fünf Söhne des Königs Zimrilim von Mari (ca. 1716–1695 v.Chr.), der aber nie selber König geworden ist, gleichsetzen darf, ist mehr als fraglich. So tappen wir hier mit beiden Angaben im Dunkeln.

3. Kedor-Laomer von Elam tritt in der Aufzählung von V. 9 an die Spitze der Könige und wird in V. 5 offen als der Führer der Koalition genannt. Über das am Rande des iranischen Berglandes östlich von Babylon gelegene Elam, den hartnäckigen Widersacher der Babylonier, in dessen Hauptstadt Susa sich etwa die dorthin als Beutegut verschleppte Gesetzesstele Hammurapis gefunden hat, sind wir voller informiert.[16] Auch der Name Kedor-Laomer läßt sich sprachlich im elamischen Bereich wohl unterbringen; *kuter-lagamar* ist zu übertragen: «Die (Göttin) Lagamar ist eine Schützerin.» In den Nachrichten aus Elam ist allerdings bis heute ein König dieses Namens nicht aufgetaucht.

4. Thideal von Gojim führt mit seinem Personennamen in den hethitischen Bereich. In dem kleinasiatischen Reich der Hethiter sind zwischen dem 17. und 12. Jahrh. mindestens vier Könige mit dem Namen Tudḫalija, was dem hebräischen *tidʿal* entspricht, nachzuweisen. Auch ein Stadtfürst in der Stadt Karkemisch (am Euphratbogen, heute *dscherabis*) aus dem 14. Jahrh. trägt diesen Namen. Dagegen bleibt die Angabe des Herrschaftsbereichs von Thideal ungeklärt. Ist dahinter ein Volks- oder Ortsname zu finden, oder soll das vom Hebräischen her zu deutende Gojim «Völker» Übersetzung einer Bezeichnung «Völkerscharen» sein, wie sie etwa in der Form Umman-manda in der Keilschriftliteratur zusammenfassend für Völkerscharen, die von Norden her eindrangen, gebraucht worden ist? Deren erste Erwähnung im 17. Jahrh. v. Chr. zeigt sie allerdings als Feinde und nicht als Gefolgsleute des hethitischen Königs Ḫattušil I.

Die vier Ostkönige ziehen in einer Koalition gegen fünf Kleinkönige des Jordantales und treffen mit ihnen im Tale Siddim, von dem in V. 10 mehr gesagt wird, zusammen. Über die Lage der Städte Sodom und Gomorrha wird im Zusammenhang mit Kap. 19 näher zu reden sein. Adma und Zeboim sind schon in 10,19 zusammen mit Sodom und Gomorrha in einem Zusatz zur Grenzbeschreibung des Gebietes Kanaans (J) genannt worden. 5. Mose 29,22, wo die gleichen zwei Städtepaare in einer Fluchandrohung begegnen, zeigt, daß man von ihnen ein gleichartiges Gottesgericht ausgesagt hat wie vom ersten Städtepaar. Die Stelle Hos. 11,8, die lediglich Adma und Zeboim als Beispiel von Städten, die durch ein Gottesgericht zerstört worden sind, aufführt, legt nahe, daß man im Nordreich allein vom zweiten Städtepaar zu erzählen wußte. Die Verbindung der beiden Städtepaare stellt also eine nachträgliche Traditionsverschmelzung dar. Zoar war schon in 13,10 genannt worden. Nach 19,20–22 bekommt es diesen Namen erst im Gefolge der Lot-Ge-

---

[16] Vgl. W. Hinz, Das Reich Elam, 1964.

schichte. So ist in 14,2.8 noch ein älterer, sonst nie belegter Name Bela genannt. Ist es ein «sprechender Name» mit der Bedeutung «die Verschlungene» = «Zerstörte»?

Bei den vier Königsnamen, die im Zusammenhang mit diesen fünf Städten genannt sind, erregten die beiden ersten, die hebräisch die Bedeutung «im Bösen» und «in der Gottlosigkeit» zu enthalten scheinen, schon früh den Verdacht, als «sprechende Namen» auf die Bosheit der Städte Sodom und Gomorrha hin gebildet zu sein. Das gleiche läßt sich von dem zweiten Namenspaar nicht so ohne weiteres sagen. Sinab kann als «Sin (d. h. der babylonische Mondgott) ist Vater» verstanden werden. Zu Semeber sind die Deutungen «der göttliche Name ist mächtig» oder «der Sohn ist mächtig» erwogen worden. Sollte allerdings die Lesung in der samaritanischen Überlieferung Semabad, die vom Genesis Apokryphon (Semjobed) gestützt wird, ursprünglich sein, so könnte auch dieser Königsname mit dem Sinn «der Name ist zugrunde gegangen» als «sprechender Name» verstanden werden. Der König von Zoar bleibt namenlos. Es ist denkbar, daß für ihn keine Überlieferung vorlag. Im ganzen vermögen weder die fünf Städte noch die vier Königsnamen Anhaltspunkte für eine historische Verifizierung zu geben.

Wenn nun ein zweiter Abschnitt des Berichtes (4–7) den Anmarschweg der Ostkönige schildert, so fällt auf, mit welchem Umweg diese das nach V. 1–3 zu erwartende Ziel angehen. Sie ziehen auf der Hochfläche östlich vom Jordangraben hin erst nach Süden bis zum Meerbusen von Akaba, um sich dann nach Nordwesten in die Gegend von Kades zu wenden, von wo sie in nordöstlicher Richtung zur Jordansenke zurückkehren. Wieder überrascht der Bericht durch die reiche Fülle von Orts- und Völkerangaben.

Der Bericht über den Feldzug beginnt mit der annalistisch klingenden Nachholung, daß die genannten Weststaaten zwölf Jahre lang botmäßig gewesen seien, im 13. Jahr, wohl durch Einstellung der Tributleistungen, den Abfall vollzogen haben, woraufhin dann im 14. Jahr das Unternehmen der Ostkönige seinen Anfang genommen habe. Auf ihrem Wege besiegen diese erst die Rephaiter in Astaroth-Karnaim. Der Name des Ortes («die zweigehörnte Astarte»?) ist in dem heutigen *tell aschtara* im Quellgebiet des Jarmuk, etwa 30 km östlich vom See Genezareth, erhalten. Da Am. 6,13 Karnaim allein erwähnt, hat man dieses schon als besonderen Ort bei *schēch saʿd* in vier Kilometer Abstand von *aschtara* lokalisieren wollen. Die Rephaiter sind nach Angaben in 5. Mose 2f. ein sagenhaftes Urvolk von Riesen, das im ostjordanischen Gebiet von Basan, das nach 3,13 geradezu «Land der Rephaiter» genannt wird, bis hinunter zum Moabitergebiet (2,11) wohnte. Sie werden aber auch für das Westjordanland erwähnt. 2. Sam. 21,16 u. ö. ist gar ein Eponym Rapha für diese Riesen aufgeführt. Die Beziehung zu der Bedeutung «Schatten, Totengeister», die das gleiche Wort auch haben kann, ist nicht mit Sicherheit zu klären. Auch die ugaritischen Belege führen nicht auf eine im klaren Licht der Geschichte liegende Volksgruppe.

Der Ort Ham (heute *hām*), an dem es zum Kampfe mit den Susitern kommt, ist weiter südlich in Gilead, etwa 30 km östlich von Besan, zu finden. Die Susiter (es ist auch schon eine Lesung Sawsuwwiter vorgeschlagen worden) sind kaum von den nach der Glosse 5. Mose 2,20 im Gebiet Ammons wohnenden Samsummitern zu trennen. Vom Gebiet Ammons wird dort bemerkt: «Auch dieses gilt für ein Land der Rephaiter, und es haben auch vor Zeiten Rephaiter darin gewohnt. Die Ammoniter aber nannten sie Samsummiter. Das war ein großes, starkes und hohes Volk, wie die Enakiter.» Erneut stößt man damit auf einen archaischen Volksnamen.

Das gleiche gilt von den Emitern, die in der Ebene Kirjathaim wohnen. Nach Ausweis von 4. Mose 32,37 und Jos. 13,19 ist Kirjathaim eine rubenitische Stadt, nach Jer. 48,1.23; Ez. 25,9 im Besitz der Moabiter befindlich. Sie ist an der Stelle der *chirbet el kurēje* 10 km westlich von Madeba zu suchen. Von den Emitern sagt eine Glosse im 5. Mose 2,10f.: «Die Emiter haben vorzeiten darin (d. h. im Gebiet der Moabiter) gewohnt, das war ein großes, starkes, hochgewachsenes Volk, wie die Enakiter. Und die Moabiter hießen sie die Emiter.»
Eine Glosse 5. Mose 2,12 informiert in ganz ähnlicher Weise über die an vierter Stelle genannten Horiter, die auf den Bergen von Seïr, d. h. dem Gebiet südlich vom Moabitergebiet, östlich vom Toten Meer geschlagen werden. Sie bemerkt: «In Seïr wohnten vorzeiten die Horiter, und die Söhne Esaus (die Edomiter) vertrieben und vertilgten sie vor sich her und wohnten an ihrer Statt.» Für israelitische Ohren dürfte die an die Bezeichnung für «Höhle» anklingende Benennung etwas von dem archaischen Klang von «Höhlenbewohnern» an sich tragen. Da in neuerer Zeit die Hurriter, die zeitweilig bedeutende politische Gebilde geschaffen haben, immer voller bekannt wurden, hat sich aber die Frage erhoben, ob nicht hier eine Beziehung zu diesen Hurritern bestehen könnte. Da jene aber ihre Wohnsitze, soweit bisher zu sehen, in Mesopotamien und im nördlichen Syrien hatten, ist es fraglich, ob hier an Beziehungen zu diesem Volk, das in der Mitte des 2. Jahrt. politische Gebilde im oberen Mesopotamien bildete, zu denken ist. Die Berge von Seïr, in der geschichtlichen Zeit Israels das Wohngebiet der Edomiter, sind in der südlichen Verlängerung des ostjordanischen Hochplateaus zu suchen.
Den südlichsten Punkt erreicht der Zug der vier Ostkönige in «El-Paran, das am Rande der Wüste liegt». In dem «El» der ersten Hälfte dieser Ortsbezeichnung dürfte wieder die Bezeichnung eines starken Baumes zu finden sein, wie sie in einer anderen Ableitung vom gleichen Stamm in 12,6 und 13,18 vorlag. Die Gleichsetzung mit Elath/Eloth, dem Ort beim Hafen Ezjon Geber am heutigen Meerbusen von Akaba, von dem Salomo seine Schiffe aussandte (1. Kön. 9,26), ist dann unverfänglich, wenn in dem damit verbundenen Namen Paran eine Bezeichnung für die ganze Sinaihalbinsel vorliegt. Die «Wüste Paran» scheint allerdings nach 4. Mose 10,12 u. ö. südlich von Kades gelegen zu sein.
Dieser Ort, der wiederum (archaisierend?) als En-Mispat, «Rechtsquelle», bezeichnet ist, wird in einer drastischen Kehrtwendung der Richtung des Feldzuges erreicht. Kades spielt in den Berichten von der Wüstenwanderung Israels eine bedeutsame Rolle. Nach 5. Mose 1,2. 19 bricht Israel nach längerem Aufenthalte an diesem hier voller als Kades-Barnea bezeichneten Orte zur Eroberung des Landes auf. Unter dem Namen Meribat-Kades spielt P in 5. Mose 32,51 auf die Geschichten vom Murren Israels am «Haderwasser» (2. Mose 17,3–7; 4. Mose 20,1–13) an. Man hat an das Quellengebiet von ʿēn-kdēs und ʿēn-kdērāt, etwa 80 km südwestlich von Beerseba, zu denken. Die verschiedenen im Alten Testament verwendeten Namen von Ort und Quelle weisen auf den Ort eines Heiligtums (Kades) wie auch auf hier erteilte Rechtsentscheide (Mispat, Meriba) hin. So hat man denn in dem Rechtsgeber Mose schon geradezu einen Priester in Kades sehen wollen, was allerdings den Nachrichten über Mose kaum gerecht werden dürfte. Unmittelbar nach der Quell-Geschichte von 2. Mose 17 wird in 17,8–16 von einem Kampf gegen die Amalekiter bei Rephidim, das danach in dieser Gegend zu suchen ist, erzählt. Das berührt sich mit der Angabe von 1. Mose 14,7, wonach die Koalition der Ostkönige bei Kades «das ganze Gebiet der Amalekiter» schlug. Dieser Wüstenstamm oder -stammesverband ist aus der früheren Geschichte Israels wohl bekannt. Saul

(1. Sam. 15) und David (1. Sam. 27,8; 30,1 ff.) haben gegen ihn gekämpft. Und noch im Schlußwunsch der Gesetze in 5. Mose 25,17–19 äußert sich die leidenschaftliche Urfeindschaft, in der Israel zu diesem seinem Gegner der Zeit vor seiner Ansässigkeit gestanden hat.

Von diesem besonderen Charakter der Amalekiter sagt 1. Mose 14 nichts, erwähnt dafür als letzten von den Ostkönigen besiegten Feind, bevor sich diese gegen die fünf Könige des Jordantals wenden, die Amoriter, welche in Hazazon-Thamar wohnen. Dieser Ort wird in 2. Chr. 20,2 mit der wohlbekannten Oase Engedi auf der Westseite des Toten Meeres gleichgesetzt, bei der Grabungen einen heiligen Bezirk schon für die Zeit des Chalkolithikums feststellen konnten. Allerdings ist die Angabe von 2. Chr. 20,2 auch schon in Zweifel gezogen und Hazazon Thamar mit Ortslagen weiter im Süden, abgerückt vom Toten Meer, gleichgesetzt worden. Der Name Amoriter, der von der akkadischen Bezeichnung eines mittelsyrischen Gebietsbereiches als Land *amurru* nicht zu trennen ist, wird im alttestamentlichen Bereich dann in der Folge auch ein Sammelname für die ganze vorisraelitische Bevölkerung. Eine alte Nachricht über das Siedeln von Amoritern in diesen südlichen Bereichen liegt hier kaum vor, da sie sich mit den sonstigen Nachrichten nicht vereinen läßt. So wird man es hier wieder mit einer bewußt archaisierenden Bezeichnung, die der jüngeren Zeit entstammt, zu tun haben.

8–12 kommen nun endlich auf den Zusammenstoß, der in der Exposition V. 1–3 als eigentlicher Gegenstand der Erzählung genannt worden war, den Kampf der vier Ost-Großkönige mit den fünf Kleinkönigen des Jordantals, zu sprechen. Weish. 10,6 braucht für diese erstmals die Sammelbezeichnung Pentapolis, «Fünfstädte». Wie schon in V. 3 wird hier als Ort des Zusammenstoßes nochmals das «Tal von Siddim» genannt. V. 3 hat dieses in einer glossierenden Bemerkung dem «Salzmeer», d. h. dem Toten Meer, gleichgesetzt – oder soll darin nur eine Aussage über die Nähe zum Toten Meer gemacht werden? Von einer Überflutung des Ortes der Städte durch das Meer ist im Bericht über deren Zerstörung in Kap. 19 nichts gesagt. Trotz der Versuche sprachlicher Deutung des Namens als «Tal der Dämonen», «Kalktal» oder «Tal des Ufergeländes» ist über seine nähere Lokalisierung nichts zu sagen. Daß sich hier nach V. 10 viele Asphaltgruben befunden haben, fügt sich zu der auch heute noch zu machenden und schon von Strabo, Diodor und Plinius bezeugten Wahrnehmung, daß sich im Südbereich des Toten Meeres (besonders bei Erdbeben) Asphaltstücke lösen und auf dem Wasser schwimmend gefunden werden können. So hat die Lokalisierung der «Pentapolis» im Südbereich des Toten Meeres (auch von Kap. 19 her) die größere Wahrscheinlichkeit für sich als eine solche im Norden.

Der Kampf der Könige wird nur von seinem Ergebnis her beschrieben: Die Könige von Sodom und Gomorrha (warum sind nur diese beiden genannt?) kommen in den Asphaltgruben zu Fall. Die übrigen (Krieger oder Könige?) fliehen aufs Gebirge hinauf – ein Zug, der in 19,17 in anderem Kontext wiederkehrt. Die Städte Sodom und Gomorrha (wieder sind nur diese beiden genannt) werden geplündert. Dabei wird auch Lot und seine Habe weggeführt.

Damit ist der Anschluß an die Abrahamgeschichte wieder erreicht. In Lot ist Abrahams Verwandtschaft mitbetroffen. Einer der aufs Gebirge hinaus Fliehenden überbringt Abraham die Meldung von dem Geschehenen. Das bewegt Abraham zum schlagfertigen Eingreifen **(13–16)**. So knapp der eigentliche Kampfbericht gehalten war, so genau wird nun hier wieder ins einzelne gegangen. Abraham wird als «der Hebräer» eingeführt. Diese Bezeichnung ist in den Abrahamerzählungen sonst nicht mehr zu finden. Wenn man sich fragt, warum gerade hier diese Vorstellung des doch von Kap. 11–13 her schon voll eingeführten Abraham geschieht, dann hängt das sichtlich wieder mit der Eigenart der ganzen Erzählung von 1. Mose 14 zusammen. All den anderen, im vorhergehenden aufgeführten Völkerschaften soll nun auch Abraham mit einer Angabe gegenübergestellt werden, die seine Volkszugehörigkeit kennzeichnet. Das spricht von vornherein dafür, «Hebräer» in diesem Sinne zu verstehen, wie es auch in dem späten Text Jona 1,9 der Fall ist, und die Verwendung in älteren Texten, wo es appellativ eine bestimmte soziale Schicht zu bezeichnen scheint, nicht ernsthafter in Erwägung zu ziehen. Der Hebräername, dessen Entsprechung auch in mesopotamisch/kleinasiatischen Texten wie in Ägypten gefunden worden ist, dürfte ursprünglich den Stand wirtschaftlich und sozial gesunkener Gruppen bezeichnen (so 2. Mose 21,2). In Erwähnungen im Zusammenhang der Josephgeschichte (1. Mose 40,15 u. ö.), der Berichte über die Israeliten in Ägypten (2. Mose 1,19; 3,18 u. ö.) und der Berichte über die Auflehnung gegen die Philister in der vorköniglichen Zeit (1. Sam. 13,3. 19 u. ö.) scheint ein Element von Volksbezeichnung hereinzukommen, das dann später in religiös gehobener Sprache gerne verwendet wird (vgl. 2. Kor. 11,22; Phil. 3, 5). Der archaisierende Klang darf auch in 1. Mose 14 nicht überhört werden.

Die Bezeichnung des Wohnortes Abrahams übernimmt die Angabe von 1. Mose 13,18 (18,1) mit der auffallenden Modifikation, daß Mamre als Eigenname eines Amoriters, neben dem die Namen von dessen beiden Brüdern Eskol und Aner genannt werden, verstanden wird. Der Name Eskol bezeichnet in 4. Mose 13,23 f. die von den Kundschaftern mitgebrachten (Wein-)Trauben, die nach derselben Stelle in einem den gleichen Namen tragenden Tal (bei Hebron? 13,22) gefunden werden. So ist der Verdacht groß, daß hier ein Flurname sekundär als Personenname gedeutet wird. Das gleiche legt sich dann aber auch beim Namen Mamre, der in 23,17. 19; 25,9 eindeutig als Ortsname auftritt, nahe. Bei Aner ist eine solche Beziehung nicht zu erkennen. Die drei Männer werden mit dem allgemeinen Namen für die Vorbewohner des Landes (vgl. zu V. 7) als Amoriter bezeichnet. Daß eine vorgefundene Landesbevölkerung mit Israel in eine Bundesbeziehung trat, belegt für die Einwanderungszeit Jos. 9. Daß solches auch eine militärische Beistandsverpflichtung in sich bergen konnte, kann vielleicht aus dem Fluchwort gegen Meros (Richt. 5,23), welches solche Hilfe weigerte, erschlossen werden. Aus dem Schlußvers von 1. Mose 14 wird deutlich, daß die drei genannten Bundesgenossen Abrahams diesem militärische Hilfe gewähren. – Überraschend tritt nun hier auch Abraham selber als ein Mann auf, der augenblicklich über eine kriegerisch einsatzfähige Truppe von über 300 Männern verfügt, was ihn an die Seite eines Gideon, der nach Richt. 7,8. 16; 8,4 den Schlag gegen die Midianiter mit 300 Mann führt, stellt. Daß Abraham danach einen Hausstand von mindestens 1000 Menschen, Frauen und Kinder eingerechnet, gehabt haben müßte, läßt sich mit den sonstigen Berichten über Abraham nicht vereinen. Es zeigt einen wehrhaften, über eine schlagkräftige Truppe verfügenden, militärisch einen Machtfaktor darstellenden Scheich. Das mit «Gefolgsleute» übertragene hebräische Wort kommt im Alten Testament nur an dieser einzigen Stelle vor. Es ist aber in den ägyptischen Ächtungstexten des 19. Jahrh. v. Chr. und auf einer Tontafel aus dem 15. Jahrh. aus Taanach zu belegen und bezeichnet dort den bewaffneten Parteigänger. Auch die Bezeichnung als «Hausgeborene», die in 1. Mose 17,23. 27 wiederkehrt (sonst noch 3. Mose 22,11; Jer. 2,14), enthält nach einigen an der vorliegenden Stelle einen archaischen Klang. Die Zahl 318 hat man schon früh gematrisch zu deuten versucht. Sie entspricht dem Zahlwert des Namens Elieser, der in 15,2 als Knecht Abrahams genannt werden wird. Ungemein schnell entschlossen jagt Abraham hinter dem abziehenden, beutebeladenen Heer der Großkönige her, erreicht es in Dan, schlägt es mit seiner in (3?) Heerhaufen gruppierten Truppe zur Nachtzeit (vgl. dazu Richt. 7,16ff., auch 1. Sam. 11,11), jagt den Flüchtigen über Damaskus hinaus nach bis Hoba und jagt ihnen die gesamte Beute nicht nur an Gut, sondern auch an weggeführten Menschen, ab. Unter diesen interessiert allein Lot und seine Familie den Erzähler näher. Was mit den Ostkönigen und ihrem Heer sonst geschieht, wird nicht erwähnt. In der Nennung des Namens Dan unterläuft dem Erzähler ein Anachronismus, da die Stadt nach Richt. 18,7.27.29 zuvor Lais hieß und ihren Namen Dan erst nach der Eroberung durch die Daniten erhielt (V.29). Überraschen wird auch die weite Verfolgungsstrecke, die mit Leichtigkeit zurückgelegt zu werden scheint. Die Luftliniendistanz Hebron–Dan beträgt etwa 180 km. Die Ortslage von Hoba, das nördlich von Damaskus gesucht werden muß, ist, obschon es möglicherweise auch in Umwelttexten genannt ist, nicht mehr mit Sicherheit zu bestimmen. Die Distanz von Dan bis Damaskus beträgt in Luftlinie weitere 70 km.

Der ganze Bericht über diesen angesichts seiner Dimensionen schwer vorstellbaren Zug (vgl. daneben etwa die Verfolgung der Midianiter durch Gideon, Richt. 8,4ff., und die dort zurückgelegten Distanzen) mündet in seiner ursprünglichen Fassung aus in die Begegnung des heimkehrenden Siegers mit dem König von Sodom **(17.21–24)**. Diese ereignet sich im Tal Sawe, das durch den glossierenden Zusatz «das ist das Königstal» näher bestimmt wird. Nun ist das «Königstal» noch in 2. Sam. 18,18 als Ort, an dem Absalom sich einen Malstein errichtete, genannt. Josephus (Ant. VI 10,3) meint den zwei Stadien (370 m) von Jerusalem entfernten Ort noch zu kennen. Das Denkmal Absaloms ist aber auf keinen Fall in dem sog. Absalomgrab im Kidrontal zu finden. Dieses stammt aus dem 1. Jahrh. n. Chr. Der Name «Tal Sawe» hilft auch nicht weiter. Seine Nennung erweckt dadurch Zweifel, daß Sawe in V.5 in der Bedeutung «Ebene» verwendet war. So ist die genaue Stelle, die wohl in der Nähe Jerusalems zu suchen ist, nicht mehr auszumachen.

In dem abschließenden Gespräch tritt der König von Sodom Abraham entgegen. Die Gruppe der fünf Könige ist damit auf den einzigen, der aus Sodom kommt, reduziert. Eine Angabe, ob sich auch der König von Gomorrha aus den Asphaltgruben hat retten können, wird nicht gemacht. Das Gespräch beschäftigt sich auch nicht mit Lot, dem Bewohner von Sodom, um dessetwillen die ganze Rettungsaktion Abrahams geschehen war. Es hat allein den Zweck, Abrahams überlegene Großmut und Uneigennützigkeit, aber ebenso seine fürsorgende Rücksicht auf seine Helfer zu illustrieren. Der Bitte des Königs von Sodom, doch die befreiten Angehörigen seiner Stadt (was geschieht mit den Angehörigen der vier anderen Städte?) freizugeben, auf die Abraham kraft Recht des Siegers Anspruch hätte, und alle Sachwerte als seinen Lohn zu behalten, weist Abraham in der starken Form einer Schwuraussage zurück. Stolz verwahrt er sich gegen die Möglichkeit, daß einer dann sagen könnte, der König von Sodom habe ihn reich gemacht. Will darin eine Gegengeschichte gegen 12,10–20 erzählt sein, wo Abraham durch die Gaben des Pharao reich wird? Oder ist gar etwas von dem negativen Akzent mitzuhören, der sonst auf Sodom liegt (13,13; 19,1ff.)? Es fällt allerdings auf, daß in Kap. 14 diese negativen Akzente, mit denen zumindest die vier erstgenannten Jordantalstädte in der alttestamentlichen Überlieferung sonst behaftet sind, abgesehen von den «sprechenden Namen» der Könige von Sodom und Gomorrha nicht spürbar werden. Auch darin zeigt sich deutlich, daß 1. Mose 14 nicht im Gefolge von 13,13 niedergeschrieben ist. – Neben diese grandseigneuriale Zurückweisung eines persönlichen Lohnes tritt aber unmittelbar die loyale Korrektheit gegenüber seinen amoritischen Helfern aus Hebron. Ihr Beuterecht soll ihnen nicht verkürzt werden. Und – was die Korrektheit der Erwägungen aufs höchste steigert: Das, was an Nahrungsmitteln aus der Beute von den Kriegern verzehrt worden ist, soll nicht nachträglich verrechnet werden. Mit diesem Gespräch bricht die Erzählung ab. In Kap. 19 wird Lot wieder in dem unzerstörten Sodom zu finden sein. Von einem König von Sodom ist dort mit keinem Wort mehr die Rede. Auch darin klafft ein Graben zwischen Kap. 14 und 19.

Was ist von dieser Erzählung im ganzen zu halten? Durch ihre reichen Personen-, Völker- und Ländernamen sowie die Zahlangaben hat sie immer wieder danach fragen lassen, ob hier nicht der gesicherte historische Boden der Abrahamüberlieferung betreten werden könne. Dieser Annahme haben sich aber bei näherem Zusehen doch in steigendem Maße Bedenken entgegengestellt. Könnte in den Namen der vier Ostkönige und z. T. auch ihres Herrschaftsbereiches zuverlässiges Namengut vorliegen, so war nicht nur die sichere Identifikation mit einem der inzwischen in reicher Fülle bekannten Könige der östlichen Großreiche nirgends zu vollziehen. Darüber hinaus erscheint eine Koalition von vier großen Ostkönigen unter der Führung gerade eines elamitischen Herrschers im Lichte unserer Kenntnisse der Geschichte der östlichen Reiche höchst unwahrscheinlich. Und was den so genau beschriebenen Feldzugsweg anlangt, so ist zwar festzustellen, daß er der in 4. Mose 20,17 als «Königsweg» bezeichneten Route, welche dem Weg Trajans von Bosra nach Aila entspricht, folgt. Die unterwegs besiegten Völker aber tragen mit Ausnahme der Amalekiter bei aller scheinbaren Zuverlässigkeit der Kampforte so deutlich vorgeschichtlich-sagenhafte oder in jüngerer Manier verallgemeinernde, für die Väterzeit historisch unmögliche Namen, daß von zutreffender geschichtlicher Erinnerung nicht die Rede sein kann. Und dieses Urteil drängt sich erst recht gebieterisch auf, wenn man auch die «sprechenden Namen» einiger der fünf Kleinkönige des Jordantals sowie die Tradition ihrer Städte selber bedenkt. Die eigentümliche Mischung von archaischen und späten Ausdrücken, von authentischen und erfundenen Namen dürfte sich an das Vorbild analoger pseudohistorischer assyrisch-babylonischer Texte anlehnen.

Die Erzählung setzt im übrigen die festgefügte Verbindung von Abraham und Lot voraus. Sie greift Traditionselemente aus J und Sprachgut aus P auf. Ihr Anliegen besteht darin, Israels Ahnen Abraham mit der großen Weltgeschichte der Ostvölker in Verbindung zu bringen. Sie nimmt dabei die Disproportion der großen Königskoalition vom Osten mit den Duodezfürsten im Jordantal in Kauf, weil sie nur auf diesem Wege die Brücke von der Weltgeschichte zur Kleingeschichte Abrahams schlagen kann. Sie nimmt auch die Disproportion der Kleingruppe in Hebron zu dem Riesenfeldzug über Hunderte von Kilometern hin und den Kampferfolg über das Großheer der Ostkönige in Kauf. Obwohl das ganze Geschehen eigentümlich profan berichtet ist, steht dahinter wohl noch das Vorbild des Jahwekrieges, bei dem es Jahwe ein leichtes ist, zu helfen, es sei durch viel oder wenig (1. Sam. 14,6).

Im Zentrum dieser so ganz ohne jede Erwähnung der Hilfe Jahwes erzählten Geschichte, die, wie die brüchige Erzählweise nahelegt, Vorstufen gehabt haben könnte, steht die Gestalt Abrahams. Er ist hier als der verwandtentreue, zu raschem Entschluß fähige, eine kampfbereite Mannschaft zur Hand habende, keinerlei Hemmungen gegen die Koalition mit «amoritischen» Helfern zeigende kühne

Kämpfer geschildert, der sich auch vor den Großen der Weltgeschichte nicht fürchtet. Er ist aber darüber hinaus als der über alle kleinliche Erwerbssucht weit Erhabene gezeichnet, der dennoch in voller Korrektheit auch um den gerechten Beutelohn der ihm zur Seite getretenen Helfer besorgt ist. Ob die Geschichte darüber hinaus noch deutlich machen will, an welch gefährlichem Orte Lot sich niedergelassen hat, das ist weniger gewiß zu sagen.

Man wird sich mit einiger Verwunderung fragen, wie diese so profan berichtete Erzählung Eingang in die biblische Abrahamerzählung hat finden können. Auf diese Frage ist zu antworten: Sie verdankt ihren Einbau in die übrige Abrahamgeschichte der in **18–20** eingefügten Melchisedekszene. Diese hebt das, was von Abraham erzählt wird, auf eine ganz andere Ebene und versieht es mit einem eigenartigen, neuen Akzent, der auch diese Geschichte zu einem Geschehen zwischen Abraham und Gott macht. Daß diese Szene, die, wie früher bemerkt, in unschöner Weise die Begegnung Abrahams mit dem Könige von Sodom zerreißt, gerade nach V.17 eingefügt worden ist, dürfte von der geographischen Angabe in V.17 her zu verstehen sein. Die Vermutung des Josephus, daß das «Königstal» von 2. Sam. 18,18 nahe bei Jerusalem zu suchen sei, bekommt durch V.18–20 eine starke Unterstützung. Da wo der von Norden her zurückkehrende Abraham, der offenbar nicht durch das Jordantal, sondern über das westjordanische Gebirge nach Süden zurückkehrt, ganz nahe am Gebiet von Jerusalem vorbeikommt, da tritt ihm der König Melchisedek von Salem entgegen. Denn daran, daß sich hinter dem Namen Salem der Name Jerusalem verbirgt, kann kein Zweifel bestehen. Ps. 76,3 mit seiner synonymen Parallelsetzung von Salem und Zion belegt es zweifelsfrei. Wenn der Name Jerusalem als eine Genitivverbindung in der Bedeutung «Gründung des (Gottes) Salem» richtig verstanden ist, so ist Salem eine sog. hypokoristische, d. h. auf ein Teilelement verkürzte Bildung, wie sie nicht nur bei Verbalsatznamen (Jonathan, Elnathan, Nathanael «Jahwe [Gott] hat gegeben» neben der Kurzform Nathan), sondern auch bei Substantivverbindungen (Abner neben Ner, Uria und Uriel neben Ur) zu finden ist.

Wichtiger aber als die Frage nach dem Grund, der die Einfügung der Episode gerade an dieser Stelle erklärlich macht, ist die sachliche Frage nach der inhaltlichen Absicht dieser Einfügung. Auch diese ist klar zu beantworten. Die knapp erzählte Episode berichtet nicht nur, daß Melchisedek den von seinem Sieg Heimkehrenden mit Brot und Wein bewirtet, sondern auch, daß er ihn mit einer zweifachen Segensformulierung gesegnet habe. Mit dem Stichwort «Segen» aber ist unverkennbar die Verbindung hin zu der sonstigen Abrahamgeschichte als einer Geschichte des Segens zwischen Gott und dem Ahnen Israels geschlagen. Zweimal taucht das Stichwort *bārūk* «gesegnet» im Wort Melchisedeks auf. Dieses ist darüber hinaus durch die verbale Einführung: «Und er segnete ihn» eingeleitet, welche das Verb «segnen» ein drittes Mal aufklingen läßt. Die Häufung des Stammes *brk* «segnen» erinnert an die Einführung des J in 12,1–3 mit ihrer fünffachen Wiederholung des Stammes. So wird man gut tun, dieses «Segnen» und «Gesegnet» bei seinem vollen Nennwert zu nehmen und darin nicht nur eine abgeschliffene Grußformel, wie sie an anderen Stellen vorliegen mag, zu sehen.

Das «Gesegnet» ist dabei allerdings in dreifacher Hinsicht anders gewendet als in 12,1–3. Einmal nur ist es direkt auf Abraham bezogen: «Gesegnet sei (ist?) Abram von Gott, dem Allerhöchsten». Dann wendet es sich auf den segnenden Gott selber hin: «Gesegnet sei Gott, der Allerhöchste, der deine Feinde in deine Hand ausgeliefert hat.» Da menschliches «Segnen» Gott nicht etwas an Macht

zuzufügen vermag, muß das «gesegnet» in unserer Sprache hier mit dem demütige-
ren «gepriesen sei (Gott)» übertragen werden. Die hebräische Sprache braucht an
beiden Stellen das gleiche Verb.

Zum anderen ist es hier anders als in 12,2f. nicht Jahwe selber, der den Segen
ausspricht, sondern eine mittelnde priesterlich-königliche Gestalt. Dieser Gestalt
und dem, was ihr Segnen bedeutet, wird nachher voller nachzudenken sein.

Zum dritten aber ist der Segen hier anders als in 12,2f. nicht nur futurisch im Blick
auf erst Kommendes formuliert, sondern auch im Rückblick auf schon Geschehenes
ausgesprochen. In der demütigen Wendung zum Lobpreis Gottes hin ist auf das
gewiesen, was für Abraham schon eine Erfahrung seiner Gesegnetheit geworden ist:
die Auslieferung der Widersacher, d. h. in diesem Fall der Großmachtkönige in seine
Hand. Lots ist in diesem Segen nicht gedacht, wie denn Lot ja auch schon aus der
Schlußszene des zugrundeliegenden Kriegsberichtes im Gespräch mit dem König
von Sodom verschwunden war. Durch diese Hereinnahme der Auslieferung der
Feinde aber wird der vom Grundtext ganz profan berichtete Krieg mit seinem Sieg
zum Gotteskrieg. Es ist eine bei der Schilderung der Jahwekriege im Alten Testament immer wieder gebrauchte Formel, die, etwa im Prophetenwort vor dem Aus-
bruch des Kampfes, davon spricht, daß Jahwe die Feinde in die Hand Israels geben
wird. Statt des einfachen Ausdruckes «in die Hand geben» ist hier die in solchem
Zusammenhang einmalige Formulierung «in deine Hand ausliefern» gebraucht. (In
Hos. 11,8 ist sie gegen Israel gewendet.) Damit ist der Sieg zur Gottesgabe geadelt
und Gott darüber gepriesen. Auch der Krieg mit den Königen ist einbezogen in das
große Geschehen des Segens an Abraham.

Aber nun muß die Aufmerksamkeit voller der besonderen Ausrichtung des Segens
durch den König Melchisedek gelten, der schon in der Einführung V. 18 ganz ausdrücklich als ein «Priester Gottes, des Allerhöchsten», vorgestellt worden war.
Was ist es um diesen Melchisedek und seinen Segen, den Abraham dann demütig
mit der Gabe des «Zehnten von allem» beantwortet?

Der König ist hier als «Priester (Gottes)» bezeichnet. Sein Segnen ist denn auch ein
ausgesprochen priesterliches Tun. Gerne wüßte man, ob auch sein Anbieten von
Brot und Wein in besonderer Weise in den Umkreis priesterlichen Tuns gehört und
etwas von sakramentaler Würde enthält. Man wird es nicht ausschließen können.
Die Verbindung von Königtum und Priestertum ist in Israels Umwelt nichts Unge-
wöhnliches. Aus dem sumerischen Bereich sind uns Priesterkönige, wie etwa Gudea
von Lagasch, bekannt. Näher an Israel heran führt das ägyptische Königtum, wo
der Pharao in der Theorie der alleinige Priester ist, der die Opfer darbringt. Diese
Züge fehlen auch im älteren Königtum Israels nicht. David tanzt im linnenen Prie-
sterkleid vor der Lade her, wie diese in die «Stadt Davids» überführt wird
(2. Sam. 6,14), er segnet nachher das Volk (V. 18), was auch Salomo bei der Tempel-
weihe tut (1. Kön. 8,14. 55). Von Opfern, die der König bringt, ist die Rede bei Saul
1. Sam. 13,9, David 2. Sam. 6,13. 17, Salomo 1. Kön. 3,4. 15; 8,5. 63; 9,25; 10,5, Jerobeam I. 1. Kön. 12,33ff. und noch bei Ahas 2. Kön. 16,12f. Der späteren Zeit allerdings erscheint dieses als ein Sakrileg, das nach 2. Chr. 26,16ff. geradezu den Aus-
satz König Usias zu erklären vermag. Schon in den Tempelordnungen von Ez. 46
hat der Fürst nur mehr das Privileg der distanzierten Assistenz beim Opfer. Es fällt
nun auf, daß der Königspsalm 110, der seinen Sitz im Leben in der Thronbestei-
gungsfeier des judäischen Königs gehabt haben dürfte, dem jungen König nicht nur
die Mitregentschaft in Jahwes Königtum (Sitzen zur Rechten Gottes V. 1), sondern
auch ausdrücklich das Priestertum zuspricht: «Du sollst mir ein Priester sein in der

Weise Melchisedeks.» Melchisedek ist danach die exemplarische Priester-Königs-
gestalt auch für die judäischen Könige. Im Rahmen der israelitisch-judäischen
Königsreihe begegnet uns kein König dieses Namens. Die Abrahamerzählung hält
denn auch ausdrücklich fest, daß er ein König der vorisraelitischen Zeit Salem–
Jerusalems gewesen sei. Das Alte Testament weiß, daß Jerusalem erst unter David
israelitische Stadt geworden ist (2.Sam.5,6ff.). Der Name Melchisedek (= Malki-
Zedek) kann in seiner Bildung von dem Namen des Jerusalemer Königs Adoni-
Zedek nicht wohl getrennt werden, der nach Jos.10,3 der eigentliche Initiant der
Koalition kanaanitischer Städte ist, die sich in der Schlacht bei Gibeon gegen die
ins Land dringenden Israeliten stellen.
Von dieser Schilderung des Kampfes eines früheren Königs von Jerusalem gegen
Israel her stellt sich die Frage besonders dringlich, wie es dazu kommt, daß
Melchisedek im Königspsalm 110 dem neu den Thron besteigenden König im
Jahwevolk als Vorbild vorgehalten wird, und wie Israel davon erzählen kann, daß
er schon dem Ahnen Abraham als ehrwürdige Gestalt begegnet sei und von diesem
den Zehnten, nach P die spezifische Gabe an den Priester (4.Mose 18,20ff.) empfängt. Der Hebräerbrief hält aus der Melchisedekgeschichte ohne Zweifel mit vollem Recht nicht nur fest, daß «der Geringere vom Höheren gesegnet wird» (7,7),
sondern auch, daß die Zehntabgabe die demütige Anerkennung eines Hohen ist
(7,4). Wie kann der alte, kanaanitische König in der Erinnerung Israels solche
Würde gewinnen?
Man wird dazu ein Doppeltes zu sagen haben: Man kann einmal dem rein über-
lieferungsgeschichtlichen Prozeß nachdenken und sich fragen, auf welchen Wegen
eine Erinnerung, die primär aus dem vorisraelitischen Jerusalem stammt, im israelitischen Jerusalem solches Gewicht und Heimatrecht bekommen konnte. Der Weg,
auf dem das geschehen ist, kann wohl noch ausgemacht werden. Es fällt auf, daß,
nachdem David Jerusalem erobert hat, neben dem Priester Abjathar, der nach
1.Sam. 22,20–23 aus dem von Saul ausgemordeten Hause der (elidischen?) Priester
von Nob stammt und der David schon in der Zeit seiner Flucht vor Saul zur Seite
stand, ein zweiter mit dem Namen Zadok auftaucht (2.Sam.8,17). Unter Salomo,
der Abjathar nach Anathoth hinaus verbannt (1.Kön.2,26f.), wird dann Zadok der
eigentliche Priester im Jerusalemer Tempel. Ez.44,15f. deklariert mit großer Be-
stimmtheit, daß nur die «Söhne Zadoks» das Recht zum vollen Priesterdienst haben. Nun ist der Name Zadok wiederum ein hypokoristischer Name. Seine vollere
Form könnte Melchisedek (= Malki-Zedek), Adoni-Zedek oder ähnlich gelautet
haben. Ist Zadok ein Glied jener alten Königsfamilie des vorisraelitischen Jerusalem? Da David eine Politik der Versöhnung mit den von ihm unterworfenen kanaanitischen Städten, im besonderen auch mit Jerusalem, betrieb, hat dieses einige
Wahrscheinlichkeit für sich. Über dieses Priesterhaus aber kann dann auch die
Erinnerung an den großen Ahnen Melchisedek, einen früheren König Jerusalems,
von dem wir bisher allerdings keinerlei weitere Kunde haben, in die Traditionen
des israelitischen Königtums eingeflossen sein. In Melchisedek wird sichtbar, daß
man sich von jenen älteren Königen nicht nur feindlich abgesetzt und ihr Andenken
geächtet (so beim Adoni-Zedek von Jos.10,1–3), sondern die Erinnerung an einen
Großen jener Vorzeit hochgehalten hat. Auch die lichte Erinnerung des Jerusalemers
Jesaja, daß Jerusalem einst eine Stadt gewesen sei, in der «Gerechtigkeit (= Zedek)» wohnte (Jes.1,21), könnte ein Nachhall solcher Erinnerung sein.
Dazu muß aber sofort auch das Zweite gesagt werden: Es ist nicht nur die Pietät
gegenüber einem menschlichen Vorfahren, was hier festzustellen ist. Melchisedek

wird als «Priester Gottes, des Allerhöchsten» bezeichnet. Es ist hier nicht der Name Jahwes genannt, sondern die Bezeichnung «El», Gott, die das Beiwort Allerhöchster bekommt. Es sind vor allem die Funde in der Stadt Ugarit in Nordsyrien gewesen, die es ganz gewiß werden ließen, daß die Kanaaniter über ihren einzelnen Gottheiten einen Götterherrn unter eben diesem Namen El verehrten. Auch die Bezeichnung «Allerhöchster» ist in Inschriftstexten der Umwelt nachzuweisen. Damit aber läßt die Melchisedekgeschichte in einen höchst bedeutsamen Vorgang der alttestamentlichen Religionsgeschichte hineinsehen. Der «Gott, Allerhöchster», den der historische Melchisedek verehrt hat, dürfte ein im kanaanitischen Pantheon Jerusalems an höchster Stelle verehrter Gott (El) gewesen sein, dem das andernorts als selbständiger Gottesname begegnende Prädikat «Allerhöchster» beigegeben worden ist. Israels Glaube begegnet diesem Gott in dem durch David eroberten Jerusalem. Es ist für Israel undenkbar, daß dieser Gott ein zweiter neben oder gar über seinem einzigen Herrn Jahwe gewesen sein könnte. Es ehrt seinen Gott Jahwe in der Folge nun auch mit der Bezeichnung «El (Gott), eljon (Allerhöchster)», wobei diese Bezeichnung aus dem Rang eines selbständigen Gottesnamens in den Rang eines Prädikates Jahwes einrückt. So ist es dann ganz offen in der redaktionellen Vernähung des V. 22 zu erkennen, wo in den Schwur, den Abraham vor dem König von Sodom tut, die Bezeichnung des Gottes Melchisedeks als rühmendes Beiwort zum Namen Jahwes, des in Israel bekannten Herrn, tritt: «Ich erhebe meine Hand (im Schwur) zu Jahwe, Gott, dem Allerhöchsten, dem Schöpfer Himmels und der Erde ...» Unter dieser Bezeichnung El (Gott) und Allerhöchster hat Israel denn in der Folge seinen Gott Jahwe, ganz abgesehen von der besonderen ursprünglichen Beheimatung dieser Bezeichnungen in Jerusalem (dem El-Namen ist Israel auch an anderen Stellen in Kanaan begegnet) angerufen. «(Aller-)Höchster» etwa Ps. 9,3; 21,8; 46,5; 47,3 u. ö.

Der religionsgeschichtlichen Bedeutsamkeit dieser Begegnung Jahwes mit dem El Eljon, den das von David eroberte Jerusalem als den Schöpfer der Welt kannte, kann hier nicht weiter nachgegangen werden. Dagegen muß hier nun zusammenfassend festgehalten werden, was die um V. 18–20 erweiterte Erzählung 1. Mose 14 über Abraham als ganze nun aussagen möchte. Es ist ein Dreifaches.

Die Erzählung will die überraschende Hilfstat, die Abraham an seinem Neffen hat tun können und die zunächst ganz profan berichtet war, in den weiten Horizont einer Segnung durch den Schöpfer Himmels und der Erde rücken. Sie will festhalten, daß, was an und durch Abraham geschehen, nicht ein lokales Geschehen am Rande, sondern Segnung des Schöpfergottes gewesen ist. Hierin wird in neuer Art eine unmittelbare Beziehung zwischen dem Anfangsgeschehen, von dem 1. Mose 1 berichtete, und Abraham hergestellt. Abraham erhält den Segen des «Schöpfers Himmels und der Erde».

Aber «Segen» wird von Melchisedek über Abraham nicht nur rückschauend im Blick auf den gewonnenen Sieg festgestellt. Wenn vom Priesterkönig Melchisedek gesagt wird: «Er segnete ihn» (d. h. den Abraham) und das Ganze von der Darreichung von Brot und Wein begleitet ist, so will darin deutlich ein priesterlich-vollmächtiger Akt ausgesagt sein. «Segnen» ist in der jüngeren Zeit, der die Formulierung von 1. Mose 14 angehört, ein Vorrecht des Priesters, der darin «den Namen Jahwes» auf den Gesegneten legt (4. Mose 6,27). In Melchisedek segnet der priesterkönigliche Ahnherr der Jerusalemer Priesterschaft den Ahnherrn Israels, was dieser demütig mit der Abgabe des Zehnten an den Priesterkönig von Salem beantwortet. Diese Erzählung will sagen, daß auch Israels Ahnherr des Segens teilhaftig geworden ist, der vollmächtig vom Ort der Gottesnähe her gespendet wird und der ihn durch das dargereichte Mahl von Brot und Wein in die (sakramentale?) Gemeinschaft mit dem Vertreter des von Jahwe erwählten heiligen Ortes hereinzieht. In dem Ahnherrn aber wird das von diesem herkommende Volk dieses hohen Segens teilhaftig. Die Überlegung, die den modernen, an historisches Denken gewöhnten Leser dieser Episode irritieren möchte, daß ein Melchisedek ja noch außerhalb der dann erst seit David möglichen Jahwisierung Jerusalems und vor der Begründung eines Jahwepriestertums in Salem/Jerusalem lebt, ficht den Erzähler von 1. Mose 14 nicht an. Genug, daß er Abraham so in den Lichtkegel des Segens treten sehen kann, der vom erwählten Priestertum her gespendet wird. Der Hebräerbrief empfindet mit Recht, daß darin etwas ausgesagt ist, was das historische Priestertum Israels transzendiert.

Und dazu darf das Dritte nicht überhört werden, daß hier nun erstmals in der Abrahamgeschichte der ausdrückliche Lobpreis des Schöpfers über dem rettenden Handeln an dem Seinen laut wird. In 12,8 war berichtend gesagt, daß Abraham den Namen Jahwes angerufen habe. Hier wird der Lobpreis Gottes im Wortlaut zitiert: «Gepriesen sei Gott, der Allerhöchste, der deine Widersacher in deine Hand überliefert hat.» Es klingt wie ein Voraushall jenes ältesten Hymnus des Volkes, der über seiner Errettung aus der Hand der verfolgenden Ägypter durch Mirjam angestimmt worden ist: «Singet Jahwe, denn hoch erhaben ist er, Roß und Reiter stürzt er ins Meer» (2. Mose 15,21).

15,1–21   Verheißung des Erben und des Erblandes. Abrahams Glaube und Jahwes Bund

1 Nach diesen Begebenheiten erging das Wort Jahwes an Abram im Gesicht: «Fürchte dich nicht, Abram. Ich bin dein Schild, dein Lohn ist sehr groß.» 2 Da sprach Abram: «Herr Jahwe, was willst du mir geben, wo ich doch kinderlos dahinziehe und der Sohn Mescheks (?), das ist Damaskus ... meines Hauses ist Elieser[17].» 3 Und Abram sprach: «Siehe, mir hast du keinen Nachkommen gegeben, siehe, so wird mein Haussklave[18] mich beerben.» 4 Und siehe, das Wort Jahwes (erging) an ihn: «Nicht dieser wird dich beerben, sondern dein leiblicher Sohn[19] wird dich beerben.» 5 Und er führte ihn nach draußen und sprach: «Blicke zum Himmel und zähle die Sterne – ob du sie zählen kannst?» Und er sagte zu ihm: «So wird deine Nachkommenschaft sein.» 6 Er aber glaubte Jahwe, und (dies)er rechnete es ihm als «Gerechtigkeit» an. 7 Und er sprach zu ihm: «Ich bin Jahwe, der ich dich aus dem Ur der Chaldäer herausgeführt habe, um dir dieses Land zu geben, daß du es in Besitz nehmest.» 8 Und er

---

[17]   Die zweite Hälfte von V. 2 ist hoffnungslos verderbt. Schon die frühen Übersetzungen versuchen sich den Text zurechtzulegen. Der Syrer: «Und Elieser, der Sohn meines Hauses, er wird mich beerben»; Targum Onkelos: «Und der Verwalter hier meines Hauses – er ist ein Damaszener – ist Elieser.» Die griechische Übersetzung versteht Mesek als einen weiblichen Eigennamen: «Der Sohn der Masek, meiner hausgeborenen (Sklavin), das ist dieser Damaszener Elieser.» Die neueren Besserungsvorschläge sind Legion, keiner aber vermag wirklich zu überzeugen. Offensichtlich ist der Text schon früh nicht mehr sicher verstanden worden. So hat ein Späterer in V. 3 den mutmaßlichen Sinn in einem selbständigen neuen Satz ausgedrückt.

[18]   Wörtlich «mein Haussohn», was aber nicht eigentlich gemeint ist, sondern lediglich die Zugehörigkeit zum Hause aussagt.

[19]   Wörtlich: «Der aus deinem Leibe hervorgeht.»

sprach: «Herr Jahwe, woran soll ich erkennen, daß ich es in Besitz nehmen werde?» 9 Und er sprach zu ihm: «Hole mir eine dreijährige Kuh und eine dreijährige Ziege und einen dreijährigen Widder und eine Turteltaube und eine junge Taube.» 10 Und er holte sich alle diese (Tiere) und teilte sie mitten durch und legte sie einen Teil dem anderen gegenüber hin, aber die Vögel zerteilte er nicht. 11 Da stießen Raubvögel auf die toten Tiere herab, aber Abram verscheuchte sie. 12 Als aber die Sonne am Untergehen war, da fiel ein Tiefschlaf auf Abram, und siehe, großes Erschrecken – Finsternis [20] – fiel auf ihn.

13 Und er sprach zu Abram: «Du sollst bestimmt wissen, daß deine Nachkommen Fremdlinge sein werden in einem Land, das ihnen nicht gehört, und sie werden ihnen (d. h. den Landesbewohnern) dienen, und die werden sie bedrücken – vierhundert Jahre lang. 14 Aber ich werde auch über das Volk, dem sie dienen müssen, Gericht halten, und hinterher werden sie mit großer Habe ausziehen. 15 Du aber wirst im Frieden zu deinen Vätern eingehen. In gutem Alter wirst du begraben werden. 16 In der vierten Generation aber werden sie hierher zurückkehren, denn die Schuld der Amoriter ist bis jetzt (noch) nicht voll.»

17 Als aber die Sonne (ganz) untergegangen und Finsternis (eingebrochen) war, siehe, da war ein rauchender Ofen und eine feurige Fackel (zu sehen), die zwischen diesen Stücken hindurchfuhr. 18 An jenem Tage aber schloß Jahwe mit Abram einen Bund des Inhalts: «Deiner Nachkommenschaft gebe ich dieses Land vom Strom [21] Ägyptens bis zum großen Strom, dem Euphratstrom, 19 nämlich (das Gebiet) der Keniter und der Kenissiter und der Kadmoniter 20 und der Hethiter und der Pheresiter und der Rephaiter 21 und der Amoriter und der Kanaaniter und der Girgasiter ‹und der Hewiter› [22] und der Jebusiter.»

Was 1. Mose 15 von Abraham erzählt, zerfällt in zwei verschiedene Szenen. V. 1–6 schildern ein nächtliches Erlebnis Abrahams, bei dem er unter den gestirnten Nachthimmel hinausgeführt wird. Was dann in V. 7–21 berichtet wird, setzt bei hellem Tageslichte ein. Abraham rüstet auf Geheiß Jahwes ein Opfer zu. Die Schau, die das eigentliche Kernstück dieses zweiten Teiles enthält, ereignet sich nach dem Einbruch der Dunkelheit einer zweiten Nacht.

Die zwei Szenen unterscheiden sich auch nach ihrer inneren Art. Bleiben V. 1–6 abgesehen von der Herausholung Abrahams unter den gestirnten Himmel ganz im Bereiche des Gespräches zwischen Jahwe und Abraham und dem in keinem äußeren Zeichen registrierten Antwortverhalten Abrahams, so führen V. 7 ff. über ein einleitendes Gespräch Gottes mit Abraham in eine zwar im Geheimnis verhüllte, aber doch höchst anschaulich entfaltete gegenständliche Opferhandlung Abrahams und ein ebenso schaubares Antwortverhalten Jahwes hinein, das erst in seiner abschließenden Deutung (V. 18 b–21) wieder in ein Gotteswort ausmündet.

Diese Charakterisierung übergeht die in V. 13–16 einbrechende Gottesrede, die aber unverkennbar den ursprünglichen Zusammenhang der Handlungsschilderung

---

[20] Das unverbundene «Finsternis» scheint die Aussage von V. 17 her mit eigener Vokabel interpretieren zu wollen.

[21] Statt des ungewöhnlichen Ausdrucks «Strom Ägyptens», bei dem an den Nil zu denken ist, wollen manche hier mit einer kleinen graphischen Änderung des Textes das geläufigere «Bach Ägyptens» lesen. Damit ist in Jos. 15,4.47; 1. Kön. 8,65 nicht der Nil, sondern das *wādi el-ʿarīsch* im Süden Palästinas als Grenzwadi gegen Ägypten hin gemeint.

[22] Mit der griechischen Übersetzung und der samaritanischen Überlieferung sind hier vielleicht noch die in den Aufzählungen der Völker Kanaans oft wiederkehrenden Hewiter zu ergänzen (vgl. etwa 2. Mose 3,8. 17 u. ö.).

10–12.17 an einer vom Handlungsverlauf her gesehen ungeschickten Stelle zerreißt.

Man hat der Schilderung der Doppelszene von 1. Mose 15 zunächst wieder mit der
Verteilung auf die beiden Quellen J und E Herr zu werden versucht, hat zudem in
V. 1–6 eine Verwebung von Berichten aus den zwei Quellenschriften gefunden, wo-
bei die Verteilung auf dieselben von den einzelnen Forschern z. T. genau konträr
vollzogen worden ist. In dem altertümlich wirkenden Ritual von V.7–21 hat man
mehrheitlich den J am Werke gefunden und E die dann in der Luft hängende
Gottesrede V.13–16 zugewiesen. Allerdings hat der durchgehende Gebrauch des
Gottesnamens Jahwe (V.1f.4.6.7f.18) dann wieder irritierend wirken müssen. Die
griechische Überlieferung mit ihrer Variation der Gottesbezeichnung («Herr» in
V.1.18, Gott in V.4.6, in V.2.8 nochmals eine andere, dazu noch je unterschied-
liche Bezeichnung) erweckt schon angesichts der Tatsache, daß die gleichartige Einleitungsformel von V.1 und V.4 verschieden wiedergegeben wird, wenig Vertrauen.
Dazu kommt der Nachweis, daß in V.1ff. eine Verbindung prophetischen Voka-
bulars mit der Gattung des sog. «priesterlichen Heilswortes» vorliegt, was auf jeden
Fall die Zerreißung der ersten Verse dringend widerrät. Die Einführung der zweiten Szene (V.7f.) wiederum erinnert in ihrem Wortgebrauch, der mit dem Stichwort «in Besitz nehmen» *(jāraš)* zugleich deutlich auf V.3f. zurückweist, an deuteronomische, d.h. an im 5. Mosebuche gebrauchte Redeweise. So ist ernstlich zu
fragen, ob nicht 1. Mose 15 seine durchaus eigenständige Entstehungsgeschichte
hat.

Geht man einmal unter Absehen vom Zwang einer Zuteilung an zwei bestimmte
Quellen an das Kapitel heran, dann ist nicht zu verkennen, daß das eigenartigste,
in seiner kühnen Anschaulichkeit eigenständigste Element in dem nächtlichen
Opfer- und Theophanievorgang von V.9–12.17 vorliegt. Diese Szene trägt ihr
Gewicht als Schilderung einer feierlichen, rituellen Selbstverpflichtung Gottes in
sich selber. Es wirkt überraschend, daß dieser Vorgang durch die jetzt in V.7f. gebo-
tene Einleitung in die Funktion eines Beweiszeichens für die göttliche Landzusage
an Abraham rückt. Und dieses ausgerechnet nach V.6 mit seiner starken Aussage
über den Glauben Abrahams angesichts des ihm gezeigten gestirnten Himmels. Das
läßt V.7f. als eine nicht eben glücklich konstruierte Übergangsformulierung erscheinen. Inhaltlich stellt die theologisch stark reflektierte Szene V.1–6 eine neben
der rituellen Gegenständlichkeit von V.9–12.17 fortgeschrittene Stufe des Erzählens von Abraham dar. Eine Zuweisung dieses älteren Elementes zu J widerrät sich.
Die nicht lokalisierte Szene müßte hinter 13,18 als ein in Mamre bei Hebron spie-
lendes Geschehen angesprochen werden, was wiederum eine unschöne Vorwegnahme der genuin hebronitischen Erzählung von Kap.18 und ihrer Gottesbegegnung darstellte.

Das Anliegen von Kap.15 scheint dahin zu gehen, die beiden großen Verheißungen
an Abraham: 1. Gabe eines leiblichen Nachkommen (was von 12,2 J her zu erwarten ist), und 2. Zusage des Landes (was J schon in 12,7; 13,14f.17 berichtet hatte)
nochmals in enger Verbindung laut werden zu lassen. In dieser Absicht ist eine eigenständige Überlieferung von einer feierlichen, rituell geordneten Bundschlußzere-
monie, durch die Jahwe Abraham seiner Landzusage vergewissert, mit einem jüngeren, Abrahams Tun auf seinen Glauben hin reflektierenden Bericht über die Sohnesverheißung durch eine eher unerwartete Überleitung verbunden worden. Elemente
der Reflexion über das Rätsel sich verzögernder Erfüllung der Verheißung sind in
Gestalt der Gottesrede V.13–16 nachträglich eingefügt worden. Erweiterungen

scheinen auch noch in der Entfaltung der abschließenden Gottesrede von V. 18–21 dazugetreten zu sein. All diese Wahrnehmungen an der Vorgeschichte des heutigen Textes von Kap. 15 lassen schon erkennen, daß es sich hier um ein für das Verständnis der biblischen Aussagen über Abraham zentrales Stück Erzählung handelt, in das viel Reflexion über die Bedeutung dieses Ahnen Israels und des ihm von Jahwe her Widerfahrenen eingegangen ist.

In loser Anknüpfung an das Vorhergehende, wie sie auch in 22,1. 20 wiederkehrt, wird eingangs berichtet, daß «das Wort Jahwes im Gesicht an Abram erging» (1). Das hier verwendete Wort für «Gesicht» begegnet noch in den Bileamworten 4. Mose 24,4. 16 und im Zusammenhang der Polemik gegen die falschen Propheten von Ez. 13,7. Dieses Wort reiht Abraham im Empfang der Gottesanrede ganz so wie die sog. «Wortereignisformel», die von Jeremia und Ezechiel ab gehäuft zur Beschreibung des prophetischen Wortwiderfahrnisses auftritt, in den Bereich der Seher-Propheten ein. E bezeichnet Abraham in 20,7 ausdrücklich als «Propheten». In den sonstigen Erzählungen von Abraham, die von viel Gottesanrede an Abraham zu berichten wissen, fehlt dieses seher-prophetische Vokabular völlig. Gott (oder dann auch der Gottesbote) redet sonst mit Abraham in einer Unmittelbarkeit, welche keine tiefgehende Reflexion über das Phänomen des «Wortes Jahwes» verrät, wie dieses dann etwa bei Jeremia als ein Ereignis beschrieben sein kann, das den Propheten mit unwiderstehlicher Wucht (Jer. 23,29) überfällt. In 4. Mose 24,3 f. und 15 f. ist das seherische Erlebnis in ähnlicher Weise als etwas, unter dessen Wucht der Seher «hinfällt», beschrieben.

Es erinnert an die Gottesworte Deuterojesajas (41,10. 13. 14; 43,1. 5), wenn Abraham mit der Ermahnung zur Furchtlosigkeit von Gott angesprochen wird. Man hat es dabei wahrscheinlich mit der festen Sprachform einer im Heiligtum vom Priester dem Bittenden vollmächtig zugesprochenen Erhörung zu tun. Psalmsprache ist weiter darin zu erkennen, daß Jahwe sich als «Schild» Abrahams bezeichnet, vgl. Ps. 3,4; 28,7; 33,20 u. ö. Mag das Wort, wie die Verwendung in Königspsalmen (18,3) inner- und außerhalb Israels nahelegen könnte, zunächst unmittelbar in den Kriegen des Königs bedeutsam gewesen sein, so wird es dann allgemeines Element der Gebets- und göttlichen Erhörungssprache. Gott verspricht des Beters Schutz zu sein. Wenn damit die Rede vom «Lohn» für Abraham verbunden ist, so ist anders als in Ez. 29,19 nicht an die Kriegsbeute der Soldaten oder auch des Königs (Jes. 40,10) gedacht, sondern eher an die Gabe, die Jahwe dem unter seinem Gebot auf dem Wege befindlichen Abraham geben will. Der Bibel ist kantischer Rigorismus, der vom «Lohn» zu reden verbietet, fremd. Auch wenn Hiobs Frömmigkeit nach 1,9 ff. vom Satan darauf getestet werden will, ob sie wirklich Gott «sonder Lohne» dient, so ist es doch nicht nur im Alten Testament die selbstverständliche Annahme, daß Dienst Gottes nicht lohnlos bleibt. Gott ist kein armer und schon gar kein geiziger Gott. So redet denn auch Jesus unbefangen vom «Lohne» (Mat. 5,12. 46; 6,2 u. ö.) und erzählt Gleichnisse von den Lohnarbeitern (Mat. 20,1 ff.). Ganz so wird Abraham von Gott zugesagt, daß sein Gehorsam Frucht tragen soll. Diese Zusage Gottes läßt aber aus Abraham die gequälte Gegenfrage herausbrechen, ob Gottes Schutz- und Lohnversprechen über ihm überhaupt sinnvoll sei (2–3). Lohn will Zukunft ermöglichen. Ein Kinderloser aber hat keine Zukunft. Sein «Name» erlischt mit seinem Tode. Der Gedanke des in sich verschlossenen und sich selber genügsamen und etwa gar auf eine Privatseligkeit ausgehenden Individuums liegt alttestamentlichem Denken fern. Der Mensch weiß sich als Glied in der Generationenfolge. Echte Zukunft, die «Lohn» wirklich sinnvoll machte, liegt in der

Möglichkeit, geschenkten Lohn auch an Nachkommen weiterzugeben. Und eben hier bricht Abrahams Anfechtung auf. Wenn er dahinzieht – oder sollte bei dem «kinderlos gehen» sogar an die Situation des ersten Aufbruchs, in die dann dieses Gespräch verlegt wäre, zu denken sein? –, wem wird dann zufallen, was ihm an «Lohn» von Gott gegeben ist? Der verstümmelte V. 2 wird in V. 3 seine sinngemäße Explikation erfahren: Hab und Gut des Kinderlosen wird einem aus dem Gesinde Abrahams zufallen. Abrahams Name wird durch diesen nicht in weitere Zukunft hinausgetragen werden. Der usprüngliche Text nennt hier (zum einzigen Mal in der Abrahamgeschichte) den Namen Elieser, in dem der erste unter dem Gesinde Abrahams genannt sein dürfte. Die Erzählung von der Brautwerbung für Isaak in Kap. 24, in welcher der Name Elieser nicht fällt (vgl. aber das o. S. 40f. zu den 318 Knechten Abrahams Gesagte), zeigt, wie sehr u. U. der «Knecht» auch voll und ganz an die Stelle seines Herrn treten kann. Ob es sich bei Elieser nach V. 2 so, wie es die Glossierung «das ist Damaskus» offenbar will, um einen Mann damaszenischer Abkunft handelt (man könnte dafür auf die Analogie des Namens des aramäischen Königs Hadadeser von Zoba 2. Sam. 8,3–12; 10,16.19; 1. Kön. 11,23 hinweisen), ist angesichts des rätselhaften Mesek (Anm. 17) nicht mehr auszumachen. In diese Frage der Anfechtung Abrahams hinein ergeht, wieder mit einer «Wort-Gottes»-Formulierung eingeleitet, die göttliche Antwort (4–5). Diese zerschlägt Abraham in direkter Aufnahme der Formulierung von V. 3 seine resignierte Vermutung. Sie sagt ihm einen leiblichen Nachkommen zu und macht ihm die Verheißung durch die Hinausführung unter den gestirnten Nachthimmel anschaulich klar. Soll man die Aufforderung, den Sternenhimmel anzusehen und die Unzählbarkeit dieser Himmelslichter selber festzustellen, als die Vergewisserung durch ein Zeichen ansprechen? Aber wieviel Vergewisserung liegt denn schon im Anblick des Sternenhimmels, den Abraham ohne Zweifel auch schon in vielen vorhergehenden Nächten gesehen hatte? Nicht der mit Augen erschaute Himmel kann das Vergewissernde sein, sondern allein das angesichts dieses Himmels als Verheißung ausgesprochene Wort Gottes, das von Abraham als Versprechen Gottes anerkannt zu werden fordert. Der Vergleich der Nachkommenschaft Abrahams mit dem gestirnten Himmel wird später in 22,17; 26,4 (5. Mose 1,10; 10,22) wiederholt.

Das Zielwort dieser ersten Szene von Kap. 15 aber wird unverkennbar in V. 6 erreicht. «Er glaubte Jahwe und (dies)er rechnete es ihm zur Gerechtigkeit an.» Zu knappster Formulierung gerafft ist hier des Abraham Antwort, die der Erwartung Gottes entspricht, geschildert. Es ist kein äußeres Werk Abrahams berichtet, kein neuer Schritt auf seinem Wege sichtbar, ja nicht einmal ein Wort hörbar gemacht. Seine Antwort ist nur mit einem ganz und gar im inneren Menschen erfolgenden Geschehen beschrieben. Die Vokabel «glauben» beherrscht die alttestamentliche Redeweise vom menschlichen Verhalten vor Gott keineswegs so voll, wie es dann etwa bei Paulus der Fall ist, für den die hier gemachte Aussage über Abraham in Röm. 4 und Gal. 3 zu einer Fundamentalaussage wird. Vgl. aber auch noch Hebr. 11. Das mit «glauben» wiedergegebene hebräische Wort hängt mit dem uns geläufigen Wort Amen zusammen. Mit diesem Amen wird ursprünglich respondierend ein Wunsch bekräftigt (Jer. 28,6) oder ein Befehl gehorsam entgegengenommen (1. Kön. 1,36). Es liegt in diesem Stamm das Element des Festen, Zuverlässigen. Neben der Deutung, «glauben» bedeute ein einem entgegenkommendes Wort als «fest, zuverlässig bezeichnen», trifft wahrscheinlich die etwas modifizierte Wendung des «Sich-fest-Machens» in einer Person, in diesem Falle in Gott, der seine Zusage gegeben, den gemeinten Sinn richtiger. Nicht häufig, aber an zwei ganz gewichtigen Stellen ist beim Propheten Jesaja die absolute Rede vom «Glauben» zu vernehmen. In einer Stunde bedrohlicher Gefahr hält Jesaja es dem König Ahas entgegen: «Glaubt ihr nicht, so bleibt ihr nicht» (7,9), wobei auch im Verb «bleiben» der gleiche Wortstamm auftaucht. «Macht ihr euch nicht fest (in Gott), so werdet ihr nicht festgemacht», könnte man den Satz wörtlich wiedergeben. Und ganz so redet Jes. 28,16, wo der Prophet, erneut in bedrohlicher Situation, von dem Grundstein redet, mit dem Gott seinen Bau auf dem Zion, dem Berge seiner Wohnstatt, anhebt, und dazu erneut ganz knapp fügt: «Wer glaubt, wird nicht weichen.» Die in Röm. 9,33; 10,11 zitierte griechische Übersetzung sagt: «wird nicht zuschanden werden». Es ist nicht ausgeschlossen, daß die alttestamentliche Prägung der Rede vom «Glauben» ihren Anfang bei diesen Jesajaworten nimmt. In dem Versuch, Abrahams Gehorsamsverhalten gegenüber seinem Gott in seinem letzten Grunde zu verstehen, greift der Erzähler von 1. Mose 15,1–6 nach diesem Wort, das alles umschließt. Nicht um den Hinweis auf eine große Menschenleistung geht es dabei, sondern um den Hinweis auf das volle Sich-Hineinwerfen in die Abraham entgegenkommende Zusage. Dieses Sich-dran-Geben trägt seine ganze Kraft nicht im Eigenen, sondern im Verlaß auf den Verheißenden. Paulus ist nicht auf falschen Wegen, wenn er angesichts des in Christus dem Menschen von Gott her Begegnenden mit keiner höheren Vokabel zu reden weiß als eben der Vokabel «glauben». Im Angesicht des in Kreuz und Auferstehung Christi Geschehenen wagt er die kühne Auslegung, daß Abraham dem Gott glaubte, «der die Toten lebendig macht und das, was nicht ist, ins Dasein ruft» (Röm. 4,17).

Was Abraham angesichts der Verheißung Gottes tut, wird von Gott her beantwortet. Wieder so, daß keine äußere Handlung Gottes berichtet wird, sondern so, daß es auch hier im Bereich des ganz Unschaubaren und dennoch höchste Gültigkeit in sich Tragenden bleibt. «Er (Gott) rechnete es ihm (dem Abraham) zur Gerechtigkeit an.» Im «Anrechnen» liegt ein Entscheidungsakt. Das Gesetz 3. Mose 17,1 ff. gebietet, daß ein Opfertier zum Eingang des heiligen Zeltes gebracht und dort geschlachtet werde. Von dem, der solches nicht tut, wird in V. 4 gesagt, daß «es ihm als Blutschuld angerechnet wird». Umgekehrt preist Ps. 32,2 den glücklich, dem Gott «seine Schuld nicht anrechnet». Es spricht einiges dafür, daß im Jerusalemer Heiligtum solches «Anrechnen» in Vollmacht durch die Priester, welche über Zulassung oder Nichtzulassung zum Tempel zu entscheiden hatten, geübt wurde. In der Aussage über Abraham ist von Tempelordnungen nichts mehr zu sehen. In nicht zu übertreffender Knappheit der Rede ist lediglich konstatiert, daß Gott dem Abraham seinen Glauben als «Gerechtigkeit» anrechnete. Aus dieser «Gerechtigkeit» ist dabei alles fernzuhalten, was nach zusätzlichen Leistungen moralischer oder religiöser Tugend Ausschau hielte. «Gerechtigkeit» ist hier nicht ein menschlicher Habitus, den Abraham an sich aufweisen könnte. Es ist schlicht die Anerkennung Gottes, daß Abraham in seinem wehrlosen Glauben, seinem Ja-Sagen zu dem, was noch ganz in der Verheißung Gottes ruht und keinerlei sichtbare Verwirklichung erfahren hat, vor Gott «recht» ist. So will ihn Gott. So sagt er Ja zu ihm. Darin aber ist ein Höchstes gesagt. Denn was könnte einem Menschen Höheres widerfahren, als daß Gott Ja zu ihm sagt und daß er so vor Gott «recht» ist.

Von diesem nächtlichen Geschehen geht es schwellenlos hinüber in die anschauliche, vor Anbruch einer neuen Nacht (V. 12.17) anhebende zweite Episode von 1. Mose 15 (7–12.17–21). Der Übergang ist durch V. 7f., in denen das hebräische Wort jāraš, das in V. 3 und 4 in der Bedeutung «beerben» verwendet war, zweimal, nun in der Bedeutung «in Besitz nehmen», wiederkehrt, geschickt vermittelt.

Und doch führt schärferes Zusehen darauf, daß hier etwas Neues beginnt und zudem V.7f. wahrscheinlich ein zu eben dem Zwecke der Überleitung zu dem so andersartigen Zusammenhang V. 9–12. 17 ff. geschaffenes Brückenelement darstellen. Der Neueinsatz verrät sich darin, daß die prophetischer Sprache zugehörigen Formulierungen vom Ergehen des Gotteswortes (V.1.4) hier nicht wiederkehren und für das «Ich» in V.7 ein anderes hebräisches Wort gebraucht wird als in V.1. Und vor allem dadurch, daß sich hier Gott, als ob er nicht eben schon mit Abraham geredet hätte, in V.7 ganz neu vorstellt: «Ich bin Jahwe, der ich dich aus dem Ur der Chaldäer herausgeführt habe, um dir dieses Land zu geben, daß du es in Besitz nehmest.» Man wird dabei unwillkürlich an den Vorspruch der Zehn Gebote (2. Mose 20,2) erinnert, in dem sich Jahwe als der Gott vorstellt, der sein Volk aus Ägypten herausgeführt hat. Ist diese feierliche, im Grunde hier aber überraschende neue Vorstellung jener Stelle nachgebildet? Sie gibt zudem das in Kap.11f. Berichtete insofern ungenau wieder, als Tharah nach 11,31 aus dem Ur der Chaldäer ohne jeden Gottesbefehl auszieht, ein solcher Abraham nach 11,31f.; 12,1ff. erst in Haran zu treffen scheint. Stephanus wiederholt dann aber nach Apg.7,2ff. die Sicht von 1. Mose 15,7. Die beiden Überleitungsverse 7f. weisen sich gegenüber dem Folgenden auch dadurch als ein Eigenes aus, daß das so stark leitwortartig betonte «in Besitz nehmen» im folgenden nicht mehr aufgenommen wird. Im übrigen ist die Überleitung deutlich dem vorhergehenden Stück nachgebildet, indem auf eine Zusage Gottes die zweifelnde Rückfrage Abrahams erfolgt: «Woran soll ich erkennen, daß ich es (das Land, von dem Jahwe eben gesprochen) in Besitz nehmen werde?» Wo bleibt hier der «Glaube» Abrahams, der Gottes Zusage schlicht annimmt, von dem in V.6 eben geredet war? Eben diese Frage wird nach Luk.1,18–20 vom Engel Gottes dem Zacharias als Unglaube angerechnet. Man wird es vom Gehalt der Aussagen her als eine eher ungeschickte Form der Überleitung ansprechen, daß hier nun unversehens wieder ein Abraham, der «Zeichen fordert» eingeführt wird. Das eigentliche Verständnis von 1–6 und 9ff. wird sich einem dann voll erschließen, wenn man beide Stücke als einen ursprünglich je in sich ruhenden Bericht versteht.

So wird nun in V.9ff. von einem Befehl Gottes an Abraham berichtet, ihm reichhaltige Tiergaben bereitzustellen. Es wird nicht weiter ausgeführt, warum Abraham nicht, wie es J in 12,7.8 und 13,18 getan hatte, einen Altar baut und die Opfergaben auf dem Altar aufschichtet, sondern mit diesen Opfertieren auf eine ganz eigenartige Weise vorgeht. Das widerrät auch den mehrfach unternommenen Versuch, diese Szene, bei der keine Örtlichkeit angegeben ist, an einen Altarort, etwa nach Sichem, zu verlegen. Die Szene bedarf keines Altars. Sie schildert einen Vorgang ganz eigener Art.

V.10 schildert: Die von Jahwe geforderten Tiere werden zunächst zerteilt: eine junge Kuh (1. Sam.16,2 und 5. Mose 21,3 als einziges Opfertier verwendet), eine Ziege (3. Mose 3,12; 17,3 u.ö. Opfertier) und ein Widder (1. Mose 22,13; 3. Mose 5,15 und oft als Opfertier). Unzerteilt bleiben die Vögel: Turteltaube (3. Mose 1,14; 5,7.11 u.ö. als Opfertier) und junge Taube (das Wort nur noch 5. Mose 32,11, für den jungen Adler?).

Von den Tieren ist verordnet, daß sie dreijährig sein sollen. Die auch schon vorgeschlagene Übersetzung «dreigeteilt» oder «drittgeboren» ist weniger wahrscheinlich.

In zwei Reihen werden die in der Mitte geteilten Tiere dargelegt, immer ein Teil dem anderen gegenüber, so daß eine Gasse zwischen ihnen entsteht. Die Anordnung der Vögel ist nicht ausdrücklich beschrieben, man wird auch hier annehmen, daß einer dem anderen gegenübergelegt wird.

Bevor aber geschildert wird, was in der so gebildeten Gasse geschieht, sind zwei andere Geschehnisse berichtet:

Raubvögel stürzen sich auf die so dargelegten Tiere, und Abraham scheucht sie weg. Über die Bedeutung dieses ersten Geschehens ist nichts weiter gesagt. Auch fehlt im Alten Testament jede vergleichbare Szene, die zur Erhellung dieses geheimnisvollen Geschehens beitragen könnte. Ist dabei an bestimmte Zeichen gedacht, aus denen auf Kommendes geschlossen werden könnte? Solches Achten auf «Zeichen» beim Opfervorgang ist aus der Umwelt Israels wohlbekannt. Vgl. aber auch das (in Urgeschichte[3], 211) zu 1. Mose 4,4f. Gesagte. Soll man dieses Zeichen dann mit den Jahweworten in V. 13–16, die dort allerdings seltsam unmotiviert den deutlichen Zusammenhang von 12 und 17 zerreißen, zusammenbringen? Soll auf kommende Gefährdung dessen, was in dieser Szene von Gott zugesagt wird, geschlossen werden? So hat man in den Raubvögeln schon Falken sehen wollen und den Falken als Zeichen Ägyptens, das in V. 13f. ohne direkte Namennennung gemeint ist, gedeutet. Es sind weitgehende Kombinationen, für die aber Sicherheit nicht zu gewinnen ist.

Zum anderen ist berichtet, daß, wie die Sonne sich anschickt, unterzugehen, ein Tiefschlaf auf Abraham fällt. Von einem solchen Tiefschlaf, der dem Menschen das offene Hinschauen auf das Handeln Gottes verwehrt, hatte schon 1. Mose 2,21 geredet (Urgeschichte[3], 142f.). Dieser Tiefschlaf, der hier wie dort auf den Menschen «fällt», ist nicht einfach der normale Ermüdungsschlaf, sondern ein gottgewirktes Verhüllen des wachen Blickes. Hier ist damit die Bemerkung verbunden, daß «großes Erschrecken» auf Abraham gefallen sei. In diesem Erschrecken, das durch die Glosse «Finsternis» (Anm. 20) erklärt wird, kündet sich das Nahen des «Ganz Anderen» an. Es ist das Erschrecken vor dem Numinosen, das die Nähe Gottes umwittert. Die direkte Selbstvorstellung Jahwes, die mit Gottes Präsenz zusammengehört, ist hier sichtlich nicht als schon geschehen vorausgesetzt.

Der Zielpunkt des Geschehens, das sich in alledem ankündigt, ist in V. 17 erreicht. Nach dem Sonnenuntergang und dem vollen Einbruch der Dunkelheit geschieht, was Abraham offenbar nur durch die Verhüllung des Tiefschlafes hindurch traumhaft wahrzunehmen vermag: ein rauchender Ofen und eine Feuerfackel gehen durch die Gasse zwischen den Tierstücken durch. Beim Ofen ist an den sich nach oben hin verjüngenden, nach oben offenen Konus des noch im Arabischen als *tannūr* bezeichneten Backofens gedacht. In ihm wird Feuer entfacht, dessen Rauch nach oben abzieht. Auf den erhitzten Steinen am Boden oder den Wänden des Ofens werden dann die Rundbrote gebacken. Die Fackel aber zeigt den offenen Feuerbrand. In diesen beiden Erscheinungen: Feuerbrand und Rauch, die ein einziges Phänomen umschreiben dürften, ist die Präsenz Jahwes, der durch die Gasse zwischen den Tierstücken durchgeht, andeutend ausgesprochen. In Feuer und Rauch ist er nach 2. Mose 19 auch seinem Volke am Sinai erschienen.

Jer. 34,18f. läßt im Alten Testament noch einmal den Ritus des Durchschreitens durch die Gasse zwischen zwei Hälften eines geschlachteten Tieres erkennen. Dort wird sichtbar, daß es sich dabei um eine besonders eindrückliche Form der Verpflichtung handelt. Mit diesem Ritus hatten sich die Jerusalemer während der Belagerung Jerusalems verpflichtet, dem Gebot von 2. Mose 21,2ff. nachzuleben und ihre «hebräischen Sklaven» im 7. Jahr freizulassen. Die Verpflichtung war hinterher gebrochen worden. Darum kündet Jeremia göttliche Strafe an: «Die

Männer, die meinen Bund (= die vor mir übernommene Verpflichtung) übertreten und die Worte des Bundes (= der übernommenen Verpflichtung) nicht gehalten haben, den sie vor mir geschlossen hatten, indem sie das Kalb entzweischnitten und zwischen den Stücken hindurchgingen, die Fürsten Judas und die Fürsten Jerusalems, die Kämmerer und die Priester und das ganze Volk des Landes, wer immer zwischen den Stücken des Kalbes hindurchgegangen ist – die gebe ich in die Hand ihrer Feinde ...» Außerisraelitische Parallelen, wie am deutlichsten der aramäisch geschriebene Staatsvertragstext der Könige Barga'ja von KTK und Mati'-'el von Arpad aus der Mitte des 8.Jahrh., lassen die Bedeutung der die Abmachung begleitenden Symbolhandlung voll erkennen. Sie ist dort in andere zeichenhafte Handlungen, die vom Wort begleitet werden, eingebettet. Da lautet es: «Gleichwie dieses Wachs im Feuer verbrennt, so soll verbrannt werden Mati'-'el im Feuer; und gleichwie der Bogen und diese Pfeile zerbrochen werden, so sollen Anahita und Hadad zerbrechen [den Bogen des Mati'-'el] und den Bogen seiner Großen! Und gleichwie der Wachsmann geblendet wird, so soll Mati'-'el geblendet werden! Und gleichwie dieses Kalb zerschnitten wird, so soll Mati'-'el zerschnitten werden und sollen seine Großen zerschnitten werden...» Wer den Ritus des Durchschreitens der Gasse zwischen den blutigen Stücken des Kalbes auf sich nimmt, der nimmt damit die hypothetische Verfluchung auf sich, daß es ihm bei Vertragsbruch so ergehen soll wie diesem Tier. So dürften die Männer von Jerusalem den Jer. 34 erkennbaren Ritus der Selbstverpflichtung verstanden haben.
Das Unerhörte von 1. Mose 15 nun besteht darin, daß zu nächtlicher Stunde, da, wo Abrahams Auge durch den Tiefschlaf verhängt ist, so daß er nicht einfach mit taghellen Augen dem Geschehen zusehen kann, und wo numinoser Schrecken angesichts der Nähe Jahwes über allem liegt, Jahwe selber diesen Ritus, der für Jahwe in seiner hypothetischen Möglichkeit ja gar nicht voll zu Ende zu denken ist, auf sich nimmt. Das heimliche Erschrecken vor der Unerhörtheit dieses Geschehens ist dem Erzähler durchaus noch anzuspüren.
Zum Ganzen fügt der Erzähler aber dann die Deutung hinzu, ohne mehr auszuführen, wie die Bedeutung dieses Geschehens in seiner inhaltlichen Aussage dem Abraham mitgeteilt worden ist, obwohl diese Deutung in der Form direkter Anrede gehalten ist: «Deiner Nachkommenschaft gebe ich dieses Land vom Strom (Bach?) Ägyptens bis zum großen Strom, dem Euphratstrom.» Die in 12,7 (und 24,7) imperfektisch formulierte Zusage ist hier in perfektischer Formulierung aufgenommen und in das Ritual eines Bundesschwures von höchstem Gewicht eingebettet. «Landverheißung als Eid» hat N. Lohfink seine Analyse von 1. Mose 15 überschrieben. Es ist in der Glossierung von 1. Mose 24,7 im Gefolge deuteronomischer Redeweise (5. Mose 1,8.35; 6,10.18 u. ö.) davon die Rede, daß Jahwe das Land den Vätern zugeschworen habe. Nirgends aber ist es an all diesen Stellen in der ungeschützten Kühnheit einer anschaulichen hypothetischen Selbstverfluchung so wie in 1. Mose 15 konkret ausgestaltet. Jüngere Zeit mit ihrer Scheu, Jahwe in den anschaulichen Menschenbereich hereinzuziehen, hätte das kaum mehr so drastisch zu formulieren gewagt.
Es ist mit Recht festgestellt worden, daß an den beiden zum Vergleich herangezogenen Stellen innermenschlicher Verpflichtung mit gleichartigem Ritual nur ein einziges Tier erwähnt wird. Die Vermehrung zu drei Tieren und zwei Vögeln nähert das Ganze einer Opferszene an, in der nicht mehr nur die Symbolik, zu deren Darstellung ein Tier genügen würde, bedeutsam ist, sondern der Gedanke einer Gabe an Jahwe hereinspielt. In dieser Hinsicht hat der Erzähler das Ganze der Analogie

innermenschlicher Verpflichtungsakte entzogen. Das anstößige Element der persönlichen Präsenz Jahwes und seiner hypothetischen Selbstverfluchung hat er nicht abgedämpft. Die Vermutung, daß er hier eine alte Überlieferung wiedergibt, die weit hinter die deuteronomische Zeit mit ihrem distanzierten Reden von der Präsenz Jahwes am heiligen Ort zurückreicht, hat viel für sich.

Fraglich ist, wieweit die Einzelangaben zur Weite des verheißenen Landes schon zur ursprünglichen Erzählung gehörten. Die Umgrenzung durch Strom (oder eher: Bach, vgl. Anm. 21) Ägyptens und Euphrat dürfte die ideale Weite des Einflußbereichs des Davidsreiches vor Augen haben. Die weitere Zufügung von 10, nach der griechischen Überlieferung 11 Völkern, die als Vorbewohner im Lande waren, ist mit der auch anderswo (etwa 2. Mose 3,8.17; 13,5 u. ö.) beliebten, in der Zahl variierenden Aufzählung dieser Völker zu vergleichen. Schwerlich sind aus der gerade hier zusammengestellten Aufreihung Schlüsse auf einen bestimmten historischen Zeitpunkt der Abfassung des ganzen Berichtes von der eidlichen Zusicherung der Landgabe zu ziehen. Im einzelnen ist zu den hier genannten Völkergruppen folgendes zu sagen: 1. Die Keniter (zu denen auch Urgeschichte[3], 226–230 zu vergleichen ist, sind sicher nicht eine schon vor Israel im Lande ansässige Gruppe. Noch in der Richterzeit sind nach Richt. 4,11 nomadisierende Keniter in der Jesreelebene anzutreffen. Der eigentliche Bereich der Keniter aber dürfte in einem Gebiet südlich von Hebron am Rande der Wüste Juda liegen. 1. Sam. 27,10 redet vom Negeb (Südland) der Keniter. Die kenitischen Gruppen sind später in Juda aufgegangen. Das gleiche gilt 2. von den Kenissitern, die bei Hebron wohnen. In Kaleb und Othniel (Jos. 15,17; Richt. 1,13) begegnen kenissitische Geschlechter, die in der Folge voll zu Juda gerechnet werden. 3. Die Kadmoniter, d. h. die «Östlichen», sind nirgends sonst als Volksgruppe erkennbar. Sind sie mit dem Nachkommen Ismaels, Kedma, von 1. Mose 25,15 in Verbindung zu bringen? 4. Zu den Hethitern vgl. die Völkertafel 1. Mose 10,15 und im weiteren 1. Mose 23.5. Zu den Pheresitern s. o. S. 30 zu 13,7, zu 6. den Rephaitern s. o. S. 37 zu 14,5, wo wir ein sagenhaftes Urvolk genannt zu finden meinten. 7. Auch die Amoriter waren in 1. Mose 14,7 schon erwähnt, s. o. S. 39. 8. Die Kanaaniter waren in 12,6 genannt, s. o. S. 16, vgl. auch 9,18–27, (vgl. Urgeschichte[3], 352–363). Auf 9. die Girgasiter, über die Näheres nicht auszumachen ist, folgten auch in 10,16f. 10. die Hewiter (dazu Anm. 22), die ebenfalls nicht näher zu bestimmen sind. Und schließlich sind 11. die Jebusiter, in denen eine Vorbevölkerung Jerusalems zu finden ist, ebenfalls schon in 10,16 genannt.

Wollte die Beschreibung des verheißenen Landes in V. 18 die weite räumliche Erstreckung dieses Gebietes zum Ausdruck bringen, so die Häufung der verschiedenartigen Völkernamen von V. 19–21 den vielgestaltigen Reichtum des verheißenen Landes und die politische Gewichtigkeit der göttlichen Zusage.

Die Episode von der nächtlichen Bundeszusage Jahwes ist in **13–16** in auffallender Weise durch ein Gotteswort an Abraham unterbrochen. Nach dem heutigen Kontext fällt diese erneute Anrede durch Gott in den Zeitpunkt, da sich eben der Tiefschlaf auf Abraham gelegt hat und der Schrecken vor dem Nahekommen Gottes auf der ganzen Szene lastet – ein Zustand, der unmittelbar auf das Geschehen von V. 17 führt und der Sache nach durch keine Zwischenphase mehr von diesem Geschehen getrennt werden kann. Man könnte die vom Gang der Schilderung her denkbar ungeschickt dazwischentretende Gottesrede am ehesten verstehen, wenn man sie mit dem nicht näher gedeuteten ominösen Geschehen, daß sich Raubvögel auf die für Jahwe bereitgelegten Fleischstücke stürzen, verbinden dürfte. Es bleibt allerdings dann auffällig, daß die Worte Jahwes nicht direkt an V. 11 anschließen, wo Abraham noch aktiv damit befaßt ist, die Raubvögel von den zerteilten Tierstücken wegzuscheuchen. So bleibt über dieser Erklärung in jedem Fall viel Unsicherheit.

Die Gottesrede V. 13–16 antwortet auf eine Reihe von Fragen, die sich dem Nachdenken über die Wirklichkeit der Verheißung, von welcher die nächtliche Bundesschluß-Szene redet, stellen. Anders als diese so voll mit Anschauung gesättigte Szene führt sie hinein in den Bereich des Verstehens dessen, was Gott verheißt, und des Ausgleichs mit dem, was sich hinterher in Israels Geschichte tatsächlich ereignet. Warum geschieht es, so lautet das Fragen, das hinter diesen Worten steht, daß Abraham das Land von Gott in gewichtigster Schwurform zugesagt bekommt – und dann müssen seine Nachkommen aus dem Lande, in dem Abraham schon lebt, wieder hinaus, nach Ägypten, um dort wie in einem Vorraum auf die Einlösung des göttlichen Versprechens zu warten? Und nicht nur um zu warten, sondern gar um als rechtlose Schutzbürger in fremdem Lande in demütigender Form Bedrückung zu erleiden? Wie steht es angesichts dieses Geschehens mit der göttlichen Zuverlässigkeit, ja mit der göttlichen Gerechtigkeit? Und was hat denn Abraham selber von der ihm so gewichtig mitgeteilten Zusage? Aber auch die weitere Frage beschäftigt das Nachdenken über die göttliche Verheißung: Wie kommt es, daß die ganzen Bevölkerungsgruppen, die vor Israel im Lande wohnten, das Land an die einwandernden Israeliten verlieren? Wie ist dieses mit der göttlichen Gerechtigkeit zu vereinen? Der Drang nach Vergewisserung, der all diese Fragen bewegt, ist im Eingang der Gottesrede mit dem stark unterstrichenen: «Du sollst gewiß wissen» aufgenommen und beantwortet. Da in der Überleitung V. 7f. dieser Drang im Worte des Abraham selber zu verspüren war («Woran soll ich erkennen?»), so kann sich geradezu die Frage nahelegen, ob nicht in V. 13 dieselbe Hand die Feder führt wie in V. 7f.

Die Gottesrede konstatiert zunächst, daß es zu der auffallenden Zwischenphase des Aufenthaltes der Abrahamnachkommen in einem Lande, das ihnen nicht gehört, und einer Zeit unwürdiger Hörigkeit kommen wird. Die vorausdeutende Formulierung ist absichtlich im Halbdunkel gehalten. Das fremde Land ist nicht mit Namen genannt. Die Zwischenzeit in Ägypten stellt sich dem traditionsgeschichtlich Nachfragenden als Ausgleich dar, der infolge der linearen Hintereinanderschaltung der Überlieferungsblöcke «Vätergeschichten», «Ägyptenzeit» und «Exodus» (welch letztere nur eine kleine Gruppe der Ahnen Gesamtisraels betroffen haben dürften) notwendig wurde. Sie ist hier eindeutig als im Willen und Vorwissen Gottes selber begründet ausgesagt. Es ist dieses kein uneingeplanter «Unfall» auf dem Wege Gottes mit seiner Verheißung. Die Frage, warum denn eine solche Verzögerung der Aushändigung des doch so fest Versprochenen eintreten mußte, ist in V. 16 so beantwortet, daß gleichzeitig auf die Frage nach der Gerechtigkeit Gottes gegenüber denen, die Israel in Kanaan Platz machen mußten, geantwortet wird. Die Vorbevölkerung wird hier nicht mit der Fülle der Namen von V. 19–21 bezeichnet, sondern, wie es sonst in der Überlieferung des E und der deuteronomistischen Erzählung geschieht, mit der zusammenfassenden Bezeichnung «Amoriter» (dazu s. o. S. 39 zu 14,7). Das Warten Israels, gewissermaßen im Vorzimmer Kanaans, wird damit begründet, daß die Schuld der Amoriter noch nicht voll ist. Gott ist auch gegenüber diesem Volk gerecht und wartet zu, bis das Maß der Schuld es rechtfertigt, es vor dem einwandernden Israel zu entmächtigen. 3. Mose 18,24ff. lassen erkennen, daß sich auch Israel der Gerechtigkeit Gottes gegenüber nicht in eine falsche Sicherheit wiegen darf. In Form einer Mahnung ist es hier im Abschluß einer vorwiegend Sexualdelikte umfassenden Rechtsregelung Israel vorgehalten: «Verunreinigt euch

nicht mit all diesen Dingen, denn in all diesen Dingen haben sich die Völker verunreinigt, die ich vor euch her vertreibe.» Und in anderer Formulierung sagt der
wohl aus anderer Hand stammende folgende Vers das gleiche: «Das Land ist un-
rein geworden, und ich habe seine Verschuldung an ihm heimgesucht. Und das
Land hat seine Bewohner ausgespien.» Der Grund, warum Israel zu warten hat, ist
die Gerechtigkeit Gottes, mit der auch die Amoriter rechnen dürfen.
Diese Gerechtigkeit wird sich aber auch den Bedrückern Israels, d. h. Ägypten,
gegenüber erweisen, welches das Israel immer wieder eingeschärfte Barmherzig-
keitsgebot gegenüber dem «Fremdling» (2. Mose 22,20; 23,9; 5. Mose 23,8) nicht
beachtet hat. Mit der Ankündigung, daß Gott auch dieses richten werde, wird an
all die Plagen gedacht sein, von denen der Auszug Israels begleitet ist. Sind diese in
2. Mose 7 ff. als Mittel gewertet, den Pharao schließlich zur Gewährung der Frei-
lassung der Fronarbeiter zu zwingen, so ist hier der Strafgedanke voll ausgesprochen. Die Erwähnung, daß Israel schließlich «mit großer Habe» auszieht, hat die
Nachricht vor Augen, daß Israel bei seinem Auszug silberne und goldene Gefäße
von den Ägyptern borgte (2. Mose 3,22; 11,2; 12,35 f.). Die Mitnahme dieser
Gefäße ist hier offenbar als die gerechte Lohnabfindung der langen Fronarbeit
Israels in Ägypten verstanden. In 2. Mose 3,22 und 12,36, wo geradezu vom «Berau-
ben» der Ägypter geredet wird, kann noch der Gedanke des göttlichen Sieges über
das Unterdrückervolk mitschwingen.
Als Dauer der ägyptischen Notzeit sind in V. 13 400 Jahre genannt. Das kommt der
Angabe von 2. Mose 12,40 nahe, wo die priesterschriftliche Berechnung 430 Jahre
nennt. Dieses wiederum dürfte in einer nicht ganz durchsichtigen Beziehung zu den
390 + 40 Jahren Schuld- und Strafzeit stehen, die Ezechiel (Ez. 4,4–8) in seiner insgesamt 430 Tage dauernden Gebundenheit zeichenhaft anzukündigen hat. Daneben
steht in V. 16 die im Text wohl ursprünglichere Berechnung auf vier Generationen.
Wenn 2. Mose 6,16 ff. die Generationenkette Levi-Kahath-Amram-Mose aufstellt,
so wird diese Rechnung zugrunde liegen. Hat man sich dann den Ausgleich beim
Ergänzer von V. 13 so zu denken, daß er in seiner Abrundung der 430 auf 400 Jahre
die Generation auf 100 Jahre berechnet?
Schließlich wird in der Gottesrede, die nicht aus einem Guß zu sein scheint, auch
noch des Abraham eigener Person gedacht. Ihm, der die Einlösung des ihm Zuge-
schworenen selber nicht erleben wird, soll ein friedliches Ende in erfülltem Alter zuteil werden. «In gutem Alter, alt und lebenssatt», stirbt Abraham nach 25,8 (P). Das
«Eingehen zu den Vätern» hat zunächst das Begräbnis im väterlichen Grab vor
Augen, kann aber hier, da Abraham fern von seinen väterlichen Ahnen lebt, nur
mehr in übertragenem Sinne gebraucht sein. An ein Jenseits ewigen Lebens ist natürlich hier so wenig gedacht wie in den sonstigen Aussagen des Alten Testamentes.
Der Rückblick auf 1. Mose 15 läßt dieses Kapitel als eine besonders reiche und viel-
gestaltige Aussage über Abraham erscheinen. Seinen Kern bildet die eigentümlich
gegenständlich gehaltene Schilderung des bindenden Versprechens Gottes an Abraham, seinen Nachkommen das Land Kanaan zu geben. Die göttliche Setzung und
Zusage wird hier ohne jede Reflexion auf Abrahams subjektives Verhalten in der
harten Gegenständlichkeit eines von Gott selber übernommenen Rituals, das von
Hause aus in seiner ganzen Art eigentlich nur auf Menschen anwendbar ist, zum
Ausdruck gebracht. Gott nimmt eine harte hypothetische Selbstverfluchung vor
dem in Tiefschlaf versunkenen Abraham auf sich. Dieser hat dazu nichts zu sagen,
obwohl er der Adressat des hier Geschehenden ist und dessen irgendwie gewahr zu
werden scheint. In ganz unkonditionaler, gegenständlicher Gültigkeit steht die

Landverheißung da. Mit dem Übergangspassus, der von Elementen aus V.1–6 lebt, aber mit einer höchst gewichtigen Selbstvorstellung Jahwes anhebt, ist dieser gegenständlichen Episode die nun ganz auf die subjektive Antwort Abrahams zielende Eingangsepisode V.1–6 vorangestellt worden. Sie bewegt sich um die Verheißung des persönlichen Erben und zeigt in dichtester sprachlicher Raffung das bedingungslose, gehorsam hörende Ja Abrahams. Auf dieses antwortet die volle göttliche Annahme in der Erklärung, daß Abraham eben so vor Gott «recht» ist. Dazu tritt neben anderen Erweiterungen in V.13–16 die tiefe Geschichtsreflexion, welche das Rätsel der folgenden Geschichte der Abrahamnachkommen ganz im göttlichen Willen begründet zeigt und über allem das Walten einer göttlichen «Gerechtigkeit» sichtbar macht, die nicht nur Abraham selber und seinen Nachkommen gerecht wird, sondern sich ganz so auch an den Amoritern in seinem wartenden Ansichhalten erweist, wie an den Ägyptern in seinem Gericht über die, welche am «Fremdling» übel gehandelt haben. Kein anderes Kapitel der Abrahamerzählungen enthält so dicht zusammengedrängt die Entfaltung des Wissens, daß in allem die unerhörte Zusage Gottes das erste ist, daß diese Zusage aber im «Glauben» des von ihr Angeredeten die Antwort erfährt, auf die Gott wartet, und daß schließlich in aller rätselhaften weiteren göttlichen Führung nichts anderes sich verwirklicht als die Gerechtigkeit Gottes, die sich in seinem Geben, seinem Wartenlassen, seinem Ansichhalten ganz so wie in seinem Vollzug des Gerichtes erweist. So redet 1. Mose 15 von Gott und vom Menschen vor Gott.

16,1–16   Hagar und die Geburt Ismaels

1 Und Saraj, die Frau Abrams, gebar ihm kein (Kind). Aber sie hatte eine Magd, eine Ägypterin, die hieß Hagar. **2** Da sagte Saraj zu Abram: «Siehe, Jahwe hat mir verwehrt, (ein Kind) zu gebären. So geh doch ein zu meiner Magd. Vielleicht bekomme ich von ihr einen Sohn.» Da hörte Abram auf die Stimme der Saraj. **3** So nahm Saraj, die Frau Abrams, die Ägypterin Hagar, ihre Magd, nachdem Abram zehn Jahre im Lande Kanaan gewohnt hatte, und gab sie ihrem Manne Abram zur Frau.
4 Und er ging ein zu Hagar und sie wurde schwanger. Als sie aber sah, daß sie schwanger geworden war, da sah sie auf ihre Herrin herab.[23] **5** Da sprach Saraj zu Abram: «Das Unrecht, das mir getan wird, liegt dir auf! Ich habe (dir) meine Magd an deinen Busen gelegt, da hat sie gesehen, daß sie schwanger wurde, und nun sieht sie auf mich herab.[23] Jahwe schaffe Recht zwischen mir und dir!» **6** Da sprach Abram zu Saraj: «Siehe, deine Magd ist in deiner Hand. Tue mit ihr, was dich gut dünkt.» Da demütigte Saraj sie, sie aber entlief ihr.
7 Da traf der Bote Jahwes sie bei einer Wasserquelle in der Wüste, bei einer Quelle auf dem Wege nach Sur. **8** Und er sprach: «Hagar, du Magd der Saraj, woher kommst du, und wohin gehst du?» Sie aber sprach: «Saraj, meiner Herrin, bin ich entlaufen.» **9** Da sprach der Bote Jahwes zu ihr: «Kehre zurück zu deiner Herrin und demütige dich unter ihre Hände.» **10** Und der Bote Jahwes sprach zu ihr: «Gar sehr will ich deine Nachkommenschaft mehren, so daß sie vor Menge nicht zu zählen ist.» **11** Und der Bote Jahwes sprach zu ihr: «Siehe, du bist schwanger und wirst einen Sohn gebären und wirst seinen Namen Ismael (= Gott hört) nennen, denn Jahwe hat gehört, wie du unterdrückt wurdest; **12** und er (dein Sohn) wird ein Mensch sein wie ein Wild-

---

[23] Wörtlich: «da wurde ihre Herrin (bzw. ich) gering in ihren Augen».

esel – seine Hand wider alle und aller Hand wider ihn – und all seinen Brüdern wird er sich vors Gesicht setzen.»
13 Da nannte sie den Namen Jahwes, der mit ihr geredet hatte: «Du bist El-Roi.» Denn sie sagte: «So habe ich denn ‹Gott› gesehen ‹und bin am Leben geblieben›[24], nachdem ich (ihn) gesehen!» 14 Darum nennt man den Brunnen «Beer-Lahaj-Roi». Siehe, er liegt zwischen Kades und Bered.
15 Und Hagar gebar dem Abram einen Sohn. Und Abram nannte den Sohn, den ihm Hagar geboren, Ismael. 16 Abram aber war 86 Jahre alt, als Hagar Ismael dem Abram gebar.

Die hier erzählte Episode setzt bei dem Tatbestand ein, der in 11,30 im Erzählfaden des J in etwas anderer Formulierung schon ausgesagt worden war. V. 1a schließt sich mit V. 3, der mit der gleichen protokollarischen Gründlichkeit von «Saraj, der Frau Abrams», redet, nahtlos zusammen. Die genaue Datierung führt auf den Stil von P, der in V. 15f. (in 16 wieder mit einer Datierung) weitergeführt wird. V. 1a. 3. 15f. ergeben einen geschlossenen Zusammenhang. Die darin feststellbare Raffung des in Kap. 16 Berichteten erinnert an die Raffung, in welcher P auch die Einwanderungsepisode (12,4b. 5) und die Abraham-Lot-Episode (13,6. 11b. 12abα) berichtete. Wie in der Abraham-Lot-Geschichte, so ist auch hier von P jede konflikthafte Spannung, welche die von V. 1b. 2. 4–14 erzählte Hagargeschichte erfüllt, völlig ausgeblendet. Ganz so fehlt hier auch jeder Hinweis auf Jahwe. Erneut wird sich zeigen, daß P auch im Blick auf die Hagar-Ismael-Tradition alles für die Gottesgeschichte mit Abraham Relevante in das Kap. 17 hineingezogen hat. In einer fast nur statistisch registrierenden Erzählweise wird im P-Anteil von Kap. 16 festgehalten, daß Abraham, nachdem er 10 Jahre kinderlos im Lande Kanaan gelebt hat, von Hagar, der ägyptischen Leibmagd Saras, in seinem 86. Lebensjahr einen Sohn Ismael erhält. Die Datenangabe von 12,4b erfährt darin ihre Weiterführung. Der nach Ausscheidung der P-Bestandteile verbleibende Rest von Kap. 16 ergibt, wenn die in 11,30 zu findende Angabe des J als Eingangsvers herangezogen wird, ebenfalls einen völlig geschlossenen Textzusammenhang. Der hier unbefangen mehrfach (V. 2. 5. 7. 9–11. 13) verwendete Jahwename erlaubt ganz so wie der unverkennbare Anschluß an 11,30 die Folgerung, daß hier der J als Erzähler am Werke ist. Wie schon zu 11,30 vermerkt, erhebt sich hier die Frage, ob 11,30 nicht seinen ursprünglichen Ort im Eingang von Kap. 16 hatte und erst bei der Zusammenarbeit zum jetzigen Ganzen seine Versetzung in den Eingang der Abrahamgeschichte erfuhr, um diese von ihrem Beginn ab in die doppelte Spannung des Ausschauens nach Erfüllung zu setzen: landlos und kinderlos zugleich zieht Abraham aus seiner Heimat aus.
Noch eine zweite Wahrnehmung muß vorweg angesprochen werden. Es fällt auf, daß die Erzählung vom Weggang der Hagar aus dem Hause Abrahams und einer Gottesbegegnung in der Wüste einen Doppelgänger in 21,8–21 hat. Da in jenem Erzählungsstück ebenso konsequent die Elohim-Bezeichnung für Gott gebraucht wird (21,12. 17 dreimal. 19. 20), liegt die Annahme nahe, daß dort die elohistische Doublette zu 16 J zu finden ist. Weitere Wahrnehmungen an 21,8–21 werden es bestätigen, daß dort ein Erzähler mit einem anderen Erzählungsstil das Wort hat.

---

[24] Der MT, der etwa übersetzt werden könnte: «So habe ich hier (?) gesehen hinter meinem Sehenden», ist sichtlich verschrieben. Die Übersetzung setzt den von Wellhausen vermuteten Text voraus.

Der zweimalige Weggang der Hagar aus dem Hause Abrahams erfordert nun aber, daß dazwischen eine Rückkehr in dieses Haus erzählt wird. Das geschieht in Kap. 16 zwar nicht explizit, wird aber durch den Jahweengel in 16,9 befohlen und offenbar dann selbstverständlich auch als geschehen vorausgesetzt. Nun fällt in 16,9–11 weiter die Tatsache auf, daß drei Verse hintereinander mit der gleichen Einleitung eingeführt werden: «Da sprach der Engel Jahwes zu ihr.» Wozu diese Wiederholung? Die Vermutung, daß zwei dieser drei so seltsam mit der gleichen Einleitung eingeführten Sätze erst nachträglich in den Text eingesetzt worden sein könnten, legt sich nahe. Für den V. 9 wird man es schon jetzt vermuten dürfen, daß er im Dienst der Zusammenfügung der verschiedenen Erzählstränge eingefügt worden ist, um die Erzählung von 21,8–21 hinter Kap. 16 zu ermöglichen. Bei der Einzelauslegung von 16,9–11 wird auch die verbleibende Doppelung der Einleitung von V. 10 f. weiter erwogen werden müssen.

Bedenken wir nun die jahwistische Erzählung (1b.2.4–14), die keine Rückkehr der Hagar zu Abraham voraussetzte, nach ihrem Stoff, so ist nicht zu verkennen, daß sie anders als etwa Kap. 15 ein ausgesprochen ätiologisches Gefälle hat. Es wollen in ihr Namen erklärt werden: Der Name der Wasserstelle Beer-Lahaj-Roi wird von einem Ausspruch der Hagar her verständlich, den diese im Zusammenhang der Begegnung mit dem Jahweboten getan hat. Leider ist die Örtlichkeit nicht mehr näher zu bestimmen. Nach 16,7 liegt sie «am Weg nach Sur», mit welchem Namen die ägyptische Grenzbefestigungsmauer bezeichnet zu werden scheint, die zur Abwehr der Beduinen der östlichen Grenzwüste von den Ägyptern angelegt wurde und die etwa im ägyptischen Bericht des Sinuhe erwähnt ist. In den tiefen Süden weist auch die Angabe von 16,14, wonach der Brunnen «zwischen Kades und Bered» liegt. Zur Lokalisierung von Kades ist im Zusammenhang mit 1. Mose 14,7 das Nötigste gesagt worden (s. o. S. 38). Bered ist nicht näher zu lokalisieren. Im Zusammenhang mit der Ortsnennung wird der Name des dort verehrten Numens El-Roi, das in seiner Namengebung (als El) in die vorisraelitische, kanaanitische Welt zurückweist, erklärt. Die Erklärung spiegelt das Staunen der Hagar, die der Schau des Gottesboten gewürdigt worden ist. Der Name Ismael, sprachlich analog zum Israelnamen gebildet, Name einer südlichen Stammesgruppe, die durch ihre unbändige Wildheit berühmt gewesen zu sein scheint (V. 12, aufgenommen in 25,18), wird ganz ebenso wie dieser besondere Charakter der im Ahnen repräsentierten Gruppe vom Gottesboten selber bestimmt. Dieser sagt der aus der Unterdrückung Entronnenen an, daß Gott sie erhört habe (Ismael = Gott hört). Man wird sich fragen, wieweit diese Erzählung vom Stammvater auf Aussagen der Ismaeliter, deren Untergliederung in 25,12ff. näher beschrieben wird, zurückgeht. In der Behauptung verwandtschaftlicher Zusammengehörigkeit Ismaels mit dem Ahnen Israels hat J wahrscheinlich schon vorliegende Überlieferung aufgenommen.

Aber die im heutigen Kontext vorliegende Erzählung will mehr als bloße Erklärung von Orts-, Gottes- und Stammnamen sein. Sie ist als Geschichte Abrahams, des Trägers göttlicher Verheißung, erzählt. Sara, die Frau des Verheißungsträgers, ist unfruchtbar. Unmittelbar voraus war in 1. Mose 15 die Zusage Gottes ergangen, daß Abraham in einem eigenen Sohne Zukunft haben werde. Von 12,2f. her hat der Leser die noch vollere Zusage, daß er zu einem großen Volk werden solle, in den Ohren.

Sara ergreift die Initiative (1b.2a). In einem Verfahren, das für uns befremdlich, in der damaligen Rechtsverfassung aber durchaus üblich ist, schlägt sie Abraham vor, ihre Leibmagd Hagar ihm zur Frau zu geben, daß auf diesem Wege ein Sohn geboren werde. Hagar ist als Ägypterin bezeichnet (möglicherweise ist diese Bezeichnung redaktionell aus der Erzählung von P, in der sie organischer sitzt, übernommen worden). Man wird auch hier fragen, ob in dieser Bestimmung nicht Eigenüberlieferung der Ismaeliten, deren Wohnbereich sich nach 25,18 gegen die Grenze zu Ägypten hin erstreckt, vorliegt – Überlieferung, die von der Verbindung mit ägyptischen Gruppen weiß. Für den Leser der heutigen Abrahamgeschichte klingt die Erinnerung an Abrahams Aufenthalt in Ägypten, bei dem er nach einer Erweiterung in 12,16 auch Knechte und Mägde vom Pharao bekommen hat, mit. Das Genesis Apokryphon aus Qumran erwähnt denn auch Hagar ausdrücklich im Zusammenhang jener Geschichte. Der Midrasch Gen. rabba 45,1 weiß sogar, daß Hagar die Tochter des Pharao war, die dieser der Sara gegeben hatte. Andere Angaben weisen dann allerdings Hagar stärker dem arabischen Bereich zu. So die Nachrichten von 1. Chr. 5,10.18–21 über Kämpfe ostjordanischer Gruppen mit den Hagritern, die von Osten herkommen, oder die Aufzählung von Feinden in Ps. 83,7 (Edom, Ismaeliter, Moab, Hagriter) und auch das Nebeneinander eines ismaelitischen und eines hagritischen für die Herden verantwortlichen Mannes in 1. Chr. 27,30/31. Noch Paulus deutet nach Gal. 4,25 Hagar allegorisch auf den Berg Sinai «in Arabien».

Indem Abraham der Anregung Saras folgt (2b.4a), willigt er in eine von der Menschenseite her gesehen unverfängliche Maßnahme ein, die ihm zu einem Sohn verhelfen soll. Dem ursprünglichen jahwistischen Erzähler dürfte 1. Mose 15,1–6 nicht vor Augen stehen. Dort stand das ganze Verhalten Abrahams auf seinem Glauben, der die Erfüllung der göttlichen Zusage allein von Gott erwartet. Von dort aus erscheint die selbstgeplante Maßnahme, von der hier berichtet wird, allerdings als höchst zweifelhaft. Der die Erzählungen zur heutigen Folge zusammengefügt hat, erträgt offensichtlich die starke Spannung, die durch das Nebeneinander von 1. Mose 15 und 16 in die Abrahamgeschichte hineinkommt. Dort der ganz allein nur Glaubende, hier der für menschliche Planung von Hilfsmaßnahmen, die Gott nachzuhelfen suchen, Empfängliche. Das Ertragen dieses Nebeneinanders entspricht aber durchaus dem alttestamentlichen Menschenverständnis, das den Menschen, auch den Glaubenden, nicht nur auf Höhenstraßen wandeln sieht, sondern nüchtern seine für eigenmächtiges Tun immer wieder anfällige Art kennt.

Schon der ursprüngliche jahwistische Bericht aber stellt fest, daß die von Sara so klug geplante Maßnahme zum Mißerfolg führt (4b–6). Sie scheitert an der menschlichen Unzulänglichkeit. Die alttestamentliche Weisheit hält in ihrer Lebenskunde in einem Zahlenspruch die Wahrnehmung fest: «Unter drei Dingen erbebt die Erde und viere kann sie nicht ertragen: Unter einem Sklaven, wenn er König wird, einem Toren, wenn er genug Brot zur Speise hat, unter einer Verschmähten, wenn sie einen Mann bekommt, und unter einer Magd, wenn sie ihre Herrin beerbt» (Spr. 30,21–23). Ein Sohn ist die Ehre der Frau. Sara ist kinderlos. Hagar erwartet ein Kind. Sie ist der Ehre der Frau teilhaftig geworden. So wird Sara «gering in ihren Augen», wie der Text wörtlich besagt. Mit dieser menschlichen Panne hatte die kluge Überlegung der Sara nicht gerechnet. Schon im Codex Hammurapi aber ist in § 146 formuliert: «Gesetzt, ein Mann hat eine Gattin genommen und sie hat eine Sklavin ihrem Gatten gegeben, und diese hat Kinder geboren, nachher hat sich jene Sklavin mit ihrer Herrin gleichgestellt, so wird ihre Herrin sie, weil sie Kinder geboren hat, für Geld nicht weggeben, eine Sklavenmarke wird man ihr machen, zu den Mägden wird man sie zählen.» Ist hier vorausgesetzt, daß die Herrin selber unmittelbare Verfügungsgewalt über ihre Sklavin hat, so setzt 1. Mose 16 in stärker patriarchalischer Strukturierung der Familie voraus, daß das männliche Familienhaupt die letzte Entscheidung hat. So wendet sich Sara klagend an Abraham. Mit dem formgeschichtlich fest geprägten «Zeterruf» der «Appellation des Beschuldigers», der in der alten Familien- bzw. Sippengerichtsbarkeit beheimatet sein könnte, wendet sie sich an Abraham, indem sie zugleich an ihr Recht vor Gott appelliert. Abraham gibt ihrem Begehren unmittelbar statt, indem er Hagar, die seine Frau geworden ist und das von ihm stammende Kind erwartet, ganz der Hand der Sara überläßt. Und diese Hand ist eine harte Hand, welche die verhaßte Nebenbuhlerin «demütigt».

Hagar aber ist hier (anders als dann in Kap. 21) als stolze Frau geschildert, die nicht willens ist, sich Demütigung gefallen zu lassen (6bβ). Indem sie, die Schwangere, die gefährliche Freiheit der Wüste der Demütigung am lebensmäßig gesicherten Orte vorzieht, erhält sie unausgesprochen wohl ganz unmittelbar die Sympathie des Menschen in Israel. Dieser wird sich des Anfangs seiner Volksgeschichte erinnern, in der ein in Ägypten gedemütigtes Volk unter der Führung Moses ganz ebenso die Unsicherheit der Wüste den gesicherten «Fleischtöpfen Ägyptens» vorzog und den Bedrängern entfloh. Ja, die Fortsetzung der Geschichte macht deutlich, daß solches nicht nur die Empfindung des Menschen in Israel ist, sondern auch die Empfindung seines Gottes, unter dessen Geboten der Schutz des Rechtsgefährdeten und Bedrückten immer wieder eine bedeutsame Rolle spielt. In einer im Vergleich zu der den Besitz sichernden babylonischen Rechtsgebung revolutionären Weise kann hier im Gesetz ausdrücklich verordnet werden, daß ein flüchtiger Sklave nicht an seinen Herrn ausgeliefert werden, sondern am Ort, dahin er entlaufen, Wohnrecht bekommen soll. «Du sollst ihn nicht bedrücken», sagt diese Anordnung von 5. Mose 23,15f. in ihrem Schlußsatz.

So tritt der entlaufenen Sklavin denn unterwegs an einer Wasserstelle «auf dem Weg nach Sur» (strebt Hagar in die Richtung ihres Herkunftsortes?) der Bote Jahwes entgegen (7–8). Vom «Boten» ist zunächst geredet, V. 13 setzt dann aber unbefangen voraus, daß es Jahwe selber gewesen ist, der hier der Hagar begegnete. Dieser auffallende Wechsel zwischen dem «Boten» Jahwe und dem ihn sendenden Jahwe ist auch an anderen Stellen zu finden, vgl. die Parallele in 1. Mose 21, aber auch etwa den Zusammenhang Richt. 6,11–24. Das verbietet es, in diesem «Boten» einfach einen der vielen Boten Jahwes zu erkennen. «Mein Name ist in ihm», kann Jahwe nach 2. Mose 23,21 von diesem seinem einzigartigen «Boten» sagen. Offenbar dient die Rede vom «Boten Jahwes» im Unterschied zu der andernorts vorkommenden pluralischen Rede von «den Boten Gottes» (1. Mose 28,12; 32,2 u.ö.) dazu, die irdische Manifestation Jahwes von seinem weltüberlegenen, keinem Menschen schaubaren «An-sich» zu unterscheiden. In analoger Weise kann an anderen Stellen vom «Angesicht» (2. Mose 33,14f.) oder vom «Namen» Jahwes (Jes. 30,27) geredet werden.

Es stört den Erzähler nicht, daß der Gottesbote die Hagar unmittelbar als «Hagar, Magd der Saraj» anredet, sie aber nach dem Woher und Wohin ihres Weges fragen muß. Auf die Antwort, in der beschlossen liegt, daß sie von Sara gedemütigt worden ist, erfolgt in V. 9–11 die Folge der drei Sätze, die uns schon zuvor durch die dreimalige Einführung des Gotteswortes mit der dreimal gleichlautenden Einführung: «Da sprach der Bote Jahwes zu ihr» aufgefallen war. Unter diesen drei Redeeinheiten enthält V. 11, der in V. 12 weitergeführt wird, die ursprüngliche Antwort. Diese wird in der festgeprägten Formulierung: «Du bist schwanger – du wirst einen Sohn gebären – du wirst seinen Namen nennen», gegeben, die sich nicht nur in

Luk.1,31, sondern leicht abgewandelt auch in Jes.7,14 findet. Vgl.auch den erzählenden Bericht 1.Mose 21,2f. In Richt.13,3.5 fehlt das Element der Namengebung
dieser etwa als «Verkündigungsorakel» bezeichneten Redeform, zu deren mittlerem
Element man Entsprechungen schon in ugaritischen Texten aus dem alten Nordsyrien hat finden wollen. An der vorliegenden Stelle brauchte das erste: «Du bist
schwanger», der Hagar eigentlich nicht mehr angekündigt zu werden, da dieses in
der Exposition der Geschichte schon ausgesagt war. In diesem Element dürfte der
feste Zwang der Formel wirksam sein. Wohl bedeutet es für sie dagegen eine hohe
Zusage, daß das von ihr geborene Kind ein Sohn sein werde. Ihren Zielpunkt erreicht die Aussage des Boten aber in der verordneten Namengebung: «Ismael, Gott
(er)hört», soll der Sohn heißen. Denn in der Erhörung des Schreiens der Unterdrückten liegt der eigentliche Sinn der heilvollen Gottesbegegnung. «Gott hat auf
deine Unterdrückung, (d.h. die aus dieser Unterdrückung an Gott gelangende Be-
freiungsbitte,) gehört.» Damit ist der Widerstand gegen die Unterdrückerin voll
sanktioniert. Das Ja zu dem elementaren Freiheitsdrang der Hagar ist auch noch in
der Schilderung der künftigen Art des von ihr geborenen Sohnes zu vernehmen. In
dem «Wildesel-Mensch» (12, andere fanden hier das Zebra erwähnt) liegt auf jeden
Fall die Anspielung auf ein ungebärdig schweifendes (Hiob39,5) Wüstentier (Jer.
2,24). Unter Fallenlassen des Bildes ist von der räuberischen, allen Nachbarn lästi-
gen Ungebundenheit dieser Beduinengruppen, welche die Karawanen der Krämer
gefährden und den Streit lieben, geredet. Das ist Ismael, der echte Sohn seiner un-
bändig freiheitsdurstigen Mutter.
Neben dieser Bejahung des ungebändigten Freiheitswillens der Hagar wirkt die
Ermahnung von V.9, zurückzukehren und sich unter die Demütigung zu beugen,
ungemäß. Sie ist, wie schon erwähnt, nur aus der Absicht, den Fortgang der Erzählung in 21,8–21 zu ermöglichen, zu verstehen. Dem Redaktor, der diesen Satz ein-
fügte, mag dabei auch vor Augen stehen, daß 21,8–21 in eine nochmalige Erhörung
und Segnung der Hagar und ihres Sohnes ausmündet.
Vom Blick auf Kap.21 (und 17) her ist aber auch die Einfügung des V.10 zu verstehen. Dieser Satz ist bestrebt, im Sinne von 21,13.18 und 17,20 erkennbar zu machen, daß etwas vom Abrahamsegen nun auch auf Ismael zu liegen kommt. Auch er
wird zum großen, nicht zu zählenden Volke werden. Die Formulierung ist an die
Formulierung der Abrahamverheißung in 15,5 und im Wortlaut noch enger an das
dem Jakob nach 32,13 Zugesagte angelehnt.
Die Episode mündet in die Ätiologie zweier Namen aus (13–14). Der Gottesname
El-Roi verdankt sich, so scheint hier gesagt zu sein, wenn die Rekonstruktion des
Textes richtig ist, dem Staunen der Hagar, daß sie die Gottheit geschaut und trotz-
dem am Leben geblieben ist. Dahinter steht das scheue Wissen des Menschen, daß,
wie es 2.Mose 33,20 ausdrücklich formuliert, kein Mensch, der Gott schaut, am
Leben bleibt. Von diesem Ausruf her wird aber auch der Name der Brunnenstelle,
«Brunnen des Lebendigen, den ich gesehen (wörtl. meines Sehens)», erklärt. Es ist
nicht unbestritten, daß diese Deutung den Text richtig trifft, und schon gar nicht
wahrscheinlich, daß sich darin die tatsächliche Deutung des Ortsnamens erhalten
hat.
Der ursprüngliche Abschlußvers der Episode ist vielleicht in 25,18 erhalten, einem
Vers, welcher der priesterschriftlichen Ismaelgenealogie vom Redaktor angefügt
worden ist. «Und ‹er (d.h. Ismael) wohnte› (im Gebiet) von Hawila bis Sur, das
gegenüber (östlich) von Ägypten liegt, bis hin nach ‹Sur›. All seinen Brüdern
setzte er sich vors Gesicht.» Das nimmt die Aussagen der jahwistischen, nicht der

elohistischen Hagar-Ismael-Erzählung in leicht veränderter Wortwahl nochmals
auf und läßt das Gotteswort über den Sohn der Hagar nochmals aufklingen. Zu
Hawila, das wieder nach Arabien weist, vgl. schon 2,11 (Urgeschichte³, 128).
Übersieht man den jahwistischen Bericht von Kap. 16 als ganzen und befragt ihn
auf seine Bedeutung, so ist noch voll zu erkennen, daß er zunächst die Absicht hatte,
von Hagar und Ismael und der besonderen Art der Ismaeliten zu erzählen. In seiner
schon vom J vollzogenen Einfügung in den Zusammenhang der Abrahamerzählung
aber tritt das besondere Interesse für Ismael und Hagar zurück. Die Erzählung
wird, bei aller Farbigkeit und unmittelbaren Lebendigkeit, die sie hat, zur Erzählung eines Fehlweges, den der Verheißungsträger Abraham und seine Frau gegangen
sind. Das Thema «Land», das J 12,6–9 und Kap. 13 beherrscht hatte, tritt darin
zurück. Dafür tritt das Thema «Nachkommenschaft», das sich in 12,2 angekündigt
hatte, jetzt in seiner ganzen Schärfe heraus. Auf dem Hintergrund des später eingefügten Kap. 15, in dessen erster Hälfte dieses Thema voll angesprochen war, erscheint das in Kap. 16 Erzählte als eine Frucht der Ungeduld, welche das dort Zugesagte nicht erwarten kann und Gott die Sache eigenmächtig aus der Hand nimmt.
Dabei enthüllt sich zugleich das Unweise dieses Tuns. Abraham und Sara sind erneut aufs Warten geworfen. In dem voll zusammengearbeiteten und redaktionell
mit Kap. 21,8–21 ausgeglichenen Text, nach dem Hagar zurückgeschickt wird, ist
die Enthüllung des Fehlweges vertagt. Sie erfolgt in Kap. 17 (P) entsprechend der
Berichterstattung des P in 16,1a. 3. 15f. so, daß von der Spannung des gottgewollten
zum gottfremden Weg nur noch ein völlig abgedämpfter Nachhall in 17,17–20 zu
erkennen sein wird. In 21,8–21 wird das Spannungsfeld der von J in Kap. 16 erzählten Geschichte auf eine ganz andere Ebene gerückt werden.

17,1–27   Jahwes umfassender Bund mit Abraham

1 Und Abram war 99 Jahre alt, da erschien Jahwe dem Abram und sprach zu ihm: «Ich
bin ʾēl šaddaj, wandle vor mir und sei untadelig (oder: Wenn du vor mir wandelst, dann
bist du untadelig). 2 Und ich will meinen Bund zwischen mir und dir machen und will
dich sehr, sehr mehren.»
3 Da fiel Abram auf sein Angesicht, und Gott redete mit ihm folgendermaßen: 4 «Ich –
siehe, mein Bund mit dir (besteht darin): du wirst zum Vater einer Menge von Völkern
werden. 5 Dein Name soll nicht mehr Abram lauten, sondern dein Name sei Abraham,
denn zum Vater einer Menge von Völkern mache ich dich. 6 Und ich mache dich sehr,
sehr fruchtbar und mache dich zu Völkern, und Könige sollen von dir ausgehen. 7 Und
ich richte meinen Bund zwischen mir und dir und deiner nach dir (kommenden) Nachkommenschaft in ihren Geschlechtern als einen immerwährenden Bund auf, (mit
der Zusage,) daß ich dein und deiner nach dir (kommenden) Nachkommenschaft Gott
sein will.
8 Und ich gebe dir und deiner Nachkommenschaft nach dir das Land deiner Fremdlingschaft, das ganze Land Kanaan, zum immerwährenden Besitz, und ich werde ihr
Gott sein.»
9 Und Gott sprach zu Abraham: «Du aber – du sollst meinen Bund beobachten, du
und deine Nachkommenschaft nach dir in ihren Geschlechtern. 10 Das ist mein Bund
zwischen mir und euch und deiner Nachkommenschaft nach dir, den ihr beobachten
sollt: Beschnitten werden soll unter euch alles Männliche. 11 Und ihr sollt beschnitten werden am Fleisch eurer Vorhaut, und das soll zum Bundeszeichen zwischen

mir und euch werden. 12 Und zwar soll im Alter von acht Tagen alles, was männlich ist unter euch, beschnitten werden in euren Geschlechtern: der hausgeborene (Sklave) ganz ebenso wie der um Geld Gekaufte von allen Fremden, die nicht zu deiner Nachkommenschaft gehören. 13 Unbedingt soll der in deinem Haus Geborene und der von dir um Geld Gekaufte beschnitten werden, und mein Bund(eszeichen) soll an eurem Fleische als immerwährendes Bund(eszeichen) sein. 14 Der männliche Unbeschnittene aber, der nicht ‹am 8. Tage›[25] am Fleische seiner Vorhaut beschnitten wurde, herausgeschnitten (= ausgerottet) werden soll diese Person aus ihren Anverwandten. Meinen Bund hat er gebrochen.»

15 Und Gott sprach zu Abraham: «Dein Weib Saraj sollst du nicht mehr mit dem Namen Saraj nennen, sondern Sara sei ihr Name. 16 Und ich werde sie segnen und gebe dir auch von ihr einen Sohn und werde sie segnen, und sie soll zu Völkern werden. Könige von Völkern sollen von ihr her kommen.»

17 Da fiel Abraham auf sein Angesicht und lachte und sprach bei sich selber: «Sollte einem Hundertjährigen noch (ein Sohn) geboren werden, und sollte die 90jährige Sara (noch) gebären?» 18 Und Abraham sprach zu Gott: «Daß doch Ismael vor dir leben möchte!»

19 Aber Gott sprach: «Nein, dein Weib Sara wird dir einen Sohn gebären, und du sollst seinen Namen Isaak nennen, und ich will meinen Bund mit ihm als einen immerwährenden Bund aufrichten, (des Inhalts,) ‹sein und› seiner nach ihm (kommenden) Nachkommenschaft ‹Gott zu sein›.[26] 20 Aber (auch) für Ismael erhöre ich dich. Siehe, ich segne ihn und mache ihn fruchtbar und mehre ihn gar sehr. Zwölf Fürsten wird er zeugen, und ich mache ihn zu einem großen Volk. 21 Aber meinen Bund richte ich mit Isaak auf, den dir Sara um diese Zeit im nächsten Jahr gebären wird.»

22 Und er (Gott) beschloß seine Rede mit ihm, und Gott fuhr von Abraham auf.

23 Da nahm Abraham seinen Sohn Ismael und alle seine hausgeborenen und alle seine um Geld gekauften (Sklaven), alles Männliche unter den Männern des Hauses Abrahams, und er beschnitt das Fleisch ihrer Vorhaut an eben diesem Tage, wie ihm Gott gesagt hatte. 24 Und Abraham war 99 Jahre alt, als er am Fleisch seiner Vorhaut beschnitten wurde. 25 Ismael aber, sein Sohn, war 13 Jahre alt, als er am Fleisch seiner Vorhaut beschnitten wurde. 26 An eben diesem (gleichen) Tage wurden Abraham und sein Sohn Ismael beschnitten. 27 Und alle Männer seines Hauses, der hausgeborene sowie der von Fremden um Geld gekaufte (Sklave), wurden mit ihm beschnitten.

Der Stilunterschied des Kap. 17 gegenüber dem zuvor von J Erzählten springt jedem Leser unmittelbar in die Augen. Auf den anschaulichen Bericht von Kap. 16 folgt hier ein nach seinen äußeren Umständen ganz karg skizziertes Geschehen: Gott erscheint (V. 1), fährt nachher wieder auf (V. 22), ohne daß etwas über Ort und Art dieser Erscheinung gesagt würde. Abraham fällt vor Gott nieder (V. 3), fällt ein zweitesmal nieder und lacht dazu (V. 17) und führt schließlich den Befehl zur Beschneidung genau so aus, wie ihm befohlen ist (V. 23–27). Dafür aber sind bedeutsamste theologische Aussagen in einer großen Rede Gottes, die nur gelegentlich durch eine Wiederholung der Einleitungsformel etwas gegliedert wird, zusammengefaßt. Zu Beginn und am Schluß werden genaue Zeitdaten, Lebens-

---

[25]   Die samaritanische Überlieferung wie auch die griechische Übersetzung führen darauf, daß diese Zeitangabe hier zu ergänzen ist.
[26]   Auch hier legen einige Überlieferungszweige die Ergänzung der beiden Angaben über Bundesinhalt und Reichweite des Bundes nahe.

altersdaten der Hauptbeteiligten gegeben. Das Ganze ist unverwechselbar in dem schon bekannten Stil von P gehalten – hier aber anders als in den kargen bisherigen raffenden Kurzberichten zu einer weit ausholenden Rede gestaltet. Es ist nicht zu übersehen, daß hier der entscheidende Höhepunkt im Bericht des P über Abraham erreicht ist.

Gegen die Zuweisung zu P scheint einzig das Auftauchen des Namens Jahwe im Einleitungsvers des Kapitels zu sprechen. Dieser wird aber redaktioneller Glättung des Überganges von Kap. 16 her, wo dieser Name herrschte, zu verdanken sein. Im weiteren ist dann neben dem besonderen Namen ʾēl šaddaj (V.1) nur das allgemeinere «Elohim (Gott)» verwendet (V.3.7–9.15.18–19.22–23). Zum erstenmal taucht hier innerhalb des P nach dem ganz profan erzählten Anlauf der Abrahamgeschichte in ihren ersten Episoden (11,27–28.31–32; 12,4b.5; 13,6.11b. 12abα; 16,1a.3.15–16) überhaupt der Gottesname auf, und dieses nun mit allem entscheidenden Nachdruck.

Alles, was P für die Geschichte Gottes mit Abraham wichtig ist, wird von ihm in 1. Mose 17 zusammengeballt. So wird man bei der Lesung dieses Kapitels ein besonderes Augenmerk darauf zu richten haben, wie die theologischen Gehalte der von den älteren Erzählern erzählten Geschichten in diese große Rede eingebracht sind.

Die Rede, die nicht auf verschiedene Stränge zu verteilen ist, zeigt eine deutliche Gliederung. Gewichtig steht in den zwei Eingangsversen eine thematische Einführung voran, die nicht nur die Selbstvorstellung des Abraham Erscheinenden mit seinem Namen enthält, sondern auch gleich das Stichwort «Bund», das die ganzen folgenden Ausführungen beherrscht, anklingen läßt. Sie wird mit der anbetenden Proskynese Abrahams (V.3a) beantwortet. In den dann folgenden zwei Redegängen, die je mit einer berichtenden Einleitungsformel eingeführt sind (V.3b.9a), fällt auf, daß sie je durch ein herausgestelltes «Ich» (V.4) bzw. «Du» (V.9) in ihrer Aussage-Intention bestimmt werden. Die Übersetzung hat dieses, obwohl die deutsche Grammatik dieses Herausstellen des betonten Pronomens nicht so schön erlaubt wie die hebräische, festzuhalten gesucht. Die Redestücke sind dadurch klar gekennzeichnet als Aussagen über das, was Gott in diesem Bundschluß tut (V.4–8) und was er auf der anderen Seite vom Menschen als gehorchende Antwort fordert (V.9–14). Im Redestück V.15–21, das durch eine nochmalige Proskynese und das in diesem Zusammenhang höchst seltsame Lachen Abrahams unterbrochen ist, kommt zum Ausdruck, was der Bund nun auch im Blick auf Abrahams Frau und seine Söhne – den schon geborenen und den erst verheißenen – zu bedeuten hat. Der Bericht über das Ende der Gotteserscheinung (V.22) und den Vollzug des von Gott Gebotenen schließt das Kapitel ab (V.23–27).

In seinem 99. Lebensjahr, 13 Jahre nach der in 16,15f. von P berichteten und datierten Geburt Ismaels, dessen Alter in 17,25 mit der registrierenden Genauigkeit des P nochmals ausdrücklich festgestellt wird, erscheint Gott dem Abraham (V.1).

Es erinnert an die Einführung der Bundesszene von 15,7ff., daß der Bericht über den Bundschluß auch hier mit einer feierlichen Selbstvorstellung Gottes in seinem Namen eingeleitet ist. Gott stellt sich Abraham unter dem Namen ʾēl šaddaj vor. Bei der dem Mose zuteil werdenden Vorstellung Gottes unter dem Jahwenamen hat P in 2. Mose 6,2f. den Weg vom ʾēl šaddaj zur vollen Offenbarung des Jahwenamens nochmals ausdrücklich festgehalten. «Ich bin Jahwe», so stellt sich Gott dort dem Mose vor und fügt dazu: «Dem Abraham, Isaak und Jakob bin ich als ʾēl šaddaj erschienen, aber in meinem Namen Jahwe bin ich ihnen nicht be-

kannt geworden.» Das verrät die Bedeutsamkeit der in 1. Mose 17,1 dem Abraham
zuteil werdenden Selbstvorstellung Gottes unter seinem Namen ʾēl šaddaj. Es muß
hier die moderne Empfindung, die im Namen etwas nicht letztlich Erhebliches,
durch einen Akt vor dem Zivilstandsbeamten auch leicht zu Änderndes empfindet,
ferngehalten werden. Name bezeichnet nach alttestamentlicher Empfindung das
Wesen des Bezeichneten. Auch der Gottesname bezeichnet die unverwechselbare
Personwesenheit Gottes. Das Kundmachen des Namens ʾēl šaddaj an Abraham
und dann des Jahwenamens in der Mosezeit ist nicht als ein leichtes Versteckspiel
Gottes zu interpretieren, der sich den Scherz erlaubt hätte, zunächst einmal einen
unechten Decknamen zu verwenden.

Gott ist, so will 1. Mose 17,1 sagen, für die Väterzeit wirklich der ʾēl šaddaj und
ist in diesem Namen voll ernst zu nehmen, auch wenn er in der Folge in den Vätergeschichten, wie P sie erzählt, nur in gewissen feierlich herausgehobenen Momenten
ausdrücklich genannt wird, so noch 28,3; 35,11; 48,3 (43,14; 49,25 stammen nicht
von P). Im Wissen darum, daß sich Gott erst dem Mose unter seinem Namen
Jahwe geoffenbart hat, trifft sich P mit der Sicht des Elohisten, bei dem in 2. Mose 3
vorausgesetzt wird, daß Gott der vorhergehenden Zeit unter der Bezeichnung
«Gott der Väter» (Gott Abrahams, Isaaks und Jakobs) bekannt gewesen ist. Es
ist in der neueren Zeit deutlich geworden, daß P und E darin eine richtige Erinnerung bewahrt haben, wenn sie im Unterschied zu J nicht der Meinung sind, daß
der Jahwename den Ahnen Israels von Uranfang an bekannt gewesen sei. Von
der Bezeichnung «Gott der Väter» als einer älteren Gottesbezeichnung ist in der
Einleitung (S. 10) die Rede gewesen. Auch die anderslautende Aussage des P aber
dürfte echte Erkenntnis festhalten, wenn sie davon redet, daß es, bevor sich das
Stämme-Israel im Dienst seines Gottes Jahwe zusammenfand, in der Vorzeit der
Väter Gottesverehrung unter dem Namen ʾēl šaddaj gegeben habe. Eine Gottesbezeichnung mit dem Element El war uns schon in ʾēl ʿeljōn, El (Gott), dem Allerhöchsten, der in Jerusalem seinen besonderen Verehrungsort gehabt haben dürfte,
begegnet (14,18–20). In 21,33 wird für Beerseba die Anrufung eines ʾēl ʿōlām (Gott
Ewigkeit) zu finden sein.

Nun ist aber leider sowohl auf die Frage nach dem allfälligen Haftpunkt einer
Verehrung des ʾēl šaddaj wie auch nach der Bedeutung dieses Gottesnamens bis
heute keine sichere Antwort möglich. Was den Ort anlangt, an dem der ʾēl šaddaj
verehrt wurde, bevor der Jahweglaube in Israel seine Gültigkeit gewann, so fehlt
dafür jede klare Angabe. Die Annahme, daß es das Heiligtum in Hebron gewesen
sein könnte, mit dem Abraham schon in 13,18 verbunden wurde und das in Kap. 18
weiter zu nennen sein wird, bleibt reine Vermutung ohne jeden Anhaltspunkt in
der Überlieferung. Die mit der wohlbekannten Gottesbezeichnung El verbundene
Bezeichnung šaddaj hat man auf verschiedene Weise zu erklären gesucht. Die
griechische Übersetzung des šaddaj an einigen Hiobstellen mit pantokrator scheint
das Wort innerhebräisch von dem hebräischen Verb šādad, «verheeren» aus als
«Allmächtiger» zu verstehen. Neuere Deutungen verweisen auf hebräisches šādaeh,
«Feld», als Beziehungswort oder besser wohl noch auf akkadisches šadû, «Berg»,
so daß mit dem Namen šaddaj ursprünglich ein «Gott des Berges» genannt gewesen sein könnte.

Diese Deutungsversuche sind aber für das Verständnis von 1. Mose 17,1 unerheb-
lich. Hier wird schlicht die Tatsache bezeugt, daß Gott sich dem Abraham unter
dem als Gottesname vormosaischer Zeit bekannten Eigennamen ʾēl šaddaj offenbar
gemacht habe, der in seiner ursprünglichen Bedeutung schon P nicht mehr durch-

sichtig gewesen sein dürfte. Es ist darin festgehalten, daß Abraham Offenbarung Gottes zuteil wurde – Offenbarung dessen, der sich dann in der Mosezeit unter dem Namen Jahwe bekannt machte. Darin liegt keine Abwertung der Gottesoffenbarung an den Ahnen vormosaischer Zeit, wohl aber ist darin unter Verwendung historischer Erinnerungen zum Ausdruck gebracht, daß es in der Geschichte des Gottes Israels ein Zuvor gab, in dem der Gott, der sich dann Abrahams Nachkommen als Jahwe offenbar machte, schon am Werke war, aber unter anderem Namen verehrt wurde. Wir können im Alten Testament weiter feststellen, daß dieser Name als Beiwort oder in gehobener Sprache (besonders bei Hiob) als Ersatzbezeichnung für den Einen, den Israel kannte, weiterlebte.

Mit der Selbstvorstellung Gottes ist eine Aufforderung an Abraham verbunden. In der Zeit vor der Sintflut sagt P von den Frommen Henoch und Noah (5,22.24; 6,9), daß sie «mit Gott wandelten». Die besondere Unmittelbarkeit jener Frühzeit zu Gott soll darin zum Ausdruck kommen. Für die Zeit nach der Flut redet P vom «Wandeln vor Gott», wenn er den untadeligen Wandel eines Menschen bezeichnen will. So gebietet es Gott dem Abraham: «Wandle vor mir.» Man wird die Frage aber nicht unterdrücken können, ob nicht darüber hinaus P darin auch auffangen will, was J in 12,1 in anderer Formulierung gesagt hatte: Abraham ist auf einen Weg gerufen. Noch besitzt er nichts Eigenes in Kanaan. Sein Wandern «vor Gott», d.h. unter seinem Geheiß und seiner Führung, das ist es, was Gott an ihm sehen will. Darin wird er «untadelig». Mit einem Wort, welches das untadelige Opfertier bezeichnet und das in 6,9 in der Verbindung mit der Bezeichnung «gerecht» auch von Noah ausgesagt wurde, wird hier vom priesterlichen Erzähler formuliert, wie Gott Abraham sehen möchte.

Dann aber folgt (2), was nun das Stichwort alles Folgenden bleibt, die Zusage des Bundes zwischen Gott und Abraham. Es genügt nicht, hier das hebräische $b^e r\bar{\imath}t$ einseitig mit «Versprechen, Zusage» Gottes wiederzugeben, so sehr der Bund hier auch auf einer freien Zusage Gottes beruht. Nicht nur das «zwischen mir und zwischen dir», das in V. 7 und 10 in Erweiterung auf die Nachkommenschaft wiederholt wird, sondern auch die ganze folgende Ausführung, die in zwei herausgehobenen, thematisch gekennzeichneten Abschnitten Gottes Tun und des Menschen Antworten darstellt, verrät, wie sehr es hier um eine institutionsartig befestigte Verbindung zwischen Gott und Abraham mit seinen Nachkommen geht.

Aus dem Tun Gottes ist in der großen Präambel dann zunächst die Zusage der Mehrung herausgegriffen, die in J in 12,2 (und in dem Fehlweg von Kap. 16) zur Sprache stand und ganz offen dann in 18,1ff. entfaltet wird. Vgl. auch 15,1–6. Der Schöpfungssegen der «Mehrung» (1,28; 9,1) ist hier im besonderen einem Einzelnen, der sich zunächst als alter, kinderloser Mann in einer aussichtslosen Lage zu befinden scheint, ganz gezielt zugesagt. Durch seine demütige Proskynese vor Gott (3) bezeugt Abraham, daß er Gottes Zusage gehört hat.

In dem Redeteil V.4–8, der mit dem betonten: «Ich» einsetzt: «(Was meinen Teil anlangt,) siehe, mein Bund mit dir (besteht darin): du wirst zum Vater einer Menge von Völkern werden», wird die schon in der Präambel angesprochene Verheißung mit anderen Worten wieder aufgenommen. In dieser neuen Formulierung aber wird die Umnennung Abrahams vorbereitet, die im Wortanklang aus dem Gesagten herausspringen soll. 'ab $h\bar{a}m\bar{o}n$, «Vater eines Haufens», klingt von ferne an die Namensform Abraham an. Der strenge Sprachwissenschaftler mag angesichts solcher losen Assonanz der beiden Worte den Kopf schütteln und die Zusammenstellung der beiden Wortformen als leicht wiegendes Spiel ansprechen. Er verfehlt damit wiederum das in Wirklichkeit hier Ausgesagte. Wieder muß strikte mit der Überzeugung der Sprachwahrheit gerechnet werden. Im neuen Namen Abraham, in dem das 'ab hāmōn anklingt, mag der Name Abraham auch sprachwissenschaftlich ganz anders herzuleiten sein, wird ein neues Wesen Abrahams begründet. Die Sprachwissenschaft urteilt, daß die Namensform Abraham eine durch Zerdehnung der zweiten Silbe entstandene Variante des Namens Abram, der in der Form Abiram weit herum bezeugt ist (s. o. S. 10), darstellen dürfte. Der biblische Erzähler P will zu Gehör bringen, daß in diesem neuen Namen durch die göttliche Entscheidung auch ein neues Wesen wirklich geworden sei. Die göttliche Umnennung schafft eine neue Kreatur. Etwas von dieser Ernsthaftigkeit des Ausziehens aus dem alten und Einziehens in ein neues Wesen ist noch da erhalten, wo ein Mönch beim Eintritt ins Kloster oder ein Papst im Zeitpunkt seiner Wahl einen neuen Namen annimmt. Was dort in menschlichen Entscheidungen gründet, über die dann wohl auch die göttliche Bestätigung betend angerufen wird, das ist hier, wo nach 1.Mose 17,5 Gott selber es proklamiert, ein Akt der Neuschöpfung. Man wird im Vergleich mit der älteren Erzählungsschrift des J feststellen, daß dort das Element der Umnennung durch Gott und die darin geschehende Begründung eines Neuen nur mit der Gestalt Jakobs verbunden ist. Vgl. 1.Mose 32,29. Auch P hat die Umnennung Jakobs zu Israel, die aus der Einzelgestalt des Ahnen den Repräsentanten des Volkes macht, festgehalten, wenn er diese auch in 35,10 aus dem Kampfgeschehen in Pnuel löst und nach Bethel verlegt. Darüber hinaus aber bringt P den Gehalt der göttlichen Umnennung auch noch in die Geschichte des ersten Stammvaters ein: Schon hier, wo Gottes Vorgeschichte mit Israel recht eigentlich anhebt, beginnt das neue Wesen. In der philologisch anfechtbaren Assonanz des Abrahamnamens an die Aussage «Vater einer Menge (von Völkern)» hat sie die Art des Neuen aus dem Namen des Ahnen ganz unmittelbar herauszuholen verstanden. Es wird darin deutlich, daß P in 1.Mose 17 nicht nur Elemente der verschiedenen älteren Abrahamerzählungen zusammenfaßt, sondern das Vätergeschehen als Ganzes im Auge hat. Es verrät sich darin eine ungewöhnliche Kraft theologischen Durchdenkens der älteren Tradition.

Hatte die Präambel die Vokabel «Mehrung» des Schöpfungssegens aufgegriffen, so wird in V. 6 auch die andere Vokabel «fruchtbar sein» aus jenem Segen herangeholt und zur Illustration der Fruchtbarkeit nicht nur die Völkerfülle der Nachkommenschaft aufgeführt, sondern dazugefügt, daß «Könige» aus dieser Nachkommenschaft erstehen werden. Wird man bei den «Völkern», in denen die pluralische Steigerung des singularischen «großen Volkes» von 12,2 (J) zu erkennen ist, an die Verzweigung der Abrahamnachkommen in Isaak/Ismael, Jakob/Esau-Edom, weniger wohl an das später zweigespaltene Israel denken, so bei den «Königen» an die Könige, die dann in Israel aufgestanden sind. Doch würde man sicher zu weit gehen, wenn man darin königsmessianische Akzente suchen würde. Sie sind dem P völlig fremd. Die Erwähnung der «Könige» unter der Nachkommenschaft soll auf die Ehre deuten, die Abraham in seiner Nachkommenschaft gegeben sein wird. Was in 1.Mose 12,2 von J mit dem «großen Namen» gesagt war, der Abraham verheißen wird, taucht hier in der Transformation wieder auf.

In der älteren Überlieferung war neben der Verheißung der Mehrung die Landverheißung als wichtiges zweites Element genannt worden. Sie fehlt auch in P nicht, wenn er schon der Verheißung eine besondere sprachliche Wendung gibt. Abraham und seiner Nachkommenschaft wird das Land Kanaan (auf dieses hatte auch 12,7 gezeigt) verheißen. Es wird von P als «Land der Fremdlingschaft» bezeichnet. Diese im Pentateuch nur bei P, hier aber mehrfach (28,4; 36,7; 37,1; 2. Mose 6,4, vgl. auch 1. Mose 47,9) vorkommende Wendung qualifiziert das Land mit Hilfe einer Abstraktbildung auf der Basis der konkreten Selbstbezeichnung Abrahams als «Fremdling = Schutzbürger» im Lande (23,4). Sie ist erneut Zeichen der reflektierten theologischen Begrifflichkeit, die P auszeichnet.

Die Landverheißung ist nun aber weiter eingerahmt von einer Verheißung, die in den älteren Erzählquellen ohne Entsprechung ist. Der Bund, dem hier, wie dann nochmals in V. 13 und 19, unbegrenzte Dauer zugesagt wird, so wie das Land als «immerwährender Besitz» zugesprochen ist, enthält darüber hinaus das Versprechen, daß Jahwe Abrahams (V. 7) und seiner Nachkommen (V. 7f.) Gott sein wolle. Darin ist auf die besondere Beziehung gedeutet, die über die Sachgaben von Nachkommenschaft und Land hinaus Jahwe und seinen Erwählten und das von diesem herkommende erwählte Volk verbinden soll. Im jüngeren Schrifttum des Alten Testamentes findet sich mehrfach die sog. «Bundesformel», in der gesagt wird, daß Jahwe Israels Gott und Israel Jahwes Volk sein werde, vgl. etwa Ez. 11,20; 14,11; 36,28 u. ö. An der vorliegenden Stelle begegnet in der Zusage an Abraham die eine Hälfte dieser Bundesformel. Beim Nachfragen nach der Bedeutung der Aussage, die zunächst viel allgemeiner zu sein scheint als die Verheißung von Nachkommenschaft und Land, wird man darauf geführt, daß in ihr das Gefälle der ganzen weiteren Geschichtserzählung von P angedeutet ist. Diese erreicht ihre Höhe da, wo es am Sinai zur Errichtung des Zeltheiligtums und des ganzen Opferdienstes kommt, in dem Jahwe nicht in irgendeiner bloß unsichtbar geistigen Weise, sondern in der gegenständlichen Realität des Opferdienstes an heiliger Stelle mit seinem Volke verbunden und seines Volkes Gott ist. So formuliert denn auch 2. Mose 29,45 unter Aufnahme des in der Verheißung an Abraham Gesagten: «Ich werde inmitten der Israeliten wohnen und werde ihr Gott sein.» Ziel des Bundschlusses mit Abraham ist es, daß Gott so in konkreter Nähe seines Volkes Gott werden wird.

Diesem reichen, dreifachen Versprechen Gottes, in dem sich von seiner Seite her die Bundeswirklichkeit zwischen ihm und Abraham und dessen Nachkommen realisiert, steht in V. 9–14 in einem weiteren Redegang, der nun thematisch mit dem vorangestellten «Du» eingeleitet wird, gegenüber, was Jahwe von den Seinen fordert. Es wird zunächst ganz allgemein formuliert, daß sie seinen Bund in all ihren folgenden Generationen «beobachten» sollen. Der Bund ist nicht einfach ein Verhängnis, das über Abraham und seine Nachkommen kommt. Gottes Anruf heischt einen Rückruf. Das wird in umständlich ausholender Rede entfaltet. Zeichen der Rückantwort soll die Beschneidung alles Männlichen sein (V. 10). Was Abraham und seine Nachkommen in der Folge in ihrer vollen Leiblichkeit kennzeichnen wird, soll das «Zeichen des Bundes» sein. In 1. Mose 9 hatte Gott der Bundesabmachung mit Noah ein «Zeichen» gesetzt. Dieses war dort ein Erinnerungszeichen für die Menschen und auch für Gott selber. Hier soll die Anbringung des Zeichens Gehorsamsakt des zum Bunde gehörenden Menschen sein. Am 8. Tage des Lebens soll jedes männliche Glied der Nachkommenschaft Abrahams und seiner ganzen Hausgemeinschaft mit Einschluß der Sklaven dieses Zeichen empfangen. In ihm wird der Bund Jahwes am Fleisch der Jahwegemeinde zum «immerdauernden Bund». In aller Schärfe wird festgestellt, daß jeder, der dieses Zeichen nicht übernimmt, damit den Bund gebrochen hat und aus dem Kreis seiner Verwandten herausgeschnitten werden soll. Darin ist eine alte Bannformel aufgegriffen, die ursprünglich noch nicht vom Volke, sondern vom Verwandtenkreis her gedacht und in der Anwendung etwa auf zugekaufte Fremdsklaven nur uneigentlich anzuwenden ist. Die Formel hat sich hier sichtlich schon aus dem Bereich ihrer Primärverwendung gelöst.

Die Beschneidung ist ein bei vielen Völkern verbreiteter Ritus. Sie ist von Hause aus ein Initiationsritus, der als «rite de passage» den ungefährdeten Übergang des jungen Menschen ins Mannesalter und damit auch seine Fruchtbarkeit sichern soll. Der in seiner eigentlichen Aussage schwer durchschaubare, weil wohl auch textlich nicht mehr intakte Bericht von 2. Mose 4,24–26 scheint noch etwas vom älteren Schutzcharakter dieser rituellen Handlung zu verraten. Daneben scheint sie auch als Reinigungsritus verstanden worden zu sein. Hinter dem Bericht von Jos. 5,2–9, wonach Josua beim Eintritt ins Land in Gilgal die Beschneidung an den aus der Wüste Kommenden durchführt, könnte ganz ebenso wie in der schmähenden Bezeichnung der Philister als «Unbeschnittene» etwas von dieser Empfindung stecken. Für Israel nun ist es bezeichnend, wie entschlossen die Beschneidung von ihrer Verbindung mit dem naturhaften Reifeprozeß des Menschen und allen Gedanken an Sicherung der Fruchtbarkeit abgerückt worden ist. Sie wird in 1. Mose 17, wo sie in die zentrale Ordnung des Jahwevolkes aufgenommen wird, ganz und gar von der geschichtlichen Erwählung des Ahnen Israels durch Gott her verstanden. Sie wird hier zum reinen Ritualbrauch. Dieser ist in der Bedeutung seines konkreten Vollzugs nicht weiter aufgehellt. Er wird lediglich mehr als menschliches Gehorsamszeichen im Bund Gottes mit Abraham und seiner Nachkommenschaft verstanden. Geschichtlich wird man urteilen müssen, daß die ohne Zweifel seit alters als frommer Brauch geübte Beschneidung als Unterscheidungszeichen von der babylonischen Umwelt gerade bei den in Babylonien lebenden Deportierten der Jahre 597 und 587 besondere Bedeutung gewann. In der wohl aus den Kreisen der babylonischen Judenschaft stammenden Priesterschrift rückte sie in die Stelle des entscheidenden Bundeszeichens auf. Die Abrahamerzählung der älteren Quellen weiß noch nichts von dieser Bedeutung. Für das späte Einrücken der Beschneidung in ihre hohe Wertung ist auch aufschlußreich, daß der Priesterprophet Ezechiel von dieser Höchstwertung noch nichts zu wissen scheint. Die Erwähnung von «Unbeschnittenen an Herz und Leib» in 44,7.9 stammt nicht mehr aus der Hand des Propheten selber.

Der Schlußteil der göttlichen Rede in **V.15–21** bringt zu den Elementen des Bundes nichts grundlegend Neues mehr hinzu, sondern befaßt sich lediglich mehr mit der genaueren Abgrenzung seiner Gültigkeit. Zuerst wird die Frau Abrahams erwähnt. Als die Ahnmutter des kommenden Volkes bekommt auch sie Teil am neuen Wesen, das sich im neuen Namen verrät. Statt Saraj soll sie in Zukunft Sara heißen. Auch hier dürfte es sich um zwei Dialektvarianten des gleichen Namens handeln. Sara bezeichnet im Hebräischen die Fürstin. Der fürstliche Adel der Ahnmutter Israels ist danach schon in ihrem Namen ausgesagt. Im besonderen wird von ihr nun gesagt, daß sie «gesegnet» sein soll. Darin ist das bei J in 12,2f. herrschende Stichwort aufgenommen. In engerer Auffassung ist es hier auf die Kraft, Nachkommenschaft zu gebären, bezogen. Das entspricht dem Segensverständnis des P in 1. Mose 1,22 und 28. Wie bei Abraham (V.6) tritt auch hier zur Mehrung die Ehrung durch königliche Nachkommen.

Hier aber ereignet sich ein auffälliger Zwischenfall: Die ehrerbietige Proskynese, mit der Abraham zum zweitenmal die göttliche Verheißung entgegennimmt, ist vom Lachen des Empfängers begleitet. Der Anstoß ist nicht durch die abdämpfende Übersetzung: «Er lächelte» zu mildern. Das Lachen, das so wenig zur Geste der Ehrfurcht passen will, ist durch die Gedanken, die Abraham durch den Kopf gehen (der Hebräer sagt wörtlich: die er in seinem Herzen spricht), erläutert. Der Schock des Lächerlichen packt Abraham angesichts dessen, was er von Gott zu hören bekommt. Als Hundertjähriger soll er noch einen Sohn bekommen, Sara als Neunzigjährige noch gebären? Die Aussage des Paulus, die aufgrund von 1. Mose 15,6 formuliert ist, daß Abraham «seinen erstorbenen Leib nicht beachtete, da er schon hundertjährig war, noch die Erstorbenheit des Mutterleibes der Sara» (Röm. 4,19), ist nicht die natürliche Primärreaktion des Verheißungsempfängers. Vielmehr läuft die Verheißung Gottes aller menschlichen Wahrscheinlichkeit und Möglichkeit so zuwider, daß sie ihm ganz einfach lächerlich vorkommt. Wieder aber ist zu sehen, daß P hier ein in der Tradition fest verankertes Überlieferungselement aufnimmt, das sich im Grunde gegen die eindrückliche Stilisierung der Abrahamgeschichte durch P sperrt. In 1. Mose 18,12–15 wird dann der J schildern, wie Sara angesichts der Verheißung eines Sohnes lachen muß. Im Bericht von der Geburt des Sohnes klingt es in anderer Wendung in 21,6 (E?) nochmals auf, wenn Sara dort sagt: «Ein Lachen hat mir Gott bereitet – jeder, der es hört, wird über mich lachen.» Joh. 8,56 zeigt darüber hinaus, wie eine spätere Zeit, die von der Erscheinung Christi wußte, sich diese Stelle zurechtgelegt hat. Wenn Jesus dort im Streitgespräch über die wahre Abrahamkindschaft sagt: «Abraham, euer Vater, frohlockte, daß er meinen Tag sehen sollte, und er sah ihn und freute sich», dann ist das Lachen auf die Freude Abrahams angesichts der ihm gezeigten Christuszukunft umgedeutet.

Warum dieses hartnäckige Beharren auf dem Motiv vom Lachen bei der Verheißung und dann der Geburt des Isaak? Der Grund ist leicht erkennbar. Er wird gleich hinterher im Texte selber sichtbar gemacht. Der Name Isaak, der in seiner ursprünglich anzunehmenden Form noch durch die El-Bezeichnung erweitert gewesen sein dürfte und die Bedeutung hatte: «El freut sich», ist nach dem hebräischen Sprachgebrauch zu übersetzen mit «er lacht». Diese Sinndeutung, die sich jedem in Israel unmittelbar naheliegen mußte, ist hier zum Gefäß für das Wesen der göttlichen Verheißung geworden, die für menschliche Ohren schlechterdings unmöglich, ja lächerlich klingen mußte.

Abraham aber faßt sich unmittelbar und spricht vor Gott nicht dieses sein Empfinden aus, sondern sucht sich das Unglaubbare auf seine Weise zurechtzumachen. P hatte in 16,15f. ohne jeden negativen Nebenakzent von der Geburt Ismaels durch Hagar berichtet. Ismael war Abrahams leiblicher Sohn. So konnte die Verheißung wohl nur auf ihn zutreffen. Der Unglaube, daß das Verheißungswort an Sara wirklich von Sara gemeint sein könnte, äußert sich darum in voller Verhaltenheit so, daß er vor Gott einen Wunsch für Ismael ausspricht: «Daß doch Ismael vor dir leben möchte!» Hier ist mit «Leben» mehr als das bloß physische Leben ausgesagt. Es meint Gedeihen, Erfolg und Glück erleben. Aber Gott weist Abraham mit Entschiedenheit ab – so, daß vom kommenden Sohn der Sara und dann auch von Ismael geredet wird. Mit der verkürzten Formel von 16,11 wird Geburt und Namengebung des Sohnes, der nun eben den Namen Isaak bekommen soll, angekündigt. Im Namen des Sohnes soll das Unglaubliche, ja Lächerliche der Geburt dieses Sohnes festgehalten sein. Wieder stoßen wir in anderer Weise auf die Namenswahrheit. Auf diesem Sohn wird dann auch das ganze Heil der Bundeszusage liegen. Das wird mit den Worten, in denen vorher vor Abraham vom Bunde geredet worden war, erneut ausgesprochen und, nachdem V. 20 auch auf Ismael zu sprechen gekommen ist, in V. 21 nochmals ganz ausdrücklich wiederholt. Isaak ist der Empfänger des Bundes.

Aber nachdem das durch Abrahams anfänglichen Unglauben bestimmte Wort V. 18 die Rede nun schon einmal auf Ismael gebracht hatte, wird das Thema Ismael auch von Gott aufgenommen. Auch er ist Sohn Abrahams, wenn schon nicht Sohn der Sara. So «erhört» Gott Abraham denn auch in seiner aus dem Unglauben formulierten Bitte für Ismael. Auch er wird gesegnet sein. Seine Nachkommenschaft wird sich mehren und zahlreich werden. Auch er wird zum großen Volke werden. Der in 12,2 auf Abrahams Nachkommen angewendete Singular ist hier für Ismael verwendet, während die Abraham-Verheißung, deren Erbe Isaak ist, den Plural verwendete. Auch auf ihn wird Ehre gelegt werden, indem zwölf Fürsten von ihm herstammen. Die Genealogie Ismaels in 25,12–17 wird diese zwölf mit Namen aufführen. Die leise Minderung gegenüber dem vollen Abrahamssegen aber ist darin zu erkennen, daß hier nun nicht von Königen, sondern zwölf Fürsten geredet ist. Darin wird sich ein Stück geschichtlicher Realität spiegeln. Wir hören nie von Königen der Ismaeliter. Als nicht zur Seßhaftigkeit gelangte Gruppe haben diese offenbar ihre Stämmeverfassung mit den Stammesfürsten beibehalten.

Im Blick auf die Erzählung der älteren Quellen aber können wir hier erneut feststellen, daß P die theologischen Aussagen der älteren Hagar-Ismael-Erzählung von Kap. 16 in die Gottesrede eingebaut hat. Bis hin zur Namensätiologie «Ismael = Gott (er)hört», die in 16,11 zu vernehmen war und noch in der veränderten Darstellung des E in 21,17 anklingt, ist dieses festzustellen. Wenn schon von einem Fehlweg mit Hagar/Ismael bei P nichts zu erkennen ist, so wird doch das Element der Segnung – hier eines Ismael, der im Hause Abrahams bleibt (vgl. dagegen 21,8–21) – festgehalten.

In der arabischen Tradition ist Ismael dann der eigentliche Sohn Abrahams geworden. Abraham ist im Koran neben Mose die meisterwähnte Gestalt. 25 Suren erwähnen ihn. Ismael, der in den mekkanischen Suren auch ganz für sich als ein Gottesmann genannt werden kann («Er war ein Gesandter, ein Prophet. Und er gebot seinem Volke Gebet und Almosen und war seinem Herrn wohlgefällig», Sure 19,55 f.), tritt dann in der medinensischen Zeit zusammen mit Abraham als der Begründer der Kaaba, des zentralen muslimischen Heiligtums, auf (2,118–126). Die Bevorzugung des Isaak in den biblischen Nachrichten wird demgegenüber als eine nachträgliche Verfälschung bewertet.

1. Mose 17 legt Wert darauf, daß der Bund Isaak, dem der Sara verheißenen Sohn, ausschließlich gilt. Wenn diese Verheißung des Sohnes in V. 21 nun ausdrücklich als eine innerhalb des folgenden Jahres einzulösende Zusage bezeichnet wird, so ist darin ganz deutlich die Angabe aus der gleich folgenden jahwistischen Erzählung (18,10.14) in selbständiger Formulierung aufgenommen.

In ausführlicher und genau registrierender Breite (22–27) wird dann, nachdem Gott seine Rede geendet und von Abraham «aufgefahren» ist, der Vollzug der befohlenen Beschneidung durch Abraham, der nach dem Geheiß Gottes auch all seine Knechte mit einbezieht, berichtet. In seinem 99. Jahr empfängt Abraham, in seinem 13. Jahr Ismael die Beschneidung, zusammen mit den hausgeborenen und den durch Geld erworbenen Knechten.

P hat damit alles, was ihm in der Gottesgeschichte mit Abraham bedeutsam ist, ausgesprochen. Er wird hinterher in der kurzen Notiz 19,29 die Verschonung Lots (um Abrahams willen), in 21,1b–5 die Geburt Isaaks, in Kap.23 das Begräbnis der Sara und in 25,7–11a den Tod Abrahams berichten und die Stammtafel Ismaels anfügen (25,12–17), bevor er ganz knapp auf die Geschichte Isaaks eingeht (25,19f.). Das Bild von der Erzählweise des P, das sich aus der Urgeschichte ergeben hat, bestätigt sich an der Abrahamgeschichte: P ist an der großen Geschichte der göttlichen Setzungen interessiert. Was sich unter dem Zugriff Gottes an bewegter Menschengeschichte entfaltet, tritt demgegenüber bei ihm in den Hintergrund, obwohl gerade in Kap.17 zu erkennen ist, daß ihm dieses keineswegs unbekannt ist. So ist denn auch über die Weise menschlichen Rechtverhaltens, abgesehen von dem Hinweis auf die präzise Erfüllung des von Gott Befohlenen, anders als in 15,1–6, und schon gar über Irrwege menschlichen Verhaltens wie in 12,10–20 und 16 J kein weiteres Wort verloren. Allein in der Annahme des von Gott verordneten Zeichens der Beschneidung wird an Abraham sichtbar, daß er sich gehorsam unter die göttliche Zusage stellt.

18,1–19,38   **Der Besuch der drei Männer bei Abraham und der Untergang Sodoms. Lots Nachkommen**

Der Komplex 1.Mose 18f., in dem mit Ausnahme des P zugehörigen, in sich geschlossenen und ohne Schaden für den Kontext heraushebbaren Verses 19,29 durchgehend der Jahwename verwendet wird, bildet ein zusammenhängendes Ganzes. In ihm wird das in Kap.12f. Berichtete in doppeltem Sinne zu Ende geführt:

1. Kap.12f. hatten in ihren jahwistischen Teilen vom Weg Abrahams durch das Land Kanaan über die Stationen Sichem, Bethel zum Ort Mamre bei Hebron berichtet. An allen drei Orten war von einem Altarbau Abrahams berichtet worden, in Sichem und Bethel auch von einer Gotteserscheinung. Man erwartet, daß von einer solchen auch in Mamre bei Hebron die Rede sein müßte. In Kap.18 tritt das Erwartete ein. Die Überschrift 18,1a erinnert auch im Wortlaut an 12,7.

2. Die Gestalt Lots ist in Kap.15–17 auch in den J-Stücken völlig aus dem Gesichtsfeld geraten. Dabei schien 13,13 mit seiner Bemerkung: «Die Leute von Sodom (wohin Lot nach Kap.13 gezogen war) waren sehr böse», eine weitere Geschichte über den nach dem Augenschein so klug wählenden Lot und die bösen Leute von Sodom in Aussicht zu stellen. Kap.14 fiel völlig aus diesem Zusammenhang heraus, indem von der Bosheit der Sodomiten kein Wort verlautete, sondern der König von Sodom in einem durchaus ordentlichen Lichte erschien. Kap.19 dagegen stellt sich deutlich als die Einlösung der von 13,13 erweckten Erwartung dar. Hier wird dann auch Lots Geschichte in der Erwähnung der Geburt seiner beiden Söhne zu einem Abschluß gebracht.

Die beiden Elemente: Abschluß der Wanderungsgeschichte Abrahams und Begründung der wichtigsten Heiligtümer im Lande einerseits und Lotgeschichte andererseits sind heute in Kap.18f. in einer durchgehenden Erzählung, in der eines am anderen hängt, verbunden. Eine solche Komposition war im Zwischenstück 14–17 nicht zu erkennen. Allerdings zeigt näheres Zusehen, daß es sich in Kap.18f. um die Komposition mehrerer recht verschiedenartiger Stoffe handelt, die z.T. nur mühsam untereinander verbunden sind und die darum am besten auch je für sich betrachtet werden.

18,1–15   Der Besuch der drei Männer bei Abraham in Mamre bei Hebron

1 Da erschien ihm Jahwe bei den Eichen [27] von Mamre, während er gerade in (der Zeit) der Hitze des Tages am Eingang seines Zeltes saß. 2 Und als er seine Augen erhob und hinsah, siehe, da standen drei Männer vor ihm. Und als er (sie) sah, da lief er ihnen vom Eingang des Zeltes her entgegen und neigte sich (vor ihnen) zur Erde 3 und sprach: «Mein(e) Herr(en), [28] wenn ich Gnade vor deinen (euren) [28] Augen gefunden habe, so geh(t) [28] nicht an deinem (eurem) [28] Knecht vorbei. 4 Wascht, wenn ein wenig Wasser geholt ist, eure Füße und erholt euch unter dem Baum. 5 Und wenn ich einen Bissen Brot hole, so erlabt euch, ⟨und⟩ [29] nachher mögt ihr eures Weges gehen, denn ihr seid nun einmal bei eurem Knecht vorbeigekommen.» Da sagten sie: «Tu so, wie du gesagt hast.» 6 Da ging Abraham eilends ins Zelt zu Sara und sprach: «Hol eilends drei Sea Mehl-Weizengrieß [30], knete (es) und mache Kuchen.» 7 Und zu den Rindern eilte Abraham und nahm ein junges Kalb, ein zartes und gutes, und gab es einem Knecht, der bereitete es eilends zu. 8 Und er nahm Sauermilch und Frischmilch und das Kalb, das er zubereitet hatte, und setzte (es) ihnen vor. Er selber aber diente ihnen unter dem Baume zu, als sie aßen. 9 Da sagten sie zu ihm: «Wo ist dein Weib Sara?» Und er sagte: «Siehe, (sie ist) im Zelt.» 10 Da sagte er [28]: «Ich werde bestimmt um diese Zeit im nächsten Jahr wieder zu dir kommen. Und siehe, dann wird deine Frau Sara einen Sohn haben.» Sara aber horchte am Zelteingang, hinter dem ⟨sie⟩ [31] stand. 11 Abraham und Sara aber waren alt, in die bestandenen Jahre gekommen. Sara ging es nicht mehr, wie es den Frauen zu gehen pflegt. 12 So lachte Sara in sich hinein, indem sie dachte: «Nachdem ich verwelkt bin, sollte mir noch Liebeslust zuteil werden, wo doch (auch) mein Herr alt ist.» 13 Da sagte Jahwe zu Abraham: «Warum lacht denn Sara und denkt (bei sich): Sollte ich denn wirklich (noch) gebären, wo ich doch alt bin? 14 Ist denn Jahwe etwas zu wunderbar? Um diese Zeit übers Jahr kehre ich zu dir zurück, dann hat Sara einen Sohn.» 15 Aber Sara leugnete (es) ab und sagte: «Ich habe nicht gelacht», denn sie fürchtete sich. Aber er sprach: «Nein, du hast gelacht.»

Der Eingangssatz der Erzählung, der aussagt, daß es im folgenden um eine Jahweerscheinung vor Abraham geht, will für diesen auffallenden Bericht vom Auftau-

---

[27]   Vgl. dazu Anm. 7 zu 13,18.

[28]   Der MT liest in V.3 den Singular und vokalisiert das «Herr» so, wie es vokalisiert wird, wenn es von Jahwe gesagt ist. Er setzt also voraus, daß hier Jahwe, der in V.13 ausdrücklich genannt und von V.10 ab in den singularischen Verbalformen als Sprechender vorausgesetzt ist, schon von Abraham erkannt und mit dem Herrennamen angeredet wird. Von V.4 bis 9 aber ist im Plural von den Männern geredet. Die samaritanische Überlieferung liest in V.3 den Plural, stimmt aber von V.10 ab mit dem MT überein. Nun ist es denkbar, daß, als dem Ganzen (von J) die deutende Überschrift, daß es sich um eine Jahweerscheinung handle, zugefügt wurde, wenigstens der Anfang der Anrede Abrahams in V.3 dieser Auffassung angepaßt und singularisch gelesen wurde, während eine frühere Fassung ohne V.1a pluralisch redete. Von der inneren Schwierigkeit, eine nach ihrem Stoff von Hause aus anders gestaltete Überlieferung in eine Jahweerzählung umzuprägen, wird bei der Auslegung die Rede sein müssen.

[29]   Das «und» fehlt im MT, ist aber mit einer beachtlichen Zahl von Textzeugen zu ergänzen.

[30]   Die unverbunden neben dem Wort für das gewöhnliche Mehl stehende Bezeichnung für den in den Opfervorschriften fast ausschließlich erwähnten Weizengrieß dürfte erläuternd nachträglich zugesetzt sein, weil es sich doch um eine Jahwe dargebotene Speise handelt.

[31]   MT liest hier «er». Mit einfacher Änderung des Vokalzeichens ist «sie» zu lesen, was von der samaritanischen Überlieferung und der griechischen Übersetzung nahegelegt wird.

chen von drei Männern vor Abraham von vornherein die richtige Deutung geben –
so wie es 1. Mose 1,1 mit seiner strengen Schöpfungsvokabel tut, bevor es mit der
Chaosschilderung einsetzt. Eine ähnliche Vorwegnahme der Perspektive des Verstehens wird im Eingang von Kap. 22 zu finden sein. Die Nähe der Formulierung zu
12,7 läßt vermuten, daß diese entschlossene Deutung, die zudem 18,1 ff. in die Folge
der Jahweerscheinungen in Sichem und Bethel einreiht, von J an die Spitze gesetzt
ist. J folgt dann im weiteren einer von ihm schon vorgefundenen Erzählung, die
sehr andersartig anläuft (vgl. Anm. 28 zu V. 3).
In voller Anschaulichkeit setzt die Schilderung ein (1–8), wonach Abraham, der in
der Mittagshitze im Schatten seines Zelteinganges sitzt, unvermutet aufgeschreckt
wird durch drei Männer, die vor ihm stehen, deren Kommen offenbar nicht schon
von ferne her zu hören war. Warum dieses unvermutete Aufschrecken vor den
schon fast vor ihm Stehenden, ohne die vorherige Wahrnehmung des Nahens der
Männer? Dem Erzähler liegt dann weiter daran, zu zeigen, wie entschlossen und
ohne Zögern Abraham die Pflichten echter Gastlichkeit erfüllt. Als erstes bietet er
den Wanderern Wasser zum Waschen der Füße in der Hitze des Tages an (vgl. dazu Luk. 7,44). Dann bittet er sie, sich unter dem Baume auszuruhen, bis die Speise
für das Mahl, das er in bescheidener Untertreibung als «einen Bissen Brot» bezeichnet, gerüstet ist. Was er dann zu bereiten befiehlt – der Sara im Zeltinneren, wo
der Kuchen aus reichlichen Mengen Mehl bereitet werden soll (nach Josephus faßt
ein Sea etwa 12 l), dem Knecht bei der Herde draußen, aus der er selber ein gutes
Jungtier auswählt –, steht in seltsamem Kontrast zu der bescheidenen Ankündigung des «Bissens Brot», den er in Aussicht gestellt hatte. Saure und frische
Milch sollen den Durst der Erhitzten laben. Anschaulich ist in alledem geschildert,
über welche Möglichkeiten der Bereitung eines Mahles der reiche Halbnomade, der
keinen Weinbau treibt, aber Milch in zweierlei Gestalt anzubieten hat, verfügt. In
allem ist aber besonders die eilige Willigkeit zur Bewirtung der Gäste unterstrichen. Zwei verschiedene Verben, die «eilen» bedeuten, sind verwendet, das erste
dreimal, das andere zweimal. Und wie dann alles bereitet und vor sie gelegt ist, steht
Abraham dienend, so wie ein Knecht respektvoll vor seinem Herrn steht (5. Mose
1,38; 1. Sam. 16,21), bereit «unter dem Baum», wie sie zu essen anfangen.
Damit ist aber die Stelle erreicht, an der die Erzählung unmittelbar in die Abrahamgeschichte und ihre besondere Thematik eingreift (9–12). Die Frage nach Sara fällt
auf, da die Sitte doch selbstverständlich gebietet, daß die Frau sich im Hintergrunde
verborgen hält. Sie ermöglicht aber die Anknüpfung der folgenden Rede. War die
Frage V. 9 noch von der Mehrzahl der Männer gestellt worden, so beginnt nun ein
einzelner, der in V. 13 auch offen als Jahwe bezeichnet wird, das Gespräch zu führen. Dieser im Erzählungszusammenhang einigermaßen auffallende Wechsel deutet darauf, daß jetzt das eigentlich wichtige Gespräch, das es mit der Geschichte
Abrahams vor seinem Gott zu tun hat, beginnt. Unvermittelt geht es jetzt auf die
Formulierung der Verheißung zu, welche Sara betrifft. In einem Jahr, um die
gleiche Zeit, wenn Jahwe wiederkehrt, wird Sara einen Sohn haben. Diese Ankündigung, die in V. 14 unter Verwendung eines anderen Wortes für «die festgelegte
Zeit» nochmals bekräftigt wird, hat P unter Umschreibung der Formulierung von
V. 14 in die große Jahweankündigung an Abraham übernommen (17,21). In V. 10
wie in V. 14 ist dabei eine Wiederkehr Jahwes für das kommende Jahr versprochen.
Von ihr ist in der Folge der Abrahamgeschichte nicht mehr geredet. Das deutet auf
eine fest geformte Überlieferung, die von J nur in ihrer ersten, für seine Aussage
bedeutsamen Hälfte in seine Erzählung eingebaut worden ist.

Die Aussage des Besuchers wird von Sara, die durch die dünnen Zelttücher hindurch das Gespräch der draußen am Mahle Sitzenden mühelos verfolgen kann, gehört und erregt bei ihr die gleiche Reaktion, die in 17,17, wo von Saras Gegenwart nicht die Rede war, bei Abraham erfolgte. Sie muß lachen, weil sie sich die ganze Unmöglichkeit des von dem Gaste Behaupteten vor Augen hält: sie selber eine Frau, bei der die monatliche Regel aufgehört hat, ihr Eheherr (auch wenn hier noch nicht die extreme Altersberechnung von Kap. 17 vorliegen dürfte) ein alter Mann. Wie soll da noch Liebeslust und gar Geburt eines Kindes denkbar sein! Natürlich steht auch hinter diesem Lachen der Sara der kommende Name des Sohnes, ohne daß dieser allerdings in diesem Zusammenhang, anders als in 17,19, schon genannt würde. Daß die Aussage «sie lacht» *(tiṣḥaq)* den Namen Isaaks nicht so wörtlich trifft wie die männliche Verbform von 17,17, bei der Abraham Subjekt ist, ficht den Erzähler nicht an. Man erinnere sich nur der noch unschärferen Erklärung des Abrahamnamens in 17,5, vgl. auch dazu noch 21,6.

Saras Lachen aber wird, obwohl es nur «in sich hinein» geschieht, von Jahwe vernommen (13–15). Wie sollte, der Herz und Nieren prüft, es nicht hören können? Und so endet die Szene mit einem rechtenden Zwiegespräch, in dem Sara nun unversehens gegen alle Regeln der Sitte das Zeltinnere verlassen zu haben scheint. Ihrer Bestreitung, gelacht zu haben, setzt Jahwe die offene Gegenbehauptung entgegen. Zuvor hatte dieses Streitgespräch noch die Möglichkeit gegeben, die eigentliche Aussage zu formulieren, welche die ganze Verheißung trägt. Fast lehrsatzartig wird dabei von Jahwe in 3. Person geredet: «Ist denn Jahwe etwas zu wunderbar?» Vgl. dazu etwa die Vertrauensaussage Jonathans in 1. Sam. 14,6, aber auch Jahwes Antwort auf den Unglauben Moses (2. Mose 4,10ff.). Abraham wird in dieses Gespräch nicht hereingezogen. Aber welcher Abstand besteht zwischen dem «Glauben» Abrahams von 15,5f. und dem hier von Sara, in 17,17 ganz so von Abraham Erzählten! In der heutigen Abfolge der Erzählung unterscheiden sich 17 P und 18 J von 15,1–6 dadurch, daß an die Stelle einer allgemeinen, unbefristeten Sohnesverheißung, angesichts derer sich der Weg zum Sohne von Kap. 16 als Fehlweg erweist, hier nun die präzis befristete Verheißung getreten ist.

Die Erzählung, die Kap. 17 noch nicht vor sich voraussetzt, bietet dem Leser erzählerisch allerlei Anstöße. Zunächst ist festzustellen, daß sie ein offenbar weit herum beliebtes Motiv in ihrer besonderen Weise abwandelt: Das Motiv von dem gastfreundlichen alten Paar, das, ohne es zu wissen, höhere Wesen gastlich bewirtet und dafür seinen Lohn empfängt. So erzählen Griechen und Römer von Philemon und Baucis. Etwas anders redet die Sage vom greisen Hyrieus, der unwissend Zeus, Poseidon und Hermes beherbergt und auf seine Bitte hin in einem allerdings recht seltsamen Verfahren einen Sohn, den Orion, geschenkt bekommt. In 2. Kön. 4,8ff. erfährt das Motiv eine bezeichnend alttestamentliche Wendung. An die Stelle der Götter tritt der Gottesmann. Die ungewöhnliche Gastlichkeit der Frau von Sunem, die dem Propheten Elisa ein eigenes Obergemach herrichten läßt, erfährt ihre Belohnung in der Verheißung eines Sohnes. Des Gottesmannes Diener Gehasi hatte diesem berichtet: «Sie hat keinen Sohn, und ihr Mann ist alt.» Daraufhin erhält die Frau vom Gottesmann die Verheißung des Sohnes in Worten, die im Wortlaut eng an 1. Mose 18,10 anklingen: «Um diese Zeit im nächsten Jahr wirst du einen Sohn herzen.» Und wenn die Frau daraufhin auch nicht geradezu wie Sara (und Abraham) lacht, so ist doch die ungläubige Antwort des Staunens auch hier zu vernehmen: «Mein Herr, belüge doch deine Magd nicht.»

Was ist es nun aber um die drei Männer von 1. Mose 18? Heb. 13,2 zeigt in seiner

Mahnung zur Gastlichkeit, wie man mit der Erzählung in neutestamentlicher Zeit zurecht gekommen ist: «Vergeßt nicht die Gastfreundschaft. Denn mit ihr haben einige, ohne es zu wissen, Engel gastlich aufgenommen.» Rabbi Hama b.R. Hanina weiß nach Bab. mez. 86 b des babylonischen Talmuds sogar Namen und Funktion der drei Engel zu berichten: Michael bringt Sara die Botschaft, Raphael heilt den Abraham von seiner Beschneidungswunde (die Begegnung soll drei Tage nach dem in 1. Mose 17 Berichteten geschehen sein), und Gabriel soll Sodom zerstören (Kap. 19). – Daneben findet sich bei Ibn Esra und Ralbag (Rabbi Levi b. Gerson) im Sinne der Transformation des Motivs in 2. Kön. 4 die Annahme, daß es sich um drei prophetische Männer gehandelt habe. Nun sagt der Text aber selber ausdrücklich, daß Jahwe dem Abraham erschienen sei (V. 1 a) und zu ihm geredet habe (V. 13). So hat man denn die drei Gestalten auf Jahwe und zwei Boten, die ihn begleiten, aufgeteilt. Die Tatsache, daß dann in Kap. 19 nur zwei «Boten» nach Sodom gehen und Lot herausretten, schien diese Auffassung zu begünstigen. In dieser Richtung mag auch der Erzähler selber die Erzählung verstanden haben.

Doch ist es wahrscheinlich, daß der, der diese Geschichte im gegenwärtigen Kontext erzählt, hier einen Stoff überliefert, der zunächst im Sinne jener Erzählung von Hyrieus von drei Gottheiten redete, die dem Menschen bei Hebron erscheinen. In der Erzählung fällt auf, wie zweimal nicht weiter motiviert und auch hinterher nicht näher erläutert von «dem Baum» geredet wird (V. 4. 8), was zudem in einer gewissen Spannung zu der pluralischen Rede von «den Eichen von Mamre» steht, die schon in 13,18; 14,13 und hier in 18,1 erwähnt sind. Ist dahinter die alte Heiligtumslegende von Hebron zu ahnen, die vom Wohnen der drei Gottheiten beim heiligen Baum in Mamre und ihrer Erscheinung bei diesem Baume zu erzählen wußte? Es könnte sich von daher auch der auffallende Zug vom unerwarteten Dastehen der drei Gestalten vor Abraham, das von diesem nicht bemerkt wurde, erklären. In der Einwanderungsgeschichte Israels werden für Hebron drei Herren von Hebron genannt (4. Mose 13,22; Jos. 15,14; Richt. 1,10). Drei Bundesgenossen Abrahams in Hebron wurden in 1. Mose 14,13. 24 genannt. Entspricht das einem vorisraelitischen Glauben, daß bei Hebron auch drei göttliche Herren verehrt wurden? Während in 21,33 beim heiligen Baum von Beerseba, dessen Pflanzung Abraham zugeschrieben wird, nur ein älterer Gottesname genannt ist, könnte es in Hebron eine Dreiheit gewesen sein. Es muß allerdings auch erwähnt werden, daß Hebron nach 1. Mose 23,2; Jos. 15,13. 54 u. ö. früher den Namen Kirjath-Arba, «Stadt der Vier», getragen habe. Dabei kann allerdings auch einfach an vier Stadtquartiere gedacht sein. Zu erwägen wäre auch noch die andere Möglichkeit, daß die Erinnerung an eine Gottheit, die beim heiligen Baum in Mamre wohnte, durch das Motiv von den drei Gestalten, welche die Gastlichkeit des dort Wohnenden lohnen (Hyrieus), überlagert wäre. Auf jeden Fall weist die eigentümliche Verlegenheit der Geschichte, die, wie die Unsicherheit der Textüberlieferung von 18,3 (Anm. 28) zeigt, mit dem Nebeneinander einer Tradition der Drei und des Redens von der Erscheinung des einen Jahwe nicht recht fertig geworden ist, auf eine ältere Vorgeschichte der Erzählung zurück, die nun von J in seinen Bericht über die Geschichte von Jahwe und Abraham eingebaut worden ist.

Das muß nun allerdings abschließend mit aller Deutlichkeit unterstrichen werden: Die Aussage, die der J in dieser Geschichte machen will, ist nicht ungewiß und vieldeutig. Auf dem Weg Abrahams durch das ihm verheißene Land kommt Abraham über die beiden bedeutsamen heiligen Stätten beim Baum in Sichem und der Stelle östlich von Bethel schließlich nach Hebron. An allen drei Orten baut er einen Altar.

An allen drei Orten erscheint ihm Jahwe. Geht es dabei in Sichem und Bethel um die Zusage des Landes, so nun hier in Mamre bei Hebron um die Zusage des Sohnes. Diese beiden großen Zusagen machen nach J Abraham zu dem, was er ist: zum Vater Israels und seiner Landverheißung. Die Erscheinung Jahwes in Hebron und die dort gegebene Verheißung sind eingebettet in die besondere Überlieferung von der Gotteserscheinung in Hebron. Diese ermöglicht es, Abraham auch als den Mann großer, selbstverständlicher Gastfreundlichkeit zu zeigen. Man hätte aber die Geschichte, so wie der J sie erzählt, verzeichnet, wenn man hier nun doch von einem «Verdienst» Abrahams zu reden begänne. Deutlich genug hatte J in 12,2, wo die Nachkommenschaftsverheißung in seiner Erzählung zum erstenmal aufklang, hörbar gemacht, daß Jahwe in seinem Handeln und Verheißen an Abraham als der Freie handelte. Seine freie Gnade ist es im Sinne des J auch hier, wenn er die Gastlichkeit Abrahams jetzt mit der zeitlich klar befristeten Zusage des Sohnes beantwortet. Wie immer die isolierte Geschichte von der Dankbarkeit der Himmelswesen gegenüber der Gastlichkeit des sie Bewirtenden die Akzente gesetzt haben mag – im Kontext der großen Gesamtgeschichte Gottes mit Abraham, wie sie zunächst J und dann die zusammengearbeitete Gesamterzählung von Abraham weitergibt, bleibt die freie Initiative Gottes über dem von ihm Erwählten unbestritten.

Unmerklich leitet dann die Erzählung von der Verheißung an Abraham über zur Unheilsgeschichte Lots und Sodoms, die zunächst noch zu einem eindrücklichen Gespräch Jahwes mit Abraham Anlaß gibt.

18,16–33   Das Gespräch Jahwes mit Abraham auf dem Wege nach Sodom

16 Und die Männer machten sich von dort auf, und sie richteten ihre Blicke auf Sodom, während Abraham (noch) mit ihnen ging, um sie zu geleiten. 17 Jahwe aber sagte (bei sich): «Soll ich vor Abraham verbergen, was ich tun werde, 18 wo doch Abraham zu einem großen und starken Volke werden soll und durch ihn alle Völker der Erde Segen empfangen? 19 Denn ich habe ihn ersehen[32], daß er seinen Kindern und seinem Hause nach ihm befehle, den Weg Jahwes zu beachten, Gerechtigkeit und Recht zu üben, so daß Jahwe über Abraham bringen kann, was er ihm (zu)gesagt hat.» 20 Und Jahwe sprach: «Das Geschrei über Sodom und Gomorrha ist groß, und ihre Sünde ist sehr schwer. 21 So will ich hinabsteigen und sehen, ob sie (wirklich) ‹ganz so›[33] getan haben, wie das Geschrei ‹über sie›[34], das zu mir gedrungen ist, besagt, oder nicht, (das) will ich erkennen.» 22 Da wandten sich die Männer von dort und gingen nach Sodom, während ‹Abraham noch vor Jahwe stand›[35].

23 Da trat Abraham herzu und sagte: «Willst du (wirklich) den Gerechten zusammen mit dem Gottlosen vertilgen? 24 Vielleicht sind fünfzig Gerechte mitten in der Stadt. Willst du (sie dann) auch wegraffen und nicht (eher) dem Ort vergeben um der

---

[32] Wörtlich: «erkannt», vgl. dazu Jer.1,5; Am.3,2.
[33] So ist wohl statt des unverständlichen MT («Vernichtung») mit einfacher Änderung der Vokalzeichen zu lesen.
[34] d.h. «die Bewohner», gegen MT, der hier auf das Beziehungswort «die Stadt» führt.
[35] Die vorliegende Stelle gehört zu den 18 im Alten Testament als sog. tiqqun sopherim vermerkten Texten, bei denen die Erinnerung an eine von den «Schriftgelehrten» vorgenommene Änderung des Konsonantentextes erhalten geblieben ist. Ursprünglich lautete der Text: «Und Jahwe stand noch vor Abraham.» Da «stehen vor» ein Ausdruck für «dienen» ist, wurde die Aussage als für Jahwe ungemäß empfunden und in den heutigen Text geändert.

fünfzig Gerechten willen, die in seiner Mitte sind? 25 Das sei ferne von dir, so etwas zu tun – den Gerechten zusammen mit dem Gottlosen zu töten, so daß der Gerechte dem Gottlosen gleich ist. Das sei ferne von dir! Sollte der Richter der ganzen Erde nicht Recht üben?» 26 Da sprach Jahwe: «Wenn ich in Sodom mitten in der Stadt fünfzig Gerechte finde, dann will ich dem ganzen Ort um ihrer willen vergeben.» 27 Da hub Abraham an und sprach: «Siehe, ich habe mich unterfangen, zu meinem Herrn zu reden, wo ich doch Staub und Asche bin. 28 Vielleicht fehlen an den fünfzig Gerechten ihrer fünf, wirst du um der Fünfe willen die ganze Stadt verderben?» Er aber sprach: «Ich will (sie) nicht verderben, wenn ich dort fünfundvierzig finde.» 29 Da redete er weiter mit ihm und sprach: «Vielleicht finden sich dort vierzig.» Da sprach er: «Ich will es nicht tun um der Vierzig willen.» 30 Da sprach er: «Möge doch der Zorn meines Herrn nicht entbrennen, wenn ich rede: Vielleicht finden sich dort dreißig.» Und er sprach: «Ich will es nicht tun, wenn ich dort dreißig finde.» 31 Da sprach er: «Siehe doch, ich habe mich unterfangen, zu meinem Herrn zu reden: Vielleicht finden sich dort zwanzig.» Und er sprach: «Ich will (sie) nicht verderben um der Zwanzig willen.» 32 Da sprach er: «Der Zorn meines Herrn möge doch nicht entbrennen, wenn ich nur noch diesmal rede: Vielleicht finden sich dort zehn.» Da sprach er: «Ich will (sie) nicht verderben um der Zehn willen.» 33 Da ging Jahwe (hinweg), als er das Gespräch mit Abraham beendet hatte. Und Abraham kehrte an seinen Ort zurück.

Die eigenartige Wegszene V. 16–33, die mehr als die Hälfte von Kap. 18 einnimmt und die Geschichte vom Besuch der drei Männer bei Abraham mit der Erzählung vom Besuch der zwei Männer bei Lot in Sodom verbindet, enthält erzählerische Spannungen. Diese betreffen nicht den Gesprächsteil V. 23–33, sondern die überleitende Erzählung 16–22 mit der in ihr berichteten Überlegung Jahwes. Aus ihr hebt sich durch Wortwahl, Stil (Jahwe redet hier in 3. Person von sich selber) und Inhalt V. 19 als ein Eigenes heraus. Er ist als nachträgliche Erläuterung zugesetzt worden, vgl. die Auslegung. In den übrigen Aussagen sind wieder die Spannungen zu spüren, die schon den Bericht V. 1–15 kennzeichneten: In V. 16 und V. 22 a meint man den Bericht über den Weggang der drei Männer der vorhergehenden Geschichte erwähnt zu finden, aus denen Jahwe nicht besonders herausgehoben wird. In V. 17–21 und V. 22 b ff. aber geht es um Jahwe allein. Bei oberflächlichem Lesen scheint sich die Frage dadurch zu lösen, daß das «Männer» in V. 16 alle drei umfaßt, während dann mit dem gleichen Ausdruck in V. 22 a nur mehr die beiden gemeint wären, die nach Kap. 19 allein noch bei Lot einkehren. Jahwe bleibt im Gespräch bei Abraham stehen. Sein Weggang ist in V. 33 mit einer auffallend unbestimmten Wendung ohne Zielangabe ausgesagt. Die folgende Erzählung verbietet es, obwohl Jahwe nach V. 21 ausdrücklich sagt, daß er nach Sodom hinuntergehen wolle, um dort festzustellen, wie es mit dessen Bosheit stehe, Jahwe wieder zu den beiden anderen Männern stoßen zu lassen. Diese Unausgeglichenheit deutet darauf, daß auch hier wieder in einen älteren Bericht, der unbestimmt von «Männern» redete, Jahwe offen als der Handelnde und Redende eingeführt worden ist. Die Tatsache, daß Jahwe im Redestück offen von Abraham als sein göttlicher Herr angesprochen wird, während er in V. 1–15 für Abraham ganz im Inkognito blieb und nirgends die aufbrechende Erkenntnis Jahwes sichtbar gemacht wurde, deutet darauf, daß das ganze Redestück seine eigene Geschichte hat und für sich bedacht sein will. Es enthält stofflich eine tiefgründige Reflexion und verrät, abgesehen von der Spannung beim Abgang der «Männer», nichts mehr von der alten Überlieferungsbasis, die 18,1–15 so charakteristisch bestimmte. Auch seinem Inhalt nach hat diese Reflexion nichts mehr mit 18,1–15 zu tun, sondern ist schon voll auf das Geschehen von Kap. 19 hin ausgerichtet.

Die Reflexion enthält zwei Schwerpunkte: In der stillen Erwägung Jahwes, von der V. 17–18 (19) berichten, geht es um das Verhältnis Jahwes zu Abraham, in dem dann folgenden Zwiegespräch zwischen Jahwe und Abraham um das gottlose Sodom und die Frage der Gerechtigkeit Jahwes in seinem Gericht über eine gottlose Stadt.

In einer geschickten Überleitung, die Abraham nochmals als den guten Gastgeber zeigt, zu dessen Gastgeberpflichten auch noch ein Stück Geleit der Gäste gehört, wird die Situation geschaffen, die ein ganz persönliches Zwiegespräch zwischen Jahwe und Abraham ermöglicht (16–18). Es wird dabei stillschweigend vorausgesetzt, daß die beiden anderen Männer auf dem Wege nach Sodom schon etwas vorausgegangen sind (vgl. das «Gehen» und «Stehenbleiben» in V. 22, das wohl an der Stelle, an der sich Abraham von den Gästen trennt, lokalisiert sein will). Diesem persönlichen Zwiegespräch ist eine Überlegung über die besondere Stellung Abrahams vor Jahwe vorausgeschickt. So wie man mit einem engen Freund über eine schwerwiegende Unternehmung, die man vorhat, redet, so überlegt Jahwe, ob er nicht dem Abraham mitteilen sollte, wohin er auf dem Wege ist. Dabei ist in V. 18 nicht die dann in Jes. 41,8 ausdrücklich genannte Bezeichnung «mein Freund» (s. o. S. 33 zu 13,18) verwendet, sondern die Auszeichnung Abrahams durch die ihm von Jahwe gegebene Verheißung, ein großes Volk zu werden und Segensträger zu sein (1. Mose 12,2f.), erwähnt. Diese Begnadung, durch welche Abraham den «Völkern» zum Mittler göttlichen Segens wird, rückt ihn in ein besonderes Vertrauensverhältnis zu Jahwe. Am. 3,7 stellt ähnliches von den Propheten fest: «Denn der Herr Jahwe tut nichts, ohne daß er seinen (geheimen) Plan seinen Knechten, den Propheten, kundmacht». Man kann sich fragen, ob man noch einen Schritt weitergehen und die konkretere Überlegung aus dieser Formulierung heraushören soll, daß Jahwe dem, der zum Segen der Völker gesetzt ist, es auch ansagt, wenn eine Stadt der Völkerwelt durch ihre Sünde eben jetzt besonders gefährdet ist.

Deutlich ist, daß andere an dieser Stelle weitergedacht und die Nähe Abrahams zu Gott ganz ebenso wie den besonderen Auftrag in ihrer Weise noch zusätzlich zu verdeutlichen gesucht haben. So braucht der zugesetzte V. 19, der in seiner Reflexion stilistisch etwas ungeschickt von der 1. in die 3. Person des Redens von Jahwe übergeht, zunächst die vollere Aussage, daß Jahwe Abraham «erkannt» habe. Dieses «Kennen, in die nähere Vertrautheit Hereinziehen» bekommt dann, wie auch Am. 3,2 und Jer. 1,5 zeigen, geradezu den Akzent des «Erwählens». An diesen beiden zu vergleichenden Stellen wird mit der Erwählung auch sogleich der Gedanke der Verpflichtung, bei Jeremia erweitert zum Gedanken der Sendung, verbunden. So ist auch hier die Erwählung Abrahams mit einer bestimmten «Sendung» verbunden. Diese verengt aber den Gesichtskreis gegenüber V. 18, indem nur der unmittelbare Auftrag an die eigenen Nachkommen erwähnt wird. Abraham soll seinen Nachkommen den von Jahwe vorgeschriebenen Weg der Übung von Recht und Gerechtigkeit gebieten und es so erwirken, daß auch Gottes Verheißung über ihm selber wirksam werde. Es ist eine neuartige, so sonst in den Abrahamerzählungen nicht zu findende Beleuchtung Abrahams: Abraham der Lehrer, ja Gebieter der Rechtsforderung Jahwes – und auf diesem Wege Verwirklicher der über ihm ausgesprochenen Verheißung. Meint man sich in der Forderung von Recht und Gerechtigkeit in der Nähe der Redeweise des 5. Mosebuches und der von ihm beeinflußten sog. deuteronomistischen Texte zu befinden, so entspricht das Bild Abrahams als des Lehrers der Gebote nicht dem Bild Abrahams im 5. Mosebuch: Dort ist Abraham immer wieder ausschließlich als der Empfänger der Landverheißung erwähnt (1,8; 6,10; 9,5.27 u.ö.). Und wie weit entfernt ist dieser Abraham, der durch sein Gebieten von Recht die Verwirklichung der ihm von Jahwe zugesprochenen Verheißung ermöglicht, von dem Abraham von 15,6, der durch seinen Glauben vor Gott «recht» wird und darin auf dem Wege der Verheißung bleibt!

Aus Gottes Überlegungen heraus fällt sein Entschluß (20–22), Abraham mitzuteilen, daß er unterwegs ist, in Sodom nachzusehen, ob das zu ihm hin über Sodom erhobene «Zetergeschrei», das den Richter heranruft, berechtigt sei. Von der Vernichtung der Stadt redet Gott nicht ausdrücklich. Diese Möglichkeit steht aber unausgesprochen hinter seinem Weg nach Sodom. Damit ist das Thema des folgenden Gespräches eröffnet.

Man hat zuzeiten über dieses eigentümliche Gespräch (23–33), in dem Abraham die für die allfällige Rettung Sodoms noch zureichende Zahl von «Gerechten» in nicht weniger als fünf Redegängen von 50 auf 10 herunter«marktet», gespottet und darin gar die besondere «Händlermentalität» des Alten Testamentes zu finden gemeint. Man hat dabei die beiden eigentlich wichtigen Elemente dieses Gespräches übersehen. Das eine besteht darin, daß Abraham hier als der große Fürbitter für die vom Untergang Bedrohten vor Augen steht. In anderer Weise wird dann 20,7.17 von dem Fürbitter Abraham reden. Abraham besorgt in seinem «Markten» nicht sein Eigenes, sondern die Sache des aufs höchste gefährdeten Menschen.

Dazu kommt das zweite: Letzten Endes steht hinter der Frage der Rettung der vom Untergang Bedrohten die noch vollere Frage nach der Gerechtigkeit Gottes. Als «Richter der ganzen Erde» wird Jahwe in V. 25 angesprochen. In einer zweimaligen Formulierung des Entsetzens wird ihm in kühnster Weise vorgehalten: «Das sei ferne von dir (wörtlich: «Das sei dir etwas Profanes, Verwerfliches»)! Muß der Richter der ganzen Erde nicht Recht üben?» Der Abraham dieser ganzen Szene ist sich der Kühnheit seines Tuns bewußt. Er betont, daß er sich in seiner Kühnheit unterfängt, mit Gott zu reden, wie eigentlich der vergängliche Mensch, «Staub und Asche», mit dem Herrn der Welt nicht reden dürfte. Er bittet darum, daß der Zorn der erschöpften Geduld Gottes, wenn Abraham immer neu ansetzt, nicht aufbrenne. Aber das hinter allem stehende Anliegen, das ihn nicht schweigen läßt, ist die Frage nach der Gerechtigkeit Gottes. Können wirklich – in dieser Weise ist die Frage hier formuliert – Gerechte zusammen mit Gottlosen getötet werden, auch wenn es nur 50, ja schließlich gar nur 10 in einer großen Mehrzahl von Gottlosen wären? Beschwörend hält er Gott die Frage entgegen, ob er denn wirklich Gerechte vernichten könne. Die Hiobfrage steht hier in ganz anderer Gestalt vor Augen und wird im ständigen Nachgeben Gottes mit der Antwort beschieden, daß solches nicht der Wille des gerechten Richters aller Welt sei. Aber damit verbindet sich die andere Frage: Wie viele Gerechte können Gott in einer Flut von Ungerechtigkeit dazu bewegen, daß er an sich hält und sein gerechtes Gericht über einem Pfuhl von Ungerechtigkeit nicht vollstreckt? Hier ist nicht, wie es an anderen Stellen im Alten Testament auch geschieht, danach gefragt, warum es dem Gottlosen so gut geht (Ps. 73; Jer. 12,1f.), sondern nach dem Maß des bei Gott möglichen Ansichhaltens im Zorne angesichts weniger Gerechter. Und es ist in der göttlichen Antwort gesagt, daß Gott darin weit, sehr weit zu gehen bereit ist, weil er den Gerechten nicht preisgeben will.

Die hier behandelte Frage ist sicher nicht als «akademische» Frage aufgeworfen, sondern dürfte aus einer Zeit stammen, die um Anfechtung und bedrohlich bevorstehendes Gericht weiß. Ist sie der Abrahamgeschichte in der großen Krisenzeit der Zusammenbrüche in Israel unter der Drohung der Assyrer und dann der Babylonier eingefügt worden? Die Stoßrichtung der hier gegebenen Antwort geht nicht dahin, den «Gottlosen» in seiner Gottlosigkeit vertrauensselig zu machen und ihn zu ermuntern, sich auf die Gerechtigkeit der anderen zu verlassen. Sie ist Ruf zum Wagnis der Gerechtigkeit auch in gottloser Umgebung. Sie will die Gewißheit vermitteln, daß Gott nicht in kaltem Aufrechnen denkt. So betrachtet, ist sie vielleicht gar nicht so weit entfernt von den scheinbar so ganz anders lautenden Aussagen Ezechiels, die mit größerer Gewißheit in jene Zeit politischen Zerbrechens zu datieren sind. Wenn Ez. 14,12ff. davon reden, daß in einem sündigen Land die großen Frommen Noah, Daniel und Hiob durch ihre Gerechtigkeit nur ihr eigenes Leben retten würden, und Ez. 18 einer zynisch Gottes Gerechtigkeit leugnenden Umgebung entgegenhält, daß dem Gerechten, ja auch dem gestern noch Gottlosen, dann aber zu Gott Umkehrenden Leben verheißen sei, dann steht, sosehr dieses zunächst ganz anders zu klingen scheint, auch dahinter der Ruf zum Wagnis der Gerechtigkeit. Resignation und Verzweiflung sollen hier bekämpft werden durch den geradezu eingehämmerten Zuspruch, daß Gerechtigkeit, Hinkehr zu Gott und Leben zusammengehören und Gott den, der sich zu ihm hinkehrt, nicht fahren lassen wird. Gewiß ist in alledem die Verkündigung von dem Gerechten, der für die Schuld der Vielen eintritt, wie sie in Jes. 53 formuliert und in der Christusbotschaft aufgenommen wird, nicht erreicht. Aber ohne das dort in neuer Weise erfüllte Wissen, daß Gott seinen Gerechten nicht im Stiche lassen wird – das Wissen, das in verschiedener Weise bei Ezechiel und in 1. Mose 18 verteidigt wird –, ist auch jene Botschaft nicht zu verstehen.

19,1–29   Die zwei Männer bei Lot, der Untergang Sodoms und die Errettung Lots

1 Da kamen die zwei Boten am Abend nach Sodom, während Lot gerade im Tore von Sodom saß. Und als Lot (sie) sah, machte er sich ihnen entgegen auf und verneigte sich mit dem Angesicht zur Erde 2 und sprach: «Ach, meine Herren, kehrt doch im Haus eures Knechtes ein, um zu übernachten, und wascht eure Füße, und am Morgen mögt ihr euch aufmachen und eures Weges gehen.» Sie aber sagten: «Nein, wir wollen auf dem Platze nächtigen.» 3 Aber als er sie sehr drängte, da kehrten sie bei ihm ein und gingen in sein Haus. Und er bereitete ihnen ein Mahl und buk ungesäuerte Brote, und sie aßen. 4 Sie hatten sich aber noch nicht hingelegt, da rotteten sich die Männer der Stadt, die Männer von Sodom [36], (feindselig) rings um das Haus zusammen, jung und alt, das ganze Volk insgesamt. 5 Und sie riefen nach Lot und sagten zu ihm: «Wo sind die Männer, die heute nacht zu dir gekommen sind? Gib sie uns heraus, daß wir ihnen beiwohnen.» [37] 6 Da ging Lot zu ihnen hinaus vor die Türöffnung und verschloß die Türe hinter sich 7 und sagte: «Nicht so, meine Brüder, tut (nicht) Böses! 8 Siehe, ich habe zwei Töchter, die noch nichts vom Manne wissen [37]. Ich

---

[36] «Die Männer von Sodom» macht den Eindruck eines nachträglich zugesetzten, erläuternden Zusatzes.

[37] Wörtlich: «sie erkennen», entsprechend V. 8 «Die noch keinen Mann erkannt haben».

will sie zu euch hinausbringen, dann tut ihnen, was euch gut dünkt. Nur diesen Männern tut nichts an, denn sie sind nun einmal in den Schatten meines Daches gekommen.» 9 Aber sie sagten: «Mach uns Platz! ‹›[38] Da ist dieser eine als Schutzbürger
(= Fremdling) hergekommen, und nun spielt er sich zum Richter auf! Nun wollen wir
dir Schlimmeres antun als ihnen.» Und sie bedrängten den Mann Lot sehr und kamen
heran, die Tür aufzubrechen. 10 Da streckten die Männer ihre Hand heraus und holten
den Lot zu sich ins Haus hinein, die Türe aber verschlossen sie. 11 Die Männer aber,
die an der Tür des Hauses standen, schlugen sie mit Blendung, klein und groß, so
daß sie sich (vergeblich) abmühten, die Türöffnung zu finden.
12 Dann sprachen die Männer zu Lot: «Hast du hier noch jemanden? Einen
Schwiegersohn und[39] deine Söhne und deine Töchter und wen du irgend hast in der
Stadt, bring heraus von d(ies)em Ort. 13 Denn wir werden diesen Ort verderben,
denn groß ist das Zetergeschrei über sie vor dem Angesicht Jahwes. Und Jahwe hat
uns gesandt, ‹sie›[40] zu verderben.»
14 Da ging Lot hinaus und redete mit seinen Schwiegersöhnen, die seine Töchter (zu
Frauen) nehmen sollten, und sagte: «Auf, zieht aus von diesem Ort, denn Jahwe wird
die Stadt verderben.» Aber er kam seinen Schwiegersöhnen vor wie einer, der einen
Scherz macht.
15 Als aber die Morgenröte aufstieg, da drängten die Boten den Lot, indem sie sagten:
«Auf, nimm deine Frau und deine zwei Töchter, die hier sind[41], ‹und geh hinaus›[42], daß
du nicht durch die Schuld der Stadt weggerafft wirst.» 16 Und als er zögerte, nahmen
die Männer ihn und seine Frau und seine beiden Töchter an der Hand, weil Jahwe ihn
verschonen wollte, und führten ihn hinaus und ließen ihn draußen vor der Stadt.
17 Als sie sie aber nach draußen hinausführten, sagte er[43]: «Rette dein Leben, schau
nicht hinter dich und bleibe im ganzen Bezirk[44] nicht stehen. Rette dich aufs Gebirge,
daß du nicht weggerafft werdest.» 18 Da sprach Lot zu ‹ihm›[45]: «Ach nein, Herr!
19 Siehe, dein Knecht hat Huld gefunden in deinen Augen, und du hast deine Gnade,
die du mir gegenüber erwiesen, groß gemacht, um mein Leben zu erhalten – aber ich
kann mich nicht aufs Gebirge hinauf retten. Das Unheil möchte mich erreichen, und
ich würde sterben. 20 Siehe, diese Stadt da ist nahe, so daß man dahin fliehen kann,
und sie ist klein. Ich will mich dorthin retten. Ist sie nicht klein? So möchte ich am
Leben bleiben.» 21 Da sprach er zu ihm: «Siehe, ich gewähre dir auch dieses, daß ich
die Stadt nicht zerstöre, von der du geredet hast. 22 Rette dich eilends dorthin, denn
ich kann nichts tun, bis daß du dorthin gekommen bist.» Darum nannte man den

---

[38] Das zweite «und sie sagten» unterbricht den Redezusammenhang und ist wohl mit der
      griechischen Übersetzung auszuklammern.
[39] Auch hier verrät der ungelenke Stil, daß wir es wahrscheinlich mit einer nachträglichen
      Einfügung zu tun haben, die dem Rechnung trägt, was dann nachher in V.14 als Lots Tun
      berichtet ist.
[40] d.h. die Bewohner. Wie schon in 18,21 dürfte auch hier die Beziehung auf die Stadt (so MT)
      später fehlerhaft eingedrungen sein.
[41] Wörtlich: «die gefunden werden.»
[42] Die griechische Übersetzung läßt vermuten, daß dieser Aufruf im MT versehentlich ausge-
      fallen ist. Das «geh hinaus» dürfte im MT versehentlich durch Haplographie (Einfachschrei-
      bung) einer Buchstabengruppe, die im vorausgehenden Wort vorkommt, ausgefallen sein.
[43] d.h. Jahwe. Der überraschende Wechsel zum Singular ist von den Übersetzungen geglättet
      und durch pluralische Lesung dem Vorhergehenden angeglichen.
[44] Die gleiche Bezeichnung noch in V.25. In 13,10 war voller vom «Jordanbezirk» die Rede.
[45] MT liest hier «zu ihnen» und gleicht (wie die Übersetzungen es in V.17 taten, vgl. Anm.43)
      an V.1–16, wo von den zwei Männern die Rede war, an. Die Fortsetzung zeigt aber, daß in
      der mit V.17 beginnenden Episode nur einer, wohl Jahwe, redet.

Namen der Stadt «Zoar». 23 Als aber die Sonne über dem Lande aufging und Lot nach Zoar gekommen war, 24 da ließ Jahwe Schwefel und Feuer von Jahwe her – vom Himmel her[46] – über Sodom und Gomorrha regnen 25 und zerstörte diese Städte und den ganzen Bezirk und alle Bewohner der Städte und was auf der Erde wuchs. 26 Aber seine Frau schaute zurück und wurde zur Salzsäule. 27 Abraham aber machte sich am Morgen zu dem Ort hin auf, an dem er vor dem Angesicht Jahwes gestanden hatte, 28 und schaute gegen Sodom und Gomorrha hin ‹und auf den ganzen Bezirk›[47]. Und als er hinschaute, siehe, da stieg der Rauch aus dem Lande auf wie der Rauch des Schmelzofens.
29 Als aber Gott die Städte des Bezirkes vernichtete, gedachte Gott Abrahams und geleitete den Lot mitten aus der Zerstörung heraus, als er die Städte, in denen Lot wohnte, zerstörte.

Bis auf den V.29 ist durch die ganze Erzählung von Kap.19 hin der Jahwename gebraucht. V.1–28 stellen danach die Fortsetzung der Erzählung des J in Kap.18 dar. V.29 stellt sich wieder als einer jener kurz rekapitulierenden Sätze des P dar, wie sie schon in 12,4b.5; 13,6.11b.12abα und 16,1a.3.15f. zu finden waren. Daß hier einmal ein eigener theologischer Akzent zu hören ist, wird unten zur Sprache kommen müssen.
In 19,1–28 fällt im weiteren wieder der Wechsel von pluralischer Rede (von den zwei Boten) und singularischer Rede (Jahwes?) auf – eine Unsicherheit, die schon Kap.18 beherrschte und die im MT und der griechischen Übersetzung in verschiedener Weise zu Ausgleichsversuchen geführt hat, vgl. Anm.43 und 45. Mit einiger Deutlichkeit heben sich V.17–23 als eine nachträgliche Erweiterung, die ätiologisch auf die Erklärung der Verschonung der Stadt Zoar und ihres Namens ausgerichtet ist, heraus. Das gleiche gilt für den vom Verbot in V.17 abhängigen, auch erzählerisch hinter V.23 nachhinkenden V.26.
Die Erzählung beginnt mit dem Bericht über die Ankunft der zwei Boten in Sodom (1–11). Die Bezeichnung «Boten», welche die Männer als Träger eines göttlichen Auftrages kennzeichnet, ist noch in V.15 gebraucht. Sonst ist von ihnen wie in Kap.18 einfach als von «Männern» geredet (V.5.8.10.12.16). Wie Jahwe sich von den zwei Boten gelöst hat, ist auch hier nicht ausgesagt, so wie auch die Aussage von 18,21, nach welcher Jahwe selber nach Sodom «hinabsteigen und nachsehen» wollte, nicht mehr berührt wird, ja zu 19,13 geradezu in Spannung steht. Daß die Männer nach 19,1 «am Abend» nach Sodom kommen, nachdem sie am Mittag noch Gäste Abrahams gewesen waren, bedeutet eine praktisch unmögliche Zeitraffung, die verrät, daß Kap.18 und 19 von Hause aus nicht in einen geschlossenen Erzählungsgang gehören. Engedi, die von Hebron am unmittelbarsten im östlichen Abstieg zur Senke des Toten Meeres zu erreichende Siedlung, liegt in 30 km Luftlinie von Hebron entfernt und ist durch sehr zerklüftetes Gelände und eine Höhendifferenz von ca. 1300 m von Hebron getrennt. Von dort sind es bis zum Südende des Toten Meeres, in welcher Gegend man Sodom und Gomorrha am ehesten lokalisiert zu denken hat (s.u.S. 91f.) weitere 40 km Weges. Das Folgende spielt sich dann ganz in Sodom ab. Gomorrha ist erst in V.24 (28) beim Bericht über die Zerstörung der Städte wieder genannt. Die Sündigkeit der beiden Städte, die ihren Untergang

---

[46]   Der Verdacht, daß in dem «vom Himmel her» eine interpretierende Zusatzbemerkung, die den gegenwärtigen Text überlastet, vorliegt, ist nicht von der Hand zu weisen.
[47]   Im MT scheint die Folge der Worte in Unordnung geraten und ein zusätzliches «Land» nachträglich eingefügt worden zu sein.

zur Folge hat, wird danach nur durch eine Stichprobe in der einen der beiden getestet.

Die Szene, welche den ganzen Bericht einleitet, erinnert stark an die Szene zu Eingang von Kap. 18. An beiden Stellen will die große Gastlichkeit hier Lots, dort Abrahams sichtbar gemacht werden. In der Durchführung unterscheiden sich die Erzählungen darin, daß 18,1 ff. von der Gastlichkeit des nicht ansässigen zeltenden Halbnomaden, 19,1 ff. dagegen von derjenigen des Stadtbewohners redet. Hatte J in 13,12 bβ noch vom Zelten des Herdenbesitzers Lot bei Sodom geredet, so ist Lot hier zum Stadtbewohner geworden, dessen Töchter nach V. 14 sogar im Begriffe sind, sich mit Stadtbewohnern zu verheiraten. Schon Kap. 14 führte auf Lot als Stadtbewohner. So treffen die Männer denn Lot nicht am Zelteingang, sondern am Stadttore, wohl zusammen mit anderen Männern, die an diesem Ort des pulsenden Lebens einer Stadt, an dem auch Rechtsverhandlungen geführt werden (Am. 5,10; Ruth 4,1 ff.), sitzen. Aber Lot zeichnet sich durch sein spontanes Angebot der Gastlichkeit aus. Wie Abraham erweist er den Ankommenden die Ehre tiefer Verneigung. Er fordert sie auf, in seinem Hause zu nächtigen, nachdem auch er ihnen zuvor das Waschen der vom Weg ermüdeten und bestaubten Füße angeboten hat. Am folgenden Tage mögen sie wieder weiterziehen. Die anfängliche Weigerung der Männer, solche Gastlichkeit anzunehmen, die zunächst einfach Form höflichen Benehmens sein mag, und die Erklärung ihrer Absicht, auf dem Platze zu nächtigen – was bei den klimatischen Verhältnissen jener Gegend kein Problem ist –, nimmt er nicht an, sondern nötigt sie, hereinzukommen, und bereitet ihnen ein Mahl (im hebräischen Wort liegt darin das Element des Trinkens) und gebackene Brote bzw. Kuchen. Die besonderen Gaben des Halbnomaden, ein Herdentier, saure und frische Milch, stehen dem Stadtbewohner nicht so unmittelbar zur Verfügung. Sicher will die Gastlichkeit Lots nicht durch Nichterwähnung dieser Gaben gegenüber derjenigen Abrahams abgewertet werden. Eine enge Parallele zu dem hier Geschilderten ist in Richt. 19,14 ff. zu finden, wo über 1. Mose 19 hinaus gesagt wird, daß zunächst kein Einwohner der Stadt Gibea bereit ist, den durchreisenden Leviten bei sich aufzunehmen, bis schließlich ein vom Felde zurückkehrender alter Ephraimite, ebenfalls ein Schutzbürger (= Fremdling) in der Stadt, ihm spontan Herberge in seinem Hause anbietet.

Die Verwandtschaft der beiden Erzählungen reicht noch weiter. Beide berichten, daß dann zur Nachtzeit Männer der Stadt sich zusammenrotten und die Herausgabe des Gastes bzw. der Gäste verlangen, damit sie diese geschlechtlich mißbrauchen können. 1. Mose 19 betont über Richt. 19 hinaus ganz ausdrücklich, daß sich die ganze Stadtbevölkerung daran beteiligt habe. Auch darin stimmen die beiden Erzählungen überein, daß der Gastgeber das Gastrecht bis zu einem für uns schwer nachvollziehbaren Einsatz zu verteidigen bereit ist. Seine beiden noch unverheirateten Töchter ist Lot bereit, dem Mob preiszugeben. In Richt. 19,23 f., wo die Ermahnung an die Stadtleute, nicht Böses zu tun, bis in den Wortlaut mit 1. Mose 19,7 f. übereinstimmt, ist das Angebot des alten Ephraimiten, seine Tochter preiszugeben, wohl erst nachträglich noch durch das Angebot, auch die Nebenfrau des durchreisenden Leviten der geilen Menge preiszugeben, ergänzt worden. Der Ausgang der erfolglosen Verhandlung des Gastgebers vor der Haustüre ist dann aber hüben und drüben ein verschiedener. Während der Levit von Richt. 19 seine Nebenfrau von sich aus durch die Türe hinausschiebt, um den Gastgeber zu retten, und diese dann in jener bösen Nacht unter dem Mißbrauch durch den Mob zu Tode kommt, greifen die Gottesboten von 1. Mose 19 in übermenschlicher Vollmacht ein, ziehen Lot ins Haus zurück und schlagen das Volk draußen mit Blindheit, so daß sie die Türe des Hauses nicht mehr finden können. Vgl. die analoge Tat des Gottesmannes Elisa nach 2. Kön. 6,18.

Die Szene soll zeigen, bis zu welchem hohen Preise Lot bereit ist, das geheiligte Gastrecht zu verteidigen. Sie soll aber noch viel mehr deutlich machen, wie verworfen die Leute in Sodom sind, über die dann das gerechte Gericht Jahwes ergeht. Es ist hier die Sünde der sexuellen Zuchtlosigkeit, die Israel an den Kanaanitern besonders stark empfunden hat, die Sodom kennzeichnet. Die Homosexualität ist unter den Verboten in 3. Mose 18,22 aufgeführt, deren Mißachtung durch die Vorbevölkerung Kanaans nach 18,25.28 dazu führt, daß das Land seine Bewohner ausspeit (vgl. dazu o. S. 57 f. zu 15,16). An anderer Stelle ist die Versündigung Sodoms und Gomorrhas anders geschildert. Wenn Jes. 1,10 die Führer des Volkes, das die soziale Gerechtigkeit verleugnet, als «Fürsten Sodoms» und das Volk selber als «Volk Gomorrhas» bezeichnet, so wird an die soziale Vergewaltigung des Schwachen, die das «Zetergeschrei» zum Himmel steigen läßt (1. Mose 18,20), gedacht sein. In Jer. 23,14 sind Ehebruch, Lüge und die Ermunterung des Übeltäters im Zusammenhang mit dem Gericht über Sodom, das die Propheten Jerusalems treffen wird, genannt. Und noch anders redet Ez. 16,49: «Siehe, darin bestand die Verschuldung deiner Schwester Sodom: Sie lebte mit ihren Töchtern in Anmaßung, Überfluß an Brot und sorgloser Ruhe.» Diese Divergenz der Beurteilung macht deutlich, daß die Überlieferung über Sodom primär nicht so sehr eine bestimmte Schuld der Stadt als vielmehr ihren erschreckenden Untergang vor Augen hatte. Je nach dem besonderen Zusammenhang, in dem man davon redete, konnte dieser seine besondere Begründung erfahren.

Die offenkundige Bosheit der Bewohner Sodoms drängt die beiden Männer zu raschem Handeln (12–13). Man möchte nach dem Gespräch Jahwes mit Abraham nun eigentlich erwarten, daß in den beiden Städten nachgeforscht wird, ob sich nicht doch in der Verborgenheit vielleicht noch zehn Gerechte ausfindig machen lassen, um deretwillen die Stadt dann verschont werden könnte. Kap. 19 zeigt aber keine Erinnerung an den besonderen Inhalt dieses Gespräches von Kap. 18. Die Männer fragen Lot lediglich, ob er noch Angehörige in der Stadt habe, die nun rasch aus der Stadt herausgebracht werden sollten. Denn, so sagen sie, sie werden die Stadt vernichten, weil das Geschrei über sie zu Jahwe aufgestiegen sei. Zu solcher Vernichtung der Stadt seien sie von Jahwe gesandt. Darin ist eine andere Variante der Sodomgeschichte als in 18,21 zu erkennen. 18,21 führte auf die Vorstellung, daß Jahwe selber nach Sodom hinuntersteigt, um zu sehen, wie es mit Sodom stehe. Der Vergleich mit 11,5.7 ruft zudem der Frage, ob nicht diese Version zunächst ohne die Verbindung mit 18,1–15 erzählt und ein direktes Herabsteigen Jahwes vom Himmel her – erst zur Nachprüfung und dann zur Vernichtung der Städte – berichtet wurde. 19,13 führt demgegenüber auf die Version, daß Jahwe zwei Boten mit dem unmittelbaren Auftrag, Sodom zu zerstören, schickte. Und 19,24 könnte auf die weitere Variante zeigen, daß Jahwe selber vom Himmel her das Verderben über die Städte hereinbrechen läßt.

Auf die Aufforderung der Männer hin schickt Lot zu den (so muß man nach V. 8 wohl interpretieren) zwei künftigen Schwiegersöhnen in der Stadt, um sie mit zu retten (14). Man wird die Fragen, die sich dabei stellen, nicht zu stark vertiefen, noch etwa gar zu einer Quellenscheidung nutzen dürfen: Wie kann Lot, der eben noch so gefährdet war, jetzt sein Haus verlassen und in die Stadt hinausgehen? Und: Was möchten diese präsumptiven Schwiegersöhne wohl zu dem Angebot von V. 8

gesagt haben? Oder: Gehörten sie trotz der Angabe von V. 4 doch nicht zu der gottlosen Menge – und waren dann vielleicht doch noch andere Menschen da, die sich
an dem Ansinnen von V. 5 nicht beteiligten? Der Vergleich mit Richt. 19 hat deutlich machen können, wie stark hier mit festen Motiven erzählt wird, wobei dann
eben leicht Unausgeglichenheiten im Erzählungsgang entstehen. Bedeutsam für die
Aussage des Erzählers ist, daß die präsumptiven Schwiegersöhne die Aussage, daß
Jahwe die Stadt verderben werde, als einen besseren Scherz verstehen, sich also der
Gefährdetheit der Stadt durch ihre Sünde in keiner Weise bewußt sind. Denkt
Ez. 16,49, wenn dort von der sorglosen Ruhe Sodoms geredet ist, an solche Ahnungslosigkeit und Verblendung, welche das Böse, das doch vor Augen liegt, nicht mehr
zu sehen vermag? Luk. 17,28, wo vom Verhalten in den Tagen Lots gesagt wird:
«Sie aßen, sie tranken, sie kauften, sie verkauften, sie pflanzten, sie bauten»,
scheint auf die gleiche Ahnungslosigkeit von Menschen zu weisen, die nichts von
den Zeichen der Zeit merken und in gutmütig-verantwortungslosem Leichtsinn vom
Gericht überrascht werden.

Da nach diesen Geschäften der Nacht die Morgenröte schon am Himmel aufzieht
(15–16), die himmlischen Boten aber sich nicht vom Tagesanbruch überfallen lassen
dürfen (vgl. 1. Mose 32,27), drängen diese Lot, seine Frau und seine beiden Töchter
zum Weggang, damit er nicht vom Unheil überrascht werde. Sie fassen die vier
Menschen schließlich, wie diese zögern, an der Hand und führen sie aus der Stadt
heraus. Wieder soll man nicht nachfragen, wie die sechs Gestalten unbemerkt durch
die verschlossenen Stadttore nach draußen gelangen. Vgl. etwa Jos. 2,15 (Apg. 9,25;
2. Kor. 11,33, auch Jer. 37,12f.). Draußen werden die Geretteten dann nach der ursprünglichen Version, die ihre Fortsetzung in V. 24f. und V. 27f. findet, von den
Männern verlassen. Jahwe aber läßt das Unheil über die Stadt hereinbrechen.

An dieser Stelle ist überraschend die Szene V. 17–23 eingeschoben, in der ein Einzelner – es dürfte dabei an Jahwe gedacht sein – mit Lot redet. Das Stück ist durch
Wiederaufnahme der letzten Aussagen von V. 16 an das Vorhergehende angefügt.
Danach ist Lot, der der Stadt entronnen ist, noch nicht gerettet. Er soll aufs Gebirge
hinauf fliehen. Erneut darf man die Unebenheit nicht zu stark unterstreichen, daß,
nachdem die Morgenröte schon am Himmel stand, als sie noch in der Stadt waren –
sie also knapp vor dem Aufgang der Sonne der Stadt entkommen sind, das Unheil
aber in der Wende zum Morgen hereinbricht –, noch Zeit für den weiten Weg aufs
Gebirge hinauf gewesen sein könnte, bevor das Unwetter losbricht. Es ist deutlich,
daß die Vorstellungen nicht ganz mit dem Vorhergehenden kongruieren. Zwei
Gebote werden den Fliehenden auf den Weg mitgegeben: Nicht zurückschauen
und im Jordanbezirk unten nicht stehenbleiben. Beides würde sie ins Verderben
hineinreißen.

Da aber äußert Lot eine Bitte der Angst. Der weite Weg aufs Gebirge würde ihn dem
Verderben wohl nicht mehr entgehen lassen. So bittet er, indem er an die ihm durch
die Rettung aus der Stadt erwiesene Gnade appelliert, in eine kleine, offenbar noch
im Tal unten gelegene Stadt in der Nähe fliehen zu dürfen. Jahwe gewährt ihm
die Gnade, diese kleine Stadt unzerstört zu lassen, ermahnt ihn aber nochmals zur
Eile, da er nicht handeln kann, bis Lot sich dorthin in Sicherheit gebracht hat. Lot
erreicht die Stadt beim Aufgang der Sonne. In V. 22b aber ist vorher noch festgestellt, daß diese Stadt, weil Lot sie eine «kleine Stadt» nannte, den Namen Zoar,
was von dem hebräischen ṣāʿîr «klein» her verstanden wird, trägt. Diese ganze
Zwischenepisode, die in den kurzen Zwischenraum zwischen dem Aufbrennen der
Morgenröte am Osthimmel (V. 15) und dem Aufgang der Sonne (V. 23) hineinge-

preßt wird, ist offensichtlich mit der Absicht, ein Doppeltes zu erklären, eingeschoben worden. Außer dem Namen Zoar soll auch erklärt werden, wieso diese
Stadt Zoar, die danach nicht ferne von Sodom und Gomorrha gesucht wurde,
nicht auch der Katastrophe dieser Städte verfallen, sondern in der Gegenwart des
Erzählers noch unversehrt vorzufinden ist. Das wird als eine besondere Gnade, die
im Erbarmen Jahwes gegenüber Lot begründet ist, empfunden.

Dann aber schildern V. 24–28 den Untergang der Stadt. Die zwei Boten sind nicht
mehr erwähnt. Jahwe ist es selber, der Schwefel und Feuer vom Himmel her über
die zwei Städte (Gomorrha ist hier nun wieder mitgenannt) regnen läßt, die Städte
zusammen mit dem ganzen Bezirk, ihre Einwohner und alles lebendige Gewächs
der Flur vernichtet. Das Ganze aber ist von J erzählerisch abschließend nochmals
mit der Erzählung von Kap. 18,17ff. verbunden. Abraham geht am Morgen zu dem
Ort, an dem er «vor Jahwe stand». Das setzt schon den gegenwärtigen Text von
18,22 voraus. Mit dem in 18,16 von den Männern gebrauchten Ausdruck ist nun
davon geredet, daß Abraham den Blick gegen Sodom und Gomorrha und auf den
ganzen Bezirk hin richtet und den gewaltigen Rauch gleich dem Rauch eines
Schmelzofens aufsteigen sieht. Die Rede vom Schmelzofen ist im Alten Testament
noch in 2. Mose 9,8.10 gebraucht, wo Mose mit dem in die Luft gestreuten Ruß
eines solchen Ofens die Beulenpest über Ägypten heranruft (P). In 2. Mose 19,18
kommt das Wort wie in 1. Mose 19,28 nur in einem bildlichen Vergleich für den
Rauch vor, der bei der Herabkunft Jahwes im Feuer auf den Sinai vom Berge aufsteigt. Die Anschauung solcher Schmelzöfen hat Israel im Lande selber. Die Ausgrabungen haben u. a. auf dem *tell el-ḥesi* und dem *tell dschemme* solche Öfen für
die Eisenzeit nachgewiesen.

In die Schilderung des Unterganges der Städte ist in V. 26 noch die knappe Notiz eingefügt worden, daß die Frau Lots entgegen dem Befehl Jahwes in V. 17 sich zu den
untergehenden Städten hin umwandte und auf der Stelle zu einer Salzsäule erstarrte.
Das ganze Grauen des Untergangs soll auf diesem indirekten Wege zu Gesicht
gebracht werden. Zugleich aber zeigt sich darin, wie gleich auszuführen sein wird,
eine ätiologische Absicht. Ein seltsames Phänomen in der Gegend der zerstörten
Städte soll auf diesem Wege erklärt werden.

Doch nun gilt es, im Überblick auf die bei J so breit angelegte Erzählung zu fragen,
was geschichtlich, traditionsgeschichtlich und dann im Kontext der Gesamterzählung des J von ihr zu halten ist.

Die Erzählung handelt vom Ergehen zweier Städte im Jordantal, die, wie die man-
nigfachen beiläufigen Erwähnungen durch das Alte und das Neue Testament hin zeigen (5. Mose 32,32; Jes. 1,9f.; 3,9; 13,19; Jer. 23,14; 49,18; 50,40; Ez. 16,46. 48ff. 55f.;
Am. 4,11; Zeph. 2,9; Klag. 4,6; Mat. 10,15; 11,23f.; Luk. 10,12; 17,29; Röm. 9,29;
2. Pet. 2,6; Jud. 7; Off. 11,8), als besonders gottlose Städte mit besonders eindrück-
lichem Schicksal der Vernichtung sprichwörtlich geworden sind. Es muß hinzugefügt werden, daß man (im Nordreich?) in gleicher Weise von den Städten Adma
und Zeboim sprach (Hos. 11,8, auch 5. Mose 29,22, dazu 1. Mose 10,19; 14,2.8
s. o. S. 36).

An der einstigen Existenz von Orten mit diesen Namen ist wohl nicht zu zweifeln,
ebensowenig an deren Untergang, da sie abgesehen von der Völkertafel (1. Mose
10,19) und dem archaischen Bericht von Kap. 14 (V. 2.8) nirgends mehr in Ge-
schichtsberichten oder Grenzfixpunktreihen geschichtlicher Zeit begegnen. Über
ihre Vernichtung liegen zwei verschiedene Vorstellungsreihen vor. 19,24 redet von
einem Schwefel- und Feuerregen von Jahwe bzw. dem Himmel her. Daneben wird

für die Zerstörung der Städte immer wieder das Verb «umwerfen, umwenden»
gebraucht (V. 21. 25. 29). Das von ihm her gebildete Substantiv ist an den fünf, mit
Einschluß der notwendigen Textkorrektur von Jes. 1,7 insgesamt sechs Stellen seines
Vorkommens fester Terminus technicus für die Zerstörung von Sodom und
Gomorrha. Das «Umwerfen» aber führt auf das Phänomen des Erdbebens, bei dem
die Häuser einstürzen. Die Tatsache, daß das Substantiv nie mit dem Jahwe-, sondern immer mit dem Elohimnamen verbunden ist, dürfte weiter darauf deuten, daß
es sich bei dieser Erzählung von Hause aus nicht um eine spezifische Jahwe-
geschichte, sondern wahrscheinlich doch schon um eine Erzählung handelt, die
von der kanaanitischen Vorbevölkerung erzählt wurde, bevor Israel im Lande war.
So ist die Erzählung dann auch ganz zu Recht in 1. Mose 19 nicht mit einer Gestalt
des schon existierenden Israel, sondern mit einer Gestalt der «Vorzeit», d. h. der
Väterzeit Israels, verbunden.

Es wäre nun für die Beurteilung des hier berichteten Geschehens wertvoll, wenn
man den genauen Ort, der dem damaligen Erzähler vor Augen stand, noch genau
bestimmen könnte. Die Kenntnis der genauen Lage des später noch bestehenden
Zoar, das nahe bei der für Sodom zu vermutenden Örtlichkeit gelegen haben
muß, wäre dazu eine große Hilfe. Nach 5. Mose 34,1 ff., wonach Jahwe den Mose
vom Berg Nebo aus das ganze Land, von Dan über die Palmenstadt (Jericho) bis
Zoar, überschauen läßt (vgl. auch 1. Mose 13,10), muß sie im Süden des Jordangrabens gesucht werden. Jes. 15,5 nennt sie als einen Ort, dahin Flüchtlinge aus
Moab fliehen. Auch Jer. 48,34 führt in den Bereich Moabs. Der möglicherweise
schon in den Amarnabriefen aus dem 14. Jahrh. unter dem Namen *suhru* genannte
Ort ist noch Josephus bekannt. Claudius Ptolemaeus rechnet ihn zur Arabia Petraea,
und noch Euseb berichtet von Spuren früherer Fruchtbarkeit des Ortes. In römi-
scher und byzantinischer Zeit ist eine Siedlung *zoara* südlich des Toten Meeres belegt. So hat man den Ort bei *eṣ-ṣāfije* an der Ostseite des südlichsten Teils des Toten
Meeres geglaubt lokalisieren zu können. Auf der anderen Seite führt die zur Salzsäule erstarrte Frau Lots an den gegenüberliegenden westlichen Rand eben dieses
Südteils des Toten Meeres, wo allein am Toten Meer Salzvorkommen nachzuweisen sind. In der von der arabischen Bevölkerung als *dschebel usdum* (Sodoms-
berg) bezeichneten felsigen Erhebung in diesem Bereich finden sich Partien rein kri-
stallinischen Salzes, die heute über Tag abgebaut werden können. Es finden sich
hier bizarre Salzgesteinformationen, die nicht nur Josephus von der zur Salzsäule
erstarrten Frau Lots sagen lassen: «Diese Säule habe ich selber gesehen, denn sie
steht noch da», sondern auch den modernen Besucher unschwer zu dieser Äuße-
rung veranlassen können.

So wird man durch die vorhandenen Angaben in einen räumlich relativ eng zu be-
grenzenden Bereich geführt. Eine gewisse Schwierigkeit besteht darin, daß sich
heute zwischen *eṣ-ṣāfije* und dem *dschebel usdum* der südlichste, allerdings ganz
flache (1–6 m tiefe) Südteil des Toten Meeres dehnt. Von einer Überflutung der
Stelle durch Wasser ist aber in 1. Mose 19 nichts gesagt. Hat man damit zu rechnen,
daß dieser Südteil des Meeres früher bei niedrigerem Wasserstand des Toten
Meeres, dessen Wasserspiegel durch die Jahrhunderte hin Schwankungen unter-
liegt, freilag? Oder wird man in das flache, heute mit Phosphatgewinnungsanla-
gen (Verdunstungs-Teichanlagen) bedeckte Gebiet direkt südlich des Toten Meeres
geführt? Von der Erwägung her, daß die Orte mit Trinkwasser versorgt sein mußten, hat man auch die seitlich in den Jordangraben einmündenden Täler, die über
Wasser verfügen, in die Erwägungen einbezogen. Eine eindeutige Festlegung der

Ortsanlagen ist (noch?) nicht möglich. Auch sind sichere Spuren untergegangener Orte trotz Nachsuchens bisher nicht nachweisbar.[48]
Aber ist eine Katastrophe wie die von 1. Mose 19 erzählte in diesem Bereich überhaupt denkbar? Sicher hat man eine Erinnerung an den geologischen Einbruch des Jordangrabens völlig aus den Erwägungen auszuschalten, da dieser in weit vorgeschichtlicher Zeit geschah. An vulkanische Ausbrüche ist nicht zu denken, da Spuren solcher Ausbrüche in dieser Gegend nicht nachweisbar sind. Dagegen liegen tektonische Beben, bei denen Siedlungen zerstört worden sein könnten, durchaus im Bereiche des Möglichen. An den Rändern des großen geologischen Einbruchsgebietes sind Ausbrüche aus unteren Schichten durchaus denkbar. Daß dabei Asphaltmassen freigegeben werden (vgl. die Asphaltgruben von 1. Mose 14,10), ist für die stärkeren Beben von 1834 und 1837 bezeugt. Auch Gase (Schwefel- und Kohlenwasserstoff), die eventuell brennbar sein können, werden an den Rändern des Einbruchs frei. Wer einmal den Weg von dem heutigen «Sodom» nordwärts an der Westküste des Meeres zurückgelegt hat, wird sich der an einzelnen Stellen aufsteigenden, unangenehm riechenden Gase wohl erinnern. So ist also sowohl ein Beben, das Siedlungen zerstört, wie das Aufsteigen von Schwefeldämpfen, die in Brand geraten können, hier vom gesamten Lokalkolorit her nicht undenkbar. In der Herleitung von Jahwe konnte letzteres leicht zum Feuer- und Schwefelregen vom Himmel her umgedeutet werden.
Im Nachweis der Möglichkeit einer solchen Katastrophe von Siedlungen im Südbereich des Toten Meeres ist aber das noch nicht getroffen, was der Erzähler von 1. Mose 19 recht eigentlich sagen wollte. Im Aufgreifen der schon von der kanaanitischen Vorbevölkerung als Gottesgericht erzählten Vernichtung von Siedlungen in dieser Gegend will das Ganze unter neue Akzente gesetzt werden. Die Zerstörung ist hier als ein Gottesgericht verstanden, das die Städte wegen ihrer im besonderen den Kanaanitern nachgesagten geschlechtlichen Zuchtlosigkeit, die sich bei diesen Kanaanitern leicht mit ihren Fruchtbarkeits-Baalsriten verbinden konnte, traf. Aus dem Gericht ist ein Mann ausgenommen, der den himmlischen Gerichtsboten mit ungewöhnlicher Gastlichkeit begegnete.
Der J erzählt die Geschichte von Lot, der von des J früheren Erzählungen her dem Hörer seiner Erzählung ein keineswegs Unbekannter ist. Abraham hatte ihm nach 1. Mose 13 bei der Trennung, die wegen des großen Herdenbesitzes notwendig wurde, großmütig die Wahl des Landesteils, in den er ziehen wollte, überlassen. Lot hatte gierigen Auges die fruchtbare Jordansenke gewählt und war in die Gegend von Sodom gezogen. J hatte in 13,13 den leisen Akzent gesetzt: «Die Leute von Sodom aber waren sehr böse und sündig Jahwe gegenüber.» 1. Mose 19 zeigt nun ausführlich, wie Lots scheinbar gute Wahl im Grunde die schlechte Wahl war. Zugleich aber zeigt die Erzählung, wie Lot persönlich mit den Seinen aus dieser Katastrophe gerettet wurde. Es fragt sich, wieweit dabei für J die gute Gastfreiheit Lots als Begründung für die Errettung Bedeutung hatte. Eher möchte man die Rettung im heutigen Kontext mit der ganzen Diskussion um Jahwes Gerechtigkeit in 18,17ff. zusammenbringen. Zwar ist die dort erwogene Möglichkeit, daß zehn Gerechte in den sündigen Städten das Gericht als Ganzes hätten aufhalten können, bei Sodom nicht zur Verwirklichung gelangt. Aber Jahwe hat im besonderen Falle des Lot, der den Test des rechten Verhaltens gegenüber den

---

48   Vgl. etwa J. Penrose Harland, Sodom and Gomorrha, The Biblical Archaeologist 5, 1942, 17–32, und die dort zu findenden Abbildungen und Zeichnungen.

Fremden bestanden hatte, den Gerechten nicht mit den Gottlosen untergehen lassen. Darüber hinaus wird man die Frage aufwerfen, ob J diese Lotepisode nicht noch in einer engeren Verbindung mit der Geschichte des gesegneten Abraham sieht. Was bei J nicht sicher zu entscheiden ist, tritt in der knappen Rekapitulation der Geschichte durch P **(29)** ganz voll heraus.

Der Untergang der Städte wird von P nicht nochmals erzählt. Es wird von ihm vorausgesetzt, daß jedermann davon weiß. Bloß der eine Zug wird aus der Geschichte herausgehoben, daß Gott in diesem Geschehen «Abrahams gedachte». Die Aussage erinnert an die Formulierung von 8,1, wo die Wende im Flutgeschehen nach P damit beginnt, daß Gott Noahs, der in der überfluteten Welt allein mit den Seinen in der Arche überlebt hat, «gedenkt», der Flut ein Ende gebietet und Noah rettet. «Gedenken» ist danach mehr als ein gedankliches Sich-Erinnern. Es enthält die volle Konsequenz der auf diese Erinnerung folgenden Tat. Wo Gott sich «erinnert», rettet er. Das Eigenartige der vorliegenden Stelle aber besteht nun darin, daß sie nicht davon redet, wie Gott des Lot «gedachte», sondern an seiner Stelle Abraham nennt, um dessetwillen Gott Lot rettet. Wie schon bei der Erwähnung Ismaels in 1. Mose 17 (P) zeigt sich auch hier die Ausstrahlung des dem Abraham gewährten Bundes. Lot wird sowenig wie Ismael nun etwa Bundespartner. Aber etwas von Heil wird auch ihm «um Abrahams willen» zuteil. J hatte diesen Gedanken nicht ausgesprochen. Er konnte dort höchstens im Hintergrund geahnt werden. P dagegen rückt die ganze Geschichte entschlossen in die Verheißungsgeschichte Gottes mit Abraham ein. Um Abrahams willen erfährt Lot seine Rettung. Die Erzählung von Lots Gastlichkeit ist bei ihm versunken. Sie spielt für seine Überlegungen keine Rolle mehr. Erneut zeigt sich, wie P in knappster Formulierung zum Ausdruck zu bringen vermag, was die im Umkreis der Abrahamerzählungen berichteten Geschichten im Kontext der Geschichte dieser Hauptperson des Bundesempfängers für eine Bedeutung haben. An Lot wird sichtbar, wieviel Abraham Gott bedeutet. Das Abraham gewährte Heil strahlt auch hier weit über Abraham hinaus.

19,30–38   Lots Nachkommen

30 Und Lot zog von Zoar hinauf und blieb zusammen mit seinen zwei Töchtern auf dem Gebirge wohnen, denn er fürchtete sich, in Zoar wohnen zu bleiben. Er wohnte aber in einer Höhle, er und seine zwei Töchter. 31 Da sprach die Ältere zu der Jüngeren: «Unser Vater ist alt und es gibt keinen Mann im Lande, der zu uns eingehen würde, wie es aller Welt Brauch ist. 32 Komm[49], wir wollen unserem Vater Wein zu trinken geben und uns dann zu ihm legen und (so) von unserem Vater lebendige Nachkommenschaft bekommen.» 33 So gaben sie in ‹jener›[50] Nacht ihrem Vater Wein zu trinken, und die Ältere ging (zu ihm) ein und legte sich zu ihrem Vater, und er merkte es nicht, wie sie sich hinlegte und aufstand. 34 Am folgenden Tage aber sagte die Ältere zu der Jüngeren: «Siehe, ich habe gestern bei meinem[51] Vater gelegen. Wir

---

[49] Wörtlich «geh»; der samaritanische Text paßt die offenbar starr als Anruf verstandene (maskuline) Formulierung dem Femininum der Angeredeten an.

[50] Mit der samaritanischen Überlieferung ist, wie auch Zusatzbemerkungen in manchen Handschriften vermuten, der Artikel zuzufügen.

[51] Die griechische Übersetzung läßt eine ursprüngliche Lesung «unser Vater», die in MT fälschlich verkürzt sein könnte, als möglich erscheinen.

wollen ihm auch heute nacht Wein zu trinken geben, dann geh auch du, lege dich zu ihm, und so werden wir von unserem Vater lebendige Nachkommenschaft bekommen.» 35 So gaben sie ihrem Vater auch in dieser Nacht Wein, und die Jüngere machte sich auf und legte sich zu ihm. Er aber merkte es nicht, wie sie sich hinlegte und wie sie aufstand. 36 Da wurden die beiden Töchter Lots schwanger von ihrem Vater. 37 Und die Ältere gebar einen Sohn und nannte seinen Namen Moab. Das ist der Stammvater Moabs, bis auf diesen Tag. 38 Und auch die Jüngere gebar einen Sohn und nannte seinen Namen «Sohn meines Verwandten». Das ist der Stammvater der Ammoniter, bis auf diesen Tag.

Mit einer auffallenden Episode wird in **19,30–38** die Lotgeschichte des J abgeschlossen. So wie die Abraham-, aber auch die Ismaelerzählung auf kommende Volksgeschichte ausschaut, so auch die Erzählung von Lot. Im Unterschied zu jenen aber fehlt dem hier Berichteten jede göttliche Sanktionierung oder gar weiteres Heil verheißende Segnung.

Inhaltlich geht es dabei um den Ursprung zweier östlicher Nachbarvölker Israels, denen sich dieses verwandt weiß, aber nicht so nahe verwandt wie dem südlichsten der drei östlichen Nachbarn, den Edomitern. Edom/Esau ist als Sohn Isaaks in den Stammbaum eingeordnet (25,19–26). Die größere Distanziertheit von Ammon, das sein Zentrum im ostjordanischen *rabbat ʿammōn* (dem heutigen Amman) hatte, und dem südlich davon siedelnden Moab, das nach der Ehudgeschichte Richt. 3,12ff. zeitweilig seinen Machtbereich über den Jordan hinaus ausdehnte und nach Ausweis nicht nur von 2. Kön. 3, sondern auch der Inschrift des Königs Mesa von Moab noch in der Königszeit in Kämpfe mit Israel verwickelt war, ist noch im sog. Gemeindegesetz von 5. Mose 23,4–9 zu erkennen. Während ein Edomiter und sogar ein Ägypter in der 3. Generation in die Jahwegemeinde eintreten darf, heißt es dort in V. 4: «Kein Ammoniter oder Moabiter darf in die Jahwegemeinde eintreten. Niemals, auch noch nicht in der 10. Generation dürfen sie in die Jahwegemeinde eintreten.» Das wird dort mit dem feindseligen Verhalten zur Zeit der Einwanderung Israels, für Moab im besonderen mit der Bileamepisode 4. Mose 22–24 begründet. Die vorliegende Erzählung verrät darüber hinaus, daß auch eine tiefe Empfindung der Unreinheit dieser Völker von ihren Anfängen her im Spiele ist. Die Blutschande der Töchter Lots mit ihrem eigenen Vater verrät sich noch in den Namen dieser beiden Gruppen, für die hier die Ätiologie gegeben sein will. Moab wird innerhebräisch als *mēʾāb*, «vom Vater (in Blutschande gezeugt)», verstanden. Ammon, was die einen als «formale Überhöhung von ʿam (Volk)» verstehen, so daß die übliche Bezeichnung *bᵉnē ʿammōn* dann einfach «die Leute, Söhne des Volkes» bezeichnen würde, während andere darin ein Diminutiv zu ʿam «Onkel» («kleiner Onkel») finden, ist in der hier gegebenen Etymologie eine diffamierende Bezeichnung. Es wird aus dem Namen herausgehört: «Vom Verwandten (gezeugt)». In ganz anderer Wendung findet sich der Zug der Berauschung eines Ahnvaters in 1. Mose 9,18–27.

Die Frage ist schon gestellt worden, ob nicht auch in der Erwähnung der Höhle im Gebirgsanstieg oberhalb von Zoar, in der Lot mit seinen Töchtern haust, noch ein ätiologisches Element steckt, indem vielleicht Ammoniter und Moabiter in einer sicher in ihrem Wortlaut anderslautenden Geschichte eine solche Höhle als Sitz ihres Ahnvaters kannten und in Ehren hielten. Zur Entscheidung dieser Frage fehlt uns aber alles weitere Material. Noch weiter zu gehen und hinter der Geschichte eine mythische Erzählung zu vermuten, die vom Beilager des Urmenschen mit zwei

Urmüttern redete, empfiehlt sich nicht. In ihrer gegenwärtigen Form dürfte die Erzählung Volkspolemik in Israel spiegeln, die sich diskriminierend gegen die bösen
Nachbarn im Osten wendet und sich darin von ihnen abgrenzt.
Die Geschichte von Thamar in 1. Mose 38 zeigt, daß der kühne Griff einer kinderlosen Frau nach dem Kind im Empfinden Israels durchaus als ehrenhafte Tat empfunden wird. Unter den für die geschlechtliche Verbindung verbotenen Verwandt-
schaftsgraden in 3. Mose 18 aber steht die Blutschande mit einem Elternteil in V. 7
an erster Stelle. So ist es verständlich, daß dieser Beschaffung von Nachkommenschaft auch da keinerlei göttliche Sanktionierung zuteil werden kann, wo es sich um
die engste Verwandtschaft Abrahams handelt. – Daß dieses Geschehen mit Lot
anders als die von P in 19,29 zusammengefaßte Episode 1–28 keinen auch nur
hinweisenden Einbau in die Verheißungsgeschichte Gottes erträgt, versteht sich für
den auf Reinheit bedachten Priester von da aus von selbst. So entfällt denn in
den sonst reich entfalteten genealogischen Listen des P die Einordnung von Moab
und Ammon völlig.

20,1–18   Die Gefährdung der Ahnfrau in Gerar

**1 Und Abraham brach von dort auf ins Südland. Und er wohnte zwischen Kades und
Sur und weilte als Schutzbürger in Gerar. 2 Abraham aber sagte von seiner Frau Sara:
«Sie ist meine Schwester.» Da sandte Abimelech, der König von Gerar, hin und ließ
Sara holen.**
**3 Da kam aber Gott im Nachttraum zu Abimelech und sagte ihm: «Siehe, du mußt
‹wegen›[52] der Frau, die du hast holen lassen, sterben, denn sie ist eine verheiratete
Frau.» 4 Abimelech aber hatte sich ihr nicht genaht und sprach: «O Herr, willst du
denn ‹ ›[53] auch einen Unschuldigen töten? 5 Hat denn nicht er mir gesagt: ‹Sie ist
meine Schwester›, und sie, auch sie selber hat gesagt: ‹Er ist mein Bruder›. In Unschuld meines Herzens und Reinheit meiner Hände habe ich dieses getan.» 6 Da sprach
Gott im Traum zu ihm: «Auch ich habe gemerkt, daß du dieses in Unschuld deines
Herzens getan hast, so habe denn auch ich dich daran gehindert, an mir zu sündigen.
Darum habe ich dich sie nicht berühren lassen. 7 Nun aber, gib die Frau des Mannes
zurück, denn er ist ein Prophet, und er soll für dich Fürbitte tun, so daß du am Leben
bleibst. Wenn du sie aber nicht zurückgibst, dann wisse, daß du unbedingt sterben
mußt, du und all die Deinen.»**
**8 Da stand Abimelech am Morgen auf und rief alle seine Diener und sagte alle diese
Worte vor ihren Ohren. Und die Männer fürchteten sich sehr.**
**9 Dann ließ Abimelech den Abraham rufen und sagte zu ihm: «Was hast du uns
angetan und was habe ich an dir gefehlt, daß du über mich und über mein Königreich
große Versündigung gebracht hast? Dinge[54], die man nicht tun soll, hast du mir angetan.» 10 Und Abimelech sagte zu Abraham: «Was hast du beabsichtigt, daß du
dieses getan hast?» 11 Abraham aber sprach: «Ich dachte mir: Sicher gibt es an die-**

---

[52] Die samaritanische Überlieferung liest hier den gegenüber MT volleren präpositionalen
     Ausdruck, der auch in 21,11.25 bei E wiederkehrt. So ist auch hier zu lesen.
[53] Das hebräische *gam* «auch» ist hier versehentlich zu einem graphisch ganz ähnlichen, aber
     im Zusammenhang der Aussage sinnlosen *goj* «Volk» verschrieben worden. In der Folge
     ist die richtige Lesung *gam* dann zusätzlich wieder in den Text gesetzt worden. *goj* ist zu
     tilgen.
[54] Wörtlich «Taten».

sem Ort keine Gottesfurcht. So werden sie mich um meiner Frau willen töten. **12** Auch ist sie wirklich meine Schwester. Tochter meines Vaters ist sie, nur nicht Tochter meiner Mutter, und sie ist meine Frau geworden. **13** Als mich aber Gott aus meines Vaters Hause weg ins Ungewisse führte[55], da sagte ich zu ihr: ‹Tu mir die Liebe, und sage von mir an jedem Ort, an den wir kommen: Er ist mein Bruder›.»

14 Da nahm Abimelech Kleinvieh und Großvieh und Knechte und Mägde und gab (sie) Abraham und gab ihm seine Frau Sara zurück. **15** Und Abimelech sprach: «Siehe, mein Land steht dir offen. Wohne, wo es dich gut dünkt.» **16** Zu Sara aber sagte er: «Siehe, ich gebe deinem Bruder 1000 Silberschekel, siehe, das soll eine Ehrenrettung[56] für dich sein bei allen, die bei dir sind, ‹und so sollst du bei ihnen allen gerechtfertigt sein›[57]».

17 Da tat Abraham Fürbitte bei Gott, und Gott heilte Abimelech und seine Frau und seine Mägde, daß sie (wieder) gebären konnten. **18** Denn Jahwe hatte jeden Mutterleib im Hause Abimelechs wegen Sara, der Frau Abrahams, völlig verschlossen.

Bis auf den Schlußvers 18 ist hier durchgehend die Bezeichnung Elohim für Gott verwendet. Da der Text weder sprachlich noch vom Inhalt her zu P paßt, ist hier erstmals mit Sicherheit ein elohistischer Bericht (E) zu finden. Es wird sich zeigen, daß in Kap. 21 f. weitere elohistische Stücke folgen. Der abschließende V. 18, der in seiner Aussage eine begründende Erklärung nachträgt, ist von anderer Hand, wohl schon nach der Zusammenarbeitung von J und E, unter unbefangener Verwendung des Jahwenamens, zugesetzt worden.

Inhaltlich bietet 1. Mose 20 eine Doublette zu der im Zusammenhang des J in 12,10–20 berichteten Episode von der Gefährdung der Ahnfrau und zu der dann stärker modifizierten Episode 26,7 ff. im Zusammenhang der Isaakerzählung. In der Lokalisierung im kleinräumigen Bereich der kanaanitischen Königsstadt Gerar, deren König in 26,1.8 J anachronistisch schon als Philister angesprochen wird, ist zweifellos die ältere Variante zu finden. Vgl. im übrigen zur Vorgeschichte der Überlieferung das o. S. 26 zu 12,10–20 Ausgeführte.

Während J Abraham eng mit Hebron/Mamre verbunden sieht, wo die Abrahamtradition bis heute ihren starken Haftpunkt hat, verlegt E die in 1. Mose 21 f. von ihm berichteten Episoden tiefer in den Süden in das Gebiet, in dem nach Kap. 26 (J) die Isaakerinnerungen ihren eigentlichen Haftpunkt haben. Sollte E, wofür einiges spricht, engere Beziehungen zur Nordreichtradition haben, so ist auf die Nachricht von Am. 5,5 zu verweisen, wonach es eine kräftige Nordreichs-Wallfahrt zum Heiligtum von Beerseba gab. Die ebenfalls nur im Amosbuch zu findende Bezeichnung des Nordreiches als «Haus Isaak» (7,16, dazu 7,9) belegt weitere, für uns nicht mehr voll durchsichtige Beziehungen zwischen den in der Gegend von Beerseba beheimateten Erinnerungen an Isaak und Gebieten des Nordreichs. Sollte in 1. Mose 34,25.30 (dazu 49,5–7) eine echte Erinnerung daran aufbewahrt sein, daß die Stammgruppe Simeon, deren Reste in der Gegend von Beerseba sitzen (Jos. 19,1–9), bevor sie ganz in Juda aufgehen, einst in der Gegend von Sichem siedelte

---

[55] Das pluralische hebräische ’ᵃᵉlōhīm «Gott» ist hier auch mit pluralischem Verb konstruiert. Die samaritanische Überlieferung hat (wohl nachträglich aus dogmatischen Rücksichten) in den Singular geändert. Der MT, der hier natürlich keine polytheistische Aussage machen will, ist zu belassen.

[56] Wörtlich «eine Bedeckung der Augen».

[57] Im MT sind die Worte falsch abgetrennt. Der erste Konsonant der Verbalform ist zum vorhergehenden «alle» zu ziehen.

und von dort durch Konflikte mit der Landesbevölkerung in den Süden vertrieben wurde?

In einer überleitenden Aussage wird festgestellt, daß Abraham ins Südland zog (1), bevor zwei Angaben über seinen neuen Aufenthaltsort gemacht werden, die unter sich schwer vereinbar sind. Ein Wohnen «zwischen Kades und Sur» führt tief in den Süden. Zu Kades s. o. S. 38 zu 14,7 und S. 61 zu 16,14. Zu Sur S. 61 zu 16,7, auch 25,18. Gerar dagegen ist in einem nördlichen Seitenwadi der von Beerseba sich zur Küste öffnenden Senke am Wege zwischen Beerseba und Gaza zu suchen, möglicherweise an der Stelle des *tell abu hureira,* nach anderen des *tell eschscheriʿa.* Nun scheint die erste Angabe im Interesse des Ausgleichs mit 16,7.14 zugesetzt zu sein. Die Fortsetzung setzt ein Wohnen Abrahams in Gerar voraus. Im Wortspiel wird ausgesagt, daß er Schutzbürger/Fremdling *(gēr)* in Gerar ist. In dieser kanaanitischen Stadt nun, die später in den Einflußbereich der Philister, nie dagegen in den vollen Einflußbereich Israel/Judas geriet, geschieht, was 12,10–20 nach Ägypten verlegt hatte (2–3). Abraham verheimlicht, daß Sara seine Frau ist. Sara wird durch den König weggeholt, worauf Gott rettend eingreift. Dabei tritt der sehr andere Stil der Erzählung deutlich heraus. Die Unterstreichung der Schönheit Saras fehlt. Die Zwischenfiguren der Höflinge treten nicht in Erscheinung. Dafür tritt hier die kunstvolle stilistische Form der Nachholung auf: Erst hinterher wird enthüllt, wie es nun wirklich steht mit der schwesterlichen Beziehung Saras zu Abraham. Erst hinterher erfährt man, daß Jahwe durch Krankheitsschläge gegen Abimelech und seine Umgebung eingegriffen hatte. Dafür ist hier von einer Bedrohung Abimelechs in einer Traum-Erscheinung Gottes und dem sich daraus entwickelnden Gespräch zwischen Abimelech und Gott berichtet. Daß Abimelech sich Sara noch nicht genähert hatte, wird ebenfalls nachholend in V. 4 berichtet. In der Gegenrede Abimelechs an Gott verteidigt dieser seine subjektive Arglosigkeit, worauf Gott, wiederum in Form einer Nachholung, Abimelech sagt, daß er es, weil er um Abimelechs subjektive Arglosigkeit wußte, verhindert habe, daß Abimelech sich Sara nahte. Aber Gott fordert nicht nur die Rückgabe der Frau an Abraham, sondern enthüllt dem Abimelech, daß Abraham ein «Prophet» und Abimelech auf dessen Fürbitte angewiesen sei. Bei der Benennung als «Prophet» ist hier nicht an die Gestalten der großen Verkündigungspropheten gedacht, sondern eher an die mit dem Gottesdienst Israels verbundenen, dort auch im besonderen um Fürbitte angegangenen Gottesmänner. (Vgl. dafür auch Jer. 27,18 und im Gegenlicht das den Propheten hart treffende Verbot der Fürbitte in Jer. 7,16; 11,14; 14,11) Auch die vom frommen Hiob zu erbittende Fürbitte (42,7f.) muß hier genannt werden. Der besondere Inhalt der Fürbitte, bei der man sich nach dem bisher Erzählten erstaunt fragt, wozu sie denn noch nötig sei, wird zunächst noch nicht genannt, sondern erst in V. 17 nachholend berichtet. Mit der harten Todesrechtsformel, die schon in 2,17 anklang und die in den Reihen von Verboten todeswürdiger Verbrechen im Rechtsstil ihren festen Sitz hat (2. Mose 21,12.15–17 u. ö.), wird Abimelech für den Fall der Nicht-Rückgabe der Sara der Tod angedroht.

Abimelech handelt unmittelbar darauf (4–13). Zunächst so, daß er seine Untergebenen über das Geschehene informiert. Die ausdrücklich berichtete «Furcht» dieser Leute illustriert indirekt nochmals den besonderen Charakter Abrahams als des zu scheuenden Gottesmannes. Dann aber redet er mit Abraham. Auch hier fehlt der Vorwurf an Abraham und die Rückfrage nicht, was er sich denn bei seiner Haltung, welche seine Umgebung gefährdete, gedacht habe. Aber es bleibt im Unterschied zu Kap. 12 nicht bei der barschen Rückfrage und dem betretenen Schweigen

Abrahams, auf welches die Ausweisung aus dem Lande folgte. Schon die Formulierung: «Was habe ich an dir gefehlt?» zeigt die größere Behutsamkeit des Umgehens mit dem Gottesmann, der unter dem Schutze Gottes steht. Darüber hinaus aber wird Abraham hier Gelegenheit zur Selbstverteidigung gegeben. In dieser Selbstverteidigung wird einmal sichtbar, daß Abrahams Lüge doch eine halbe Wahrheit enthielt, indem dieser auch Halbbruder seiner Frau war. Solche Geschwisterehe scheint hiernach noch unverfänglich. Anders in der Gesetzgebung 3. Mose 18,9.11; 20,17. Zugleich kommt in dieser Selbstverteidigung Abrahams auch noch der verkappte Vorwurf gegen seine heidnische Umgebung zum Ausdruck, bei der nicht ohne weiteres «Gottesfurcht» vorausgesetzt werden konnte. Die Möglichkeit, daß ein Ehemann riskieren mußte, wenn den Herrscher nach seiner Frau gelüstete, einfach totgeschlagen zu werden, damit der Weg zum Griff nach der Frau frei würde, stand Abraham in seiner kanaanitischen Umgebung ernsthaft vor Augen. Darum die vorsichtige Absprache Abrahams mit seiner Frau. Besonders zu beachten ist, wie Abraham in seiner Antwort seinen Weg durch fremdes Land beschreibt. Er ist von Gott «ins Ungewisse» geführt worden. Das im Hebräischen gebrauchte Verb kann geradezu die harte Bedeutung «in die Irre führen» bekommen. So ungesichert zieht Abraham auch nach E seines Weges.

Nach dieser Klärung der Lage folgt die fürstliche Wiedergutmachung durch Abimelech (14–16). Es verdient Beachtung, daß von Geschenken, die Abraham gegeben wurden, nicht im Zusammenhang mit der Wegnahme (so 12,16), sondern mit der Rückgabe der Frau geredet wird. Erscheint in 12,10ff. der Pharao, der mit seinen Geschenken geradezu eine Vorerwartung Abrahams erfüllt hat (V. 13), hinterher als der Großzügige, wenn er dieses alles dem Abraham beläßt, so ist die Beschenkung Abrahams mit Vieh und Gesinde und die große Geldsumme, von der er Sara sagt, daß er sie ihrem «Bruder» (worin stillschweigend des Abraham Rechtfertigung von V. 12 anerkannt wird) aushändige, eine echte Sühneleistung für den objektiv angerichteten Schaden. Der Sara, die durch ihr Hineingeraten in den königlichen Harem üble Nachrede zu gewärtigen hat, wird durch dieses öffentlich geleistete Sühnegeld eine Rehabilitierung zuteil. Abraham aber wird das ganze Land Gerars, das, wenn die Verbindung mit 1. Chr. 4,39 f. zu Recht besteht, ein Land ist mit «fetter und guter Weide, ein Land, das nach beiden Seiten hin weit ist, still und ruhig», zu freier Nutzung geöffnet (V. 15).

Dann aber geschieht es, daß Gott auf das Fürbittegebet Abrahams hin das ganze Haus Abimelechs, das unter einer Hemmung seiner geschlechtlichen Fähigkeiten leidet, heilt (17–18). Denkt der E in seiner Aussage von V. 17 an eine «Krankheit», die beide Geschlechter im Hause Abimelechs befallen hat, so die Ergänzung aus anderer Hand in engerer Weise an eine Gebärunfähigkeit im Hause Abimelechs – eine Belastung, deren Wahrnehmung eine längere Zeitspanne erforderte. Auf jeden Fall aber wird hier, was in 12,17 nur ganz allgemein angedeutet war, genauer ins Einzelne hinein erläutert. Die gottverhängte Plage, das wird dem Leser in dieser Nachholung klar, hat denn auch dem König die Fähigkeit zum geschlechtlichen Umgang mit Sara genommen.

Im Blick auf die ganze Erzählung von 1. Mose 20 wird man zunächst urteilen, daß ihre Einordnung in den Kontext einer Reihe von Fragen ruft. 1. Mose 17 hatte Sara als 90-jährige geschildert, Kap. 18 ganz ebenso als eine Frau, deren Blütezeit vergangen war. Zudem war an beiden Stellen die Geburt eines Sohnes innerhalb von Jahresfrist angesagt. Diese wird dann in 21,1ff. erzählt. Nach dem Kontext müßte sich das in Kap. 20 berichtete längerdauernde Geschehen in der Zeit dieser

Schwangerschaft ereignet haben. Die Schwierigkeiten, die sich für den Redaktor ergaben, der die beiden Varianten 12,10–20 und 20 im Bericht über Abraham unterzubringen hatte, werden darin sichtbar. Die ursprüngliche Erzählung des E, deren Anfang leider nicht mehr erhalten ist, hat das in Kap. 20 Erzählte wohl nicht allzuferne vom Bericht über den Auszug Abrahams in ungesicherte Zukunft angesetzt. Anders als für P wird von 20,13 aus für E deutlich, daß er schon den Ausgang aus der Heimat Abrahams als unter göttlichem Geheiß geschehend angesehen hat.

Wichtiger aber ist, was nun E im besonderen zur Abrahamgeschichte als einer Geschichte zwischen Gott und Abraham beizutragen hat und was dann auch den Redaktor veranlaßt haben dürfte, diese Episode der zusammengearbeiteten Erzählung einzufügen, obschon ähnliches von J in 12,10–20 auch schon berichtet war. Abraham wird in ihr in ganz besonderer Weise als der von Gott durch seine Berufung herausgehobene Gottesmann dargestellt. Nicht nur steht über ihm in besonderer Weise die haltende Hand Gottes. Er ist zugleich auch von Gott in besonderer Weise ermächtigt, als vollmächtiger Fürbitter in der Notlage eines fremden Königs für diesen einzutreten. Gott hört auf ihn und erhört sein Gebet. Der verzagten Rede von Jes. 63,16: «Abraham weiß ja nicht von uns, und Israel kennt uns nicht», wird hier die zuversichtlichere Aussage entgegengehalten, daß Gott «um Abrahams willen» auch Fremden Heilung widerfahren läßt. Diese Heraushebung Abrahams als des prophetischen Gottesmannes sucht in ihrer Weise einen neuen Akzent in der Geschichte Abrahams zu setzen.

21,1–7   Isaaks Geburt

1 Jahwe aber suchte Sara heim, wie er gesagt hatte. Und Jahwe tat Sara, wie er geredet hatte. 2 Und Sara wurde schwanger und gebar Abraham einen Sohn in seinem Alter zu der Zeit, die Gott angekündigt hatte. 3 Und Abraham nannte den Namen seines Sohnes, der ihm geboren worden war, den ihm Sara geboren hatte, Isaak. 4 Dann beschnitt Abraham seinen Sohn Isaak, als er 8 Tage alt war, wie es ihm Gott befohlen hatte. 5 Abraham aber war 100 Jahre alt, als ihm sein Sohn Isaak geboren wurde. 6 Sara aber sprach: «Ein Lachen hat mir Gott bereitet. Jeder, der es hört, wird über mich lachen.» 7 Und sie sagte: «Wer hätte das Abraham (je) gesagt: Sara stillt Söhne. Und doch habe ich (ihm in) seinem Alter einen Sohn geboren.»

Für den Bericht über Isaaks Geburt wird man von vornherein vermuten, daß sich hier nun alle drei Erzähler, die hinter dem vorliegenden Text zu erkennen waren, zu Worte melden. Anderseits kann diese Geburt nur einmal ausgesagt sein. So wird auch von vornherein zu erwarten sein, daß die Berichte z.T. nur in Fragmenten erkennbar sein werden. Nun bestätigt sich wieder die im bisherigen gemachte Wahrnehmung, daß der Bericht von P, der sich in seiner sprachlichen wie inhaltlichen Gestalt am leichtesten herausheben läßt, vollständig erhalten ist. Er hat bei der abschließenden Redaktion auch hier deutlich die Grundlage gebildet. In der Doppelaussage des V. 1 wird er in **V. 1b**, wo der Jahwename dann bei der Redaktion dem V. 1a angeglichen worden ist (vgl. 17,1), zu finden sein. Daran schließen sich in **V. 2–5** sogleich die Angaben, die bei P zu erwarten sind. Überschriftartig stellt er zunächst fest, daß Jahwe nach dem, was er geredet, an Sara handelte. In deutlicher sprachlicher Anlehnung an 17,21 wird Saras Schwangerschaft und die

Geburt des Sohnes zu der in der großen Bundschlußrede Jahwes dem Abraham angesagten Zeit berichtet. Einzig bei V.2a wird man sich fragen, ob die Formulierung (vor allem das «seinem Alter einen Sohn gebären») nicht vom Verfasser des V.7 übernommen oder doch von ihm her angereichert ist. Die Namengebung war so schon in 17,19 von Jahwe angeordnet worden. Daß dann auch die Beschneidung des Sohnes nach dem in Kap.17 gegebenen Gebot am 8.Tage durchgeführt wird, ist nach der strikten und unmittelbaren Befolgung des Gebotes an jener Stelle nicht anders zu erwarten. Ganz so entspricht auch die dann noch folgende Altersangabe für Abraham der sonstigen Berichtsweise des P.

Den dann verbleibenden, dem V.1b parallelen V.1a möchte man um des darin gebrauchten Jahwenamens willen ebenso J zuschreiben wie V.6 wegen des dort verwendeten Elohim dem E. Da 6 und 7 je mit eigener Einleitung eine Aussage der Sara berichten, dürfte dann 7 von J stammen. Beide Aussagen spiegeln, jede in eigenständiger Formulierung, das Unerhörte wider, daß Sara in ihrem Alter noch einen Sohn geboren hat. War bei P in 17,17 durch das Lachen Abrahams und bei J in 18,12 durch das Lachen der Sara der Name Isaak vorbereitet, so zeigt hier E (6) wieder seine stärkere Scheu, die Verheißungsträger selber in ein zweideutiges Licht geraten zu lassen. Hier ist zunächst die Freude der Ahnmutter ob des unerhörten Geschehens der Geburt des Sohnes ausgesagt: Gott hat ihr ein Lachen (der Freude) bereitet. Dann aber wird im Blick auf die Umwelt das ungläubige Lachen derer, denen das so ganz Unmögliche erzählt wird, festgestellt. Bei J (7), der das ungläubige Lachen der Sara im Zeitpunkt der Verheißung berichtet hatte, ist hier eine nochmalige Anspielung an den Namen Isaak nicht nötig. So wird das Unerhörte des Geschehens im Blick auf Abraham ausgesagt, dem zuvor keiner mehr zu sagen gewagt hätte, daß Sara seinem «Alter» (der entsprechende Verbalstamm «alt sein» war in 18,11.12.13 betont herausgetreten) ein Kind gebären und es stillen werde. Auf die Verheißung Jahwes von 18,10.14, daß er in Jahresfrist nochmals in Mamre vorbeikommen werde, wird, soweit ersichtlich, nicht nochmals zurückgegriffen. So ist die Geburt Isaaks nach den beiden älteren Erzählern, die dem Menschlichen anders als P viel Raum geben, von Rufen der Freude und des Staunens umlagert.

21,8–21   Die Austreibung der Hagar und Ismaels

8 Aber das Kind wuchs heran und ward entwöhnt. Abraham aber veranstaltete ein großes Mahl an dem Tage, an dem Isaak entwöhnt wurde. 9 Als aber Sara den Sohn der Ägypterin Hagar, den sie Abraham geboren hatte, ‹mit ihrem Sohn Isaak›[58] scherzen sah, 10 da sprach sie zu Abraham: «Jage die Magd da und ihren Sohn weg, denn der Sohn dieser Magd da soll nicht mit meinem Sohn Isaak Erbe werden.» 11 Das Wort aber mißfiel Abraham sehr um seines Sohnes willen. 12 Aber Gott sprach zu Abraham: «Laß es dir nicht mißfallen wegen des Knaben und wegen deiner Magd. In allem, was dir Sara sagt, höre auf ihre Stimme, denn in Isaak soll dir Nachkommenschaft berufen werden. 13 Aber auch den Sohn der Magd will ich zu einem ‹großen›[59] Volke machen, denn er ist dein Nachkomme.» 14 Da machte sich Abraham am Morgen auf,

---

[58] Die griechische Übersetzung legt nahe, das in MT fehlende «mit ihrem Sohn Isaak» zu ergänzen.

[59] Das «groß», das im Gotteswort an Hagar in V.18 wiederkehrt und von den übrigen Textzeugen auch in V.13 bezeugt wird, dürfte im MT versehentlich ausgefallen sein.

nahm Brot und einen Schlauch Wasser und gab ihn der Hagar, ‹und das Kind legte er auf ihre Schulter›[60] und schickte sie weg. Sie aber ging und irrte in der Wüste von Beerseba umher. 15 Als aber das Wasser im Schlauche ausging, da warf sie das Kind unter einen der Sträucher 16 und ging, setzte sich eine Bogenschußweite weg gegenüber hin, denn sie sagte: «Ich kann das Sterben des Kindes nicht mit ansehen.» Und als sie nun gegenüber dasaß, da erhob sie[61] ihre Stimme und weinte.
17 Da hörte Gott die Stimme des Knaben, und der Bote Gottes rief Hagar vom Himmel her an und sprach zu ihr: «Was hast du, Hagar? Fürchte dich nicht, denn Gott hat die Stimme des Knaben gehört, dort, wo er liegt. 18 Steh auf, heb den Knaben auf und nimm ihn fest an deine Hand, denn ich werde ihn zu einem großen Volke machen.»
19 Und Gott öffnete ihr die Augen, und sie sah einen Wasserbrunnen und ging hin und füllte den Schlauch mit Wasser und gab dem Knaben zu trinken. 20 Und Gott war mit dem Knaben; er wuchs heran und wohnte in der Wüste und wurde ein Bogenschütze.
21 Er wohnte aber in der Wüste Paran, und seine Mutter nahm ihm eine Frau aus dem Lande Ägypten.

Das in sich geschlossene Erzählungsstück verwendet durchgehend die Gottesbezeichnung Elohim. Das führt ganz so wie die Tatsache, daß hier eine Zweitfassung der Hagargeschichte, die in Kap. 16 von J erzählt worden war, vorliegt, darauf, hier die Version des E zu finden. Der Einbau dieser «Doublette» in den Gesamtkomplex der Abrahamgeschichten war durch den Zusatz 16,9, der Hagar die Rückkehr zu Sara gebietet, ermöglicht worden. Der in Kap. 20 beginnende Komplex der E-Überlieferung wird somit in Kap. 21 (und dann auch in Kap. 22) weitergeführt. An der vorliegenden Stelle gilt es nun, darauf zu achten, was die abermalige Erzählung einer Geschichte von Hagars Ausscheiden aus dem Hause Abrahams an Eigenem zu dem in Kap. 16 Erzählten hinzuzubringen vermag. Zur Vorgeschichte des Stoffes muß auf die Ausführungen in Kap. 16 zurückverwiesen werden.
Die Erzählung nimmt ihren Ausgang (8) vom Bericht über die Entwöhnungsfeier für Isaak. Der E muß danach nicht nur von der Geburt Isaaks, wo seine Spur noch in 21,6 zu erkennen war, berichtet haben, sondern auch von der Geburt Ismaels. Da Ismael nach 21,14 noch als kleines Kind gedacht ist, kann sein Geburtsdatum demjenigen Isaaks nicht um die 14 Jahre vorausliegen, die sich in der Rechnung des P beim Vergleich von 17,24f. mit 21,5 ergeben. Von einer früheren Spannung zwischen Sara und Hagar weiß der Bericht des E offensichtlich nichts.
Die Entwöhnungsfeier Isaaks nun aber, die bei der langen Zeit des mütterlichen Stillens in jenen Bereichen etwa im 3. Lebensjahr Isaaks stattfinden konnte, gibt Anlaß zum Aufbrechen der Spannung (9–11). Wenn Sara Ismael mit Isaak «scherzen» sieht – das Verb «lachen», das hier wieder gebraucht wird, läßt erneut im Wortspiel den Namen Isaak aufklingen –, dann muß dahinter nichts Böses gesucht werden. Wenn ein Kommentator das Verb mit «seinen Spott treiben» übersetzt und unter Bezugnahme auf V. 6 sagt: «Er lachte, spöttelte über Saras ‹Lachen›

---

[60] Die Wortfolge ist im MT in Unordnung geraten. Ist die (sinnlose) Verstellung der Worte des MT nicht einfach ein Schreibversehen, so könnte sie sich aus der Absicht verstehen lassen, die unmögliche Folgerung zu vermeiden, daß der 16- bis 17-jährige Ismael der Mutter auf die Schulter gelegt worden sei. Auf diese Alterszahl wird man durch die Kombination der Angaben von 17,25; 21,5 und 21,8 geführt.
[61] Da V. 17 zweimal formuliert, daß Gott das Schreien des Knaben gehört habe, könnte hier evtl. auch die griechische Übersetzung im Rechte sein, wenn sie auch in V. 16 das Schreien auf das Kind bezieht.

und Freude, daher ihr Zorn», so bestätigt im folgenden nichts diese Auffassung. Es ist auch bei der vom Text vorausgesetzten Kleinheit Ismaels nicht anzunehmen, daß er dem 2- bis 3-jährigen Entwöhnten gegenüber auf sein Erstgeburtsrecht gepocht hätte. Wohl aber regt sich im Anblick der spielenden Kinder in Sara der Gedanke an das «Erbe». Das in 15,3f. und 7f. leitwortartig gebrauchte Verb «zum Besitz erhalten, erben» taucht hier wieder auf. In entschlossener Energie geht Sara gleich auf das Ganze und verlangt von Abraham die Vertreibung der Magd und ihres Sohnes, was Abraham, der menschlich empfindet, mit vollem Recht mißfällt, geht es dabei doch um seinen leiblichen Sohn.

Luther trifft hier schwerlich den Sinn des Textes, wenn er von dem hier Berichteten auf den geistlicheren Charakter der Sara zurückschließt, welche den Verheißungen eifriger nachgedacht habe als Abraham, der rein physisch die Liebe zu seinem Sohne empfinde. Der E macht hier die eifersüchtige Mutter in all ihrer menschlich-allzumenschlichen Empfindung sichtbar, neben welcher Abraham zunächst ohne Zweifel der Anwalt echter väterlicher Menschlichkeit ist. Nach menschlicher Ordnung und menschlicher Sittlichkeit müßte er recht behalten.

Nun will aber diese Erzählung deutlich machen, wie die göttlichen Entscheidungen anders laufen auch als das gute menschliche Empfinden (12–13). Gott selber greift ein (auch Kap. 20 hatte, allerdings in anderer Weise, von solch direktem göttlichem Eingriff berichtet). Er heißt Abraham, Sara Folge zu leisten – nicht wegen deren besserer Einsicht oder gar besserer moralischer Haltung, sondern allein wegen des festliegenden göttlichen Entscheides. Paulus zitiert in Gal. 4,30, wo er dem Geheimnis der Sohnschaft von der «Freien» und der «Sklavin» nachdenkt, die Austreibungsforderung Saras geradezu als göttlichen Austreibungsbefehl. Vgl. auch die Zitierung von V. 12b in Röm. 9,7 und Hebr. 11,18.

Zugleich aber fängt Gott die momentane Härte der Entscheidung durch eine Zusage auch über Ismael auf. Er will diesen, wie P in 17,20 ganz ebenso formulierte, zu einem «großen Volke» machen, weil er doch Nachkomme des Segensträgers Abraham ist.

Der Weggang der Hagar aus dem Hause Abrahams ist bei E ganz anders begründet als bei J in Kap. 16. Dort war es die unterdrückte Sklavin, die als entschlossene, nach Freiheit verlangende Frau, obwohl schwanger, in die Wüste hinaus entflieht und dort die Zusage des Gottes erfährt, der sich der Unterdrückten annimmt. Hier ist in spürbarer Spannung zu jenem Gott der Geringen der Gott verborgener Wahl und Entscheidung zu erkennen. Aber es ist dann doch auch hier der Gott, der Dinge, die, in menschlicher Eifersucht geplant, nur zum Bösen zu treiben schienen, auch für Ismael zum Guten zu lenken weiß. Der Satz, der in 1. Mose 50,20 die Dunkelheiten der Josephgeschichte durchhellt, kommt in gewissem Sinne auch über die vorliegende Episode zu stehen.

Es ist dann weiter geschildert (14–16), wie Abraham sorglich die aus dem Hause Getriebene mit Proviant (Brot und Wasser in einem Schlauch) versorgt und ihr das Kind auf die Schulter hebt. Es wird weiter beschrieben, wie die Mutter mit dem Kind durch die Wüste um Beerseba her irrt. Abraham ist danach, ohne daß dieses wie bei Isaak in 26,17ff. vermerkt wäre, aus dem festen Gerar (nach der Aufforderung Abimelechs in 20,15?) ostwärts, über den Herrschaftsbereich Abimelechs hinausgezogen. Auch 21,22–34 sucht ihn dann in Beerseba. Zur Örtlichkeit vgl. das dort zu Sagende. In der Wüste geht Hagar der Wasservorrat aus. In einem Verzweiflungsakt wirft sie den auch hiernach als Kleinkind gedachten Knaben in den Schatten eines Busches, setzt sich selber in der Nähe hin, um unter Tränen das Ende abzuwarten.

Das ist nicht mehr die kühne, freiheitsdurstige Hagar des J. Die Zeichnung des Erzählers ist weicher, empfindsamer gehalten.

Aber hier greift Gott ein (17–19). Die Szene erinnert an 1. Kön. 19,4. Dort ist von Elia erzählt, daß er von Beerseba aus eine Tagereise weit in die Wüste gegangen sei, dort unter einem Ginsterbusch Gott seine Sache verzweifelt hingeworfen, dann aber eben dort durch einen Gottesboten den Zuspruch erfahren habe, der ihn weiter zum Horeb wandern läßt. In 1. Mose 16 war der auffallende Wechsel der Benennung Gottes als Jahwe und dann als des Boten Jahwes aufgefallen. Der gleiche Wechsel ist auch hier zu finden, wenn V. 17 zunächst die Erhörung durch Gott, dann aber die Anrede durch den Gottesboten aussagt. Auch hier will zwischen Gott in seinem Handeln aus der Verborgenheit und dem Reden Gottes, das sich dem Menschen im Boten direkt zuwendet, unterschieden werden. Dazu kommt aber bei E die weitere Distanzierung, wonach auch der Gottesbote nicht in direkter Erscheinung, sondern vom Himmel her redet. In Kap. 20 hatte Gott nach E zu Abimelech im Medium des Traumes gesprochen.

In der göttlichen Antwort, die an die weinende Hagar erst die Frage richtet: «Was hast du?», sie aber dann im Stil des Erhörungswortes (vgl. zu 15,1) zur Furchtlosigkeit ermahnt, wird ihr gesagt, daß Gott auf die Stimme des Knaben gehört habe. In der in V. 17 zweimal aufklingenden Vokabel «hören» ist unverkennbar wieder auf den Namen Ismael («Gott hört») gedeutet – um so seltsamer, als in der ganzen Erzählung der Name Ismael weder vor noch nachher genannt wird. Es wird vom «Sohn der Ägypterin» (V. 9), «Der Magd da und ihrem Sohn … dem Sohn der Magd» (V. 10, vgl. V. 13), «dem Knaben und der Magd» (V. 12) geredet. Die ausdrückliche Namennennung von 16,11 ist verblaßt, nur in der Erzählweise klingt dieses alte, mit dem Stoff der Erzählung unlöslich verbundene Element noch nach. Dann aber konkretisiert sich die göttliche Erhörung in der nun auch der Hagar direkt zugesprochenen Verheißung, daß ihr Sohn zum großen Volke werden soll, und dann vor allem darin, daß ihr die Augen geöffnet werden (vgl. auch 22,13), so daß sie des Brunnens gewahr wird, der sie und ihr Kind vor dem Verdursten errettet. Auch darin taucht ein Element der älteren, in Kap. 16 belegten Tradition auf, die an einer bestimmten, namentlich benannten Brunnenstelle lokalisiert ist. Die Ätiologie des Brunnennamens ist aber ganz so zurückgetreten wie die Ätiologie des Ismaelnamens.

Mit einer knappen Schlußbemerkung (20–21) endet die ganze Erzählung. Das Heranwachsen des Knaben, mit dem Gott ist, wird berichtet. Wie in dem Bild von 16,12 und in 25,18 ist er als Wüstenbewohner beschrieben. Von der polemischen Wildheit des Wüstenstammes, die dort erwähnt war, ist nur noch die Angabe übriggeblieben, daß der Knabe Bogenschütze geworden sei. War in der «Bogenschußweite» von V. 16 schon leitwortartig darauf angespielt? In der ägyptischen Frau, die seine Mutter, die ägyptische Magd (V. 9f.), ihm nimmt, ist auch hier die Nähe der Ismaeliten zu Ägypten festgehalten. Der Name Paran, der die Wüste bezeichnet, in der er lebt, war schon in 14,6 (s. o. S. 38) erwähnt. Er dürfte ein weites Gebiet der Sinaihalbinsel bezeichnen. Im Namen der wichtigsten Oase im Süden der Sinaihalbinsel, Feiran, scheint der Name bis in unsere Zeit herübergekommen zu sein.

In der Rückschau auf die ganze Hagarerzählung des E ist festzustellen, daß in diesem Bericht die charakteristischen Ätiologien des Berichtes von Kap. 16 nur noch im Hintergrunde zu ahnen oder ganz verschwunden sind. Die konkrete Lokalisierung an einem mit Namen benannten Brunnen im tieferen Süden ist verlorengegangen. Auch der Charaker einer ätiologischen Kultlegende, welche von der Erscheinung der Gottheit bei einem bestimmten Brunnenheiligtum weiß, ist verblaßt. Die Herb-heit der Zeichnung sowohl der aus Unterdrückung entfliehenden Hagar als auch der wilden Kühnheit ihres Sohnes und der von ihm herkommenden Stammesgruppe ist gemildert.

Dafür ist die Geschichte von Hagars Trennung von Abraham zu einer Geschichte voller menschlicher Bewegung geworden: Eifern der Sara, Mißbilligung Abrahams, verzweifeltes Weinen einer Mutter angesichts des verdurstenden Kindes und indi-rekt erkennbar das Schreien des hilflosen Kindes zum Himmel. Das sind die menschlich bewegenden Züge. Aber dann ist gerade dieses so ganz menschlich Erzählte gehalten von der starken Spannung zum Geheimnis einer Entscheidung Gottes, die zunächst am Menschlichen vorbeizugehen scheint, aber doch auf ein großes Ziel ausgerichtet bleibt: Wirklichwerden der Verheißung über dem Sohn Abrahams und Saras. Im Schatten dieses Geschehens ereignet sich dann aber auch die Bewahrung der unter diesem Entscheid Gottes scheinbar dem Untergang Geweihten, die Erhörung des Schreiens der Hilflosen. So wird Gottes Geschichte im Rahmen einer menschlichen, Menschen bewegenden Geschichte erzählt.

21,22–34   Der Vertrag Abimelechs mit Abraham in Beerseba

22 Und es geschah zu dieser Zeit, daß Abimelech[62] und sein Feldoberst Pihol zu Abra-ham sagten: «Gott ist mit dir in allem, was du tust. 23 So schwöre mir hier nun bei Gott, daß du weder an mir noch an meinem Sproß und Nachkommen unredlich handeln wirst. Nach der Freundschaft, die ich dir erwiesen habe, sollst du an mir und an dem Lande, in dem du als Schutzbürger gelebt hast, handeln.» 24 Und Abraham sprach: «Ich will('s) schwören.»

25 Aber Abraham rechtete mit Abimelech wegen des Wasserbrunnens, welchen (sich) die Knechte Abimelechs mit Gewalt genommen hatten. 26 Aber Abimelech sagte: «Ich weiß nicht, wer das getan hat. Du hast es mir auch nicht mitgeteilt, und auch ich höre erst heute davon.» 27 Da nahm Abraham Kleinvieh und Großvieh und gab es Abimelech, und die beiden schlossen einen Bund. 28 Als aber Abraham sieben Lämmer vom Klein-vieh beiseite stellte, 29 da sprach Abimelech zu Abraham: «Was sollen ‹diese› sie-ben Lämmer[63] da, die du beiseite gestellt hast?» 30 Da sprach er: «‹Die› sieben Lämmer[63] sollst du aus meiner Hand nehmen, damit es für mich zur Bezeugung diene, daß ich diesen Brunnen gegraben habe.» 31 Darum nennt man diesen Ort Beerseba, denn dort haben die beiden geschworen. 32 Und sie schlossen einen Bund in Beerseba. Und Abimelech machte sich mit seinem Feldobersten Pihol auf, und sie kehrten ins Philisterland zurück. 33 ‹Abraham aber›[64] pflanzte in Beerseba eine Tamariske und rief dort den Namen Jahwes, des «El olam (= Gott Ewigkeit)», an. 34 Und Abra-ham verweilte lange Zeit als Schutzbürger im Lande der Philister.

Die Episode, die in Beerseba spielt und darin an die vorhergehende anknüpft, ver-wendet in V.22f. den Gottesnamen Elohim, was sie dem E zuweist. In V.33 findet

---

[62] Die griechische Übersetzung nennt hier nach 26,26 als dritten noch Ahussat, den «Freund» des Abimelech. Vgl. die Auslegung.

[63] Mit der samaritanischen Überlieferung ist in V.29 und 30 der Artikel beim Wort «Lämmer» zu lesen.

[64] Das Subjekt Abraham fehlt im MT, ist aber von der samaritanischen Überlieferung und den Übersetzungen bezeugt, also wohl zu ergänzen.

sich aber eine kultätiologische Einzelnotiz für eine heilige Stelle in Beerseba, die zu einer lokalen El-Bezeichnung, wohl vorisraelitischer Herkunft, den Jahwenamen fügt.

Man wird drei Möglichkeiten der Erklärung dieses Tatbestandes erwägen: Da die kurze Notiz in keinem engeren Zusammenhang mit der vorausgehenden Episode steht, könnte es sich um ein versprengtes Element aus J handeln. Da J aber, soweit sonst zu sehen ist, Abraham nie in Beerseba sucht, wohl aber in den Isaakerzählungen Kap. 26 Isaak in dieser Gegend lokalisiert und 26,24 f. im Stil von 12,7 f.; 13,18 von einer Gotteserscheinung in Beerseba, von Altarbau und Anrufung Jahwes durch Isaak redet, ist diese Annahme wenig wahrscheinlich. So könnte man sich weiter fragen, ob nicht in eine Notiz des E nachträglich der Jahwename eingefügt und so deutlich gemacht worden ist, daß es sich bei dem in Beerseba unter einem altehrwürdigen El-Namen verehrten Gott um keinen anderen handeln kann als um Jahwe. So ist ja in 14,22 ganz analog der in Jerusalem verehrte «Gott, der Allerhöchste» von 14,18–20 im Munde Abrahams zu «Jahwe, Gott, dem Allerhöchsten» geworden. Schließlich kann auch erwogen werden, ob nicht eine dritte Hand hier im Stile des J noch eine für die Jahwe-Anrufung in Beerseba bedeutsame Ergänzung zugefügt hat.

Thema der vorliegenden Episode ist der Vertrag von Abraham und Abimelech in Beerseba. 1. Mose 26 erzählt in ähnlicher Weise von Isaak als dem den Vertrag in Beerseba mit Abimelech Schließenden. Wieder wird man wie schon bei der Episode von der Gefährdung der Ahnfrau urteilen müssen, daß dieses Geschehen ursprünglich im Überlieferungskreis der Isaakgeschichten erzählt wurde. Erst in einer jüngeren Phase ist es auf den großen Ahnen Abraham übernommen worden. Es ist in diesem Zusammenhang wieder wichtig, die Frage zu stellen, wie denn nun E die ihm überkommene Erzählung wandelt und mit seinen eigenen Akzenten erzählt.

In Kap. 26 J ist die Episode in Beerseba eng mit dem Geschehen in Gerar verbunden. Nachdem dort Abimelech nach der Entdeckung, daß Rebekka nicht Isaaks Schwester, sondern seine Frau ist, seiner Umgebung strikte befohlen hatte, die Frau nicht anzurühren, bleibt Isaak weiterhin im Herrschaftsbereich Gerars und erlebt es, wie Jahwe ihn nicht nur in seiner Aussaat, sondern auch in seinem Herdenbesitz segnet. Darob kommt es zu Spannungen mit den Philistern. Daß der von Hause aus kanaanitische Abimelech anachronistisch zum Philisterkönig gemacht wird, war früher schon zu erwähnen (s. o. S. 96). Die Spannungen führen zu einem Zurückweichen Isaaks ostwärts in Richtung Beerseba, nachdem ihn Abimelech selber zum Weggehen aufgefordert hat. Die Brunnennamen Esek und Sitna erinnern nach dem Bericht des J an Streitigkeiten um die Brunnenrechte. Darin haben sich vermutlich alte Erinnerungen der in dieser Gegend wohnenden Isaakleute erhalten. Erst der Brunnenort Rehobot (nicht mit dem heutigen Rehobot gleichzusetzen) gibt ihnen «Weite». Von hier zieht Isaak weiter nach Beerseba, wo ihm nicht nur Jahwe erscheint und den Abrahamssegen ausdrücklich über ihm erneuert, sondern auch Abimelech mit zwei seiner Nächstvertrauten ihn aufsucht. Auf die unwirsche Frage Isaaks, warum er denn komme, wo man ihn doch gehaßt und weggeschickt habe, bittet er um einen Bundschluß, weil sich doch nun einmal gezeigt habe, daß Jahwe mit Isaak sei. Aus diesem Geschehen soll sich, so berichtet 26,33, der Name Beerseba, «Schwurbrunnen», herleiten.

Der Elohist hat die enge Verbindung der Erzählung von der Gefährdung der Ahnfrau in Gerar mit den Ereignissen um Beerseba gelöst und zwischen den beiden Ereignissen die Geburt Isaaks und die Hagar-Ismael-Geschichte berichtet. In Gerar war Abraham nach E der hochgeehrte Gottesmann, dem Abimelech von sich aus angeboten hatte, in seinem Lande zu wohnen, wo immer es ihm gefalle (20,15). So fehlt denn dem Bericht des E der ganze Hintergrund von Spannung und Vertreibung des Ahnen Israels aus dem Herrschaftsbereich Abimelechs. Er setzt unmittelbar bei der Feststellung Abimelechs über Abraham ein (22–24), die gleich lautet wie Abimelechs Feststellung über Isaak nach J in 26,28: «Gott (J: Jahwe) ist mit dir.» Darum die Bitte um den verbindlichen Schwur, der dann nachher (V.27.32) als «Bund» bezeichnet wird. Man wird, wenn man von der Vorgeschichte in Gerar nach Kap.20 herkommt, etwas verwundert fragen, warum denn das schon so ausgezeichnete Verhältnis zwischen Abraham und Abimelech noch einer ausdrücklichen Bekräftigung durch einen Schwur bedürfe. Es kann ja hier nicht mehr um die Beilegung einer Spannung gehen.

An die Version des J über Isaak erinnert auch die Erwähnung des Begleiters Pihol, des Feldobersten Abimelechs. Die griechische Übersetzung hat dann, um die Angleichung vollständig zu machen, auch noch den dritten, Ahussat, den «Freund» Abimelechs (26,26), mit erwähnt. Diese Namen verraten, daß man einst wohl noch voller von Abimelech zu erzählen wußte. Auch spiegelt sich in den zwei Amtsträgern neben dem König noch die relative Bedeutsamkeit des altkanaanitischen Königtums in Gerar. Der Feldoberst dürfte kaum, wie sein Name andeuten möchte, Heerbanntruppen, sondern Soldkrieger des Stadtkönigs befehligt haben. Zum «Freund» des Königs ist für David 2. Sam.15,37; 16,16 und die Erwähnung in einer Ämterliste 1. Chr.27,33, für Salomo die Nennung in einer Ämterliste in 1. Kön.4,5 zu vergleichen. Ist in diesem «Amt» ägyptischer Einfluß zu erkennen? In einer Inschrift des Gaufürsten Kar von Edfu aus der 6. Dynastie berichtet dieser u.a., daß er zu einem «Einzigen Freunde» des Pharao ernannt worden sei. Die griechische Übersetzung versteht den «Freund» (nach zeitgenössischen Analogien?) als «Brautführer» des Königs.

Der Besuch Abimelechs bei Abraham, der wohl schon nach 21,14 mit seinen Herden in der Gegend von Beerseba zu suchen ist, erhält auch noch bei E durch die mitgebrachte Begleitung das Gewicht einer Staatsaktion. Dem Wunsch Abimelechs, die gute Beziehung durch eine Schwurabmachung auf weitere Zukunft zu festigen, ist Abraham ohne Bedenken bereit zu willfahren. Die Unterstreichung Abimelechs, daß er seinerseits Huld (es ist schon vorgeschlagen worden, das hebräische Wort geradezu mit «Bundestreue» zu übertragen) geübt habe, als Abraham in seinem Lande als Schutzbürger weilte (20,1), entspricht hier anders als die analoge Aussage gegenüber Isaak in 26,29 durchaus dem zuvor Berichteten. So gibt dann Abraham nach V.27 dem Abimelech Geschenke von Klein- und Großvieh zur Bekräftigung seines Versprechens, und daraufhin wird der beide Seiten bindende Freundschaftsvertrag geschlossen. Dem im Zusammenhang dieses «Bundes» von beiden geleisteten Schwur verdankt, so hält V.31 fest, der Ort seinen Namen Beerseba, «Schwurbrunnen». Daß der Name in 26,33 nochmals mit etwas anderem Vokabular begründet wird, bildet für den Redaktor, der die Erzählungen von J und E verbunden hat, keine Beschwer.

Nun taucht in der Erzählung des E, deutlich mit dem von ihm in Kap.20 so ausgiebig verwendeten Stilmittel der Nachholung eingeführt, doch noch ein Nachhall der Brunnenstreitigkeiten, von denen Kap.26 im Rahmen der Isaakgeschichte so voll zu berichten weiß, auf (25–31). Nach all dem zuvor Gesagten überrascht es, daß Abraham nun, zwischen der Bereitschaftserklärung zum Schwur (V.24) und dem Vollzug des Bundschlusses (V.27), dem Abimelech noch eine Beschwerde wegen des Wasserbrunnens, den sich die Knechte Abimelechs gewaltsam angeeignet haben, vorlegt. Es kann sich bei «dem Brunnen» hier nur um den Grundwasserbrunnen von Beerseba handeln. Die ganze Episode ist voll nur auf dem Hintergrund des in Kap. 26 Erzählten zu verstehen. Dabei ist allerdings die Ungenauigkeit der Wiedergabe durch E nicht zu übersehen, die aus den Brunnenstreitigkeiten um Esek und Sitna, die dann in Rehobot und Beerseba zur Ruhe kamen, einen Streit um den Brunnen von Beerseba macht. Man hat unter Hinweis auf die Tatsache, daß dann in V.32 der Bundschluß nochmals erwähnt wird, auf den Einschub aus einer anderen Quellenschrift schließen und auch hier sogar den J finden wollen. Richtiger wird man urteilen, daß dem E die Überlieferung von den Brunnenstreitigkeiten durchaus schon vorlag, daß er sie aber bewußt mit seinem Stilmittel der Nachholung zunächst zurückgestellt hat, weil ihm daran lag, das ungetrübte Verhältnis des Abimelech zu Abraham und seine nie gestörte Hochachtung für Abraham voll zum Ausdruck zu bringen. Die Brunnenstreitigkeiten bleiben dann Störungen auf der Ebene der Knechte. So kann denn Abimelech hier auch sehr wortreich beteuern, daß er bisher darüber nicht informiert war und auch Abraham ihm zuvor nichts darüber gesagt hatte. Abraham aber liegt daran, auch den Besitz des Brunnens in Beerseba klar festgelegt zu sehen. Sieben Kleintiere, die er neben der großen Geschenkgabe an Abimelech noch gesondert hält, sollen zeichenhafte Bekundung der Besitzverhältnisse beim Brunnen von Beerseba sein. So wird es Abimelech, der sich erstaunt nach dem Sinn dieser gesondert übergebenen Gabe erkundigt, erklärt. Es ist dabei nicht zu übersehen, daß in der Zahl Sieben der Wortstamm, der im Namen Beerseba vorkommt und der schon beim Verb «schwören» auftauchte, nochmals anklingen soll. Darin ist eine zweite Möglichkeit, den Namen Beerseba als «Siebenbrunnen» zu erklären, der dem E wohl schon in der volkstümlich geformten Tradition vorgelegen haben dürfte, sichtbar gemacht.

Die nochmalige Erwähnung, daß die beiden in Beerseba einen Bund schlossen, welche die Formulierung von V.27 wörtlich nochmals aufnimmt, kann dann zum Abschluß überleiten (32–34), der davon berichtet, daß Abimelech und Pihol wieder ins Philistergebiet zurückkehrten. Der Anachronismus der philistäischen Herrschaft über Gerar ist (aus Kap. 26) auch in diesen Abschluß und auch in die in V.34 noch folgende Bemerkung, daß Abraham lange als Schutzbürger im philistäischen Gebiete weilte, eingedrungen.

Hinter den Erzählungen von Kap. 21 und 26 ist wohl das Wissen um bestimmte vertragliche Abmachungen, welche Brunnenrechte im Negeb betrafen, zu erkennen. Darüber hinaus ist es deutlich, daß an beiden Stellen der Name Beerseba in einer Namensätiologie erklärt werden möchte. In der Erzählung des E allerdings treten beide Anliegen spürbar in den Hintergrund vor dem eigentlichen Anliegen, die Anerkennung Abrahams als des Mannes, «mit dem Gott ist», auch in gewichtiger Weise von fremden Herrschern bestätigt zu sehen. Durch die Weglassung der ganzen Vorgeschichte der Spannungen und die Hochachtung, die Abraham als «Prophet» durch seine Kraft zur Fürbitte schon in Kap. 20 erfährt, die auch trotz der Nebengeräusche im Untergrund der «Knechte», von denen Abimelech nichts weiß, nicht beeinträchtigt ist, wird die Wohlangesehenheit dieses Mannes, den Gott «ins Ungewisse geführt hat» (20,13), bei Gott und den Menschen besonders stark herausgehoben. Es ist dabei auch hier festzuhalten, daß diese Wohlangesehenheit nicht aus besonderen Tugenden dieses Mannes erklärt wird, sondern auf dem einfachen «Gott mit ihm» beruht. Das gleich folgende Kap. 22 wird dann sichtbar machen, in welche gefährlichen Tiefen das «Gott mit ihm» den Erwählten Gottes führen kann. Noch ist die Angabe des V. 33 zu bedenken, nach welcher Abraham in Beerseba eine Tamariske pflanzt und dort den Namen «Jahwes, des El Olam (= Gott Ewigkeit)» anruft. Daß in Beerseba ein wichtiges Heiligtum gewesen sein muß, belegen nicht nur die verschiedenen Berichte von Gotteserscheinungen in Beerseba (1. Mose 26,24f.; 46,1ff.), sondern auch die Angaben des Amos über eine vom Nordreich her geübte Wallfahrt an diesen Ort (5,5). Die Bezeichnung «Haus Isaak» für das Nordreich (Am.7,16, vgl. 9) scheint eine alte Verbindung zwischen dem Bereich der ursprünglichen Isaakerinnerungen im Negeb und dem Nordreich zu signalisieren (s. o. S. 96). Die vorliegende Stelle belegt, daß dort auch ein heiliger Baum stand, dessen Pflanzung auf Abraham zurückgeführt wird. Da «heilige Bäume» am Kultort auf vorisraelitische Heilighaltung eines Ortes weisen (Sichem 12,6; Mamre 13,18, vgl. 18,1.4.8), fügt sich die Erwähnung der in Beerseba geschehenden Anrufung Jahwes als «Gott Ewigkeit» gut dazu. Hier ist der Kultname einer lokalen Gottheit erkennbar, die zum El-Namen hinzu das Epitheton «Ewigkeit» erhält. Dieses ist nicht im Sinne einer spekulativen Zeit-Ewigkeit-Antithese zu verstehen, sondern meint den Gott, der seit uralters Gott ist. Das Epitheton kann in Israels Umwelt auch anderen Göttern gegeben werden, so der Erde, der Sonne. Es führt nach seinem Vorstellungsgehalt hinüber zu dem «Alten an Tagen» von Dan.7,9. In Jes.40,28 ist es ganz eingegangen in die Tröstung des kleinmütig gewordenen Volkes im Exil, das in stürmischer Rede vom Propheten gefragt wird: «Weißt du es nicht, hast du es nicht gehört? Ein ewiger Gott ist Jahwe, der die Enden der Erde geschaffen.» Infolge des Unterganges des Nordreiches und vor allem dann der Entweihung der Höhen «von Geba bis Beerseba» (2.Kön.23,8) durch Josia verliert Beerseba seine Bedeutung. Zu Beginn des 20. Jahrh. war Beerseba ein unbedeutender kleiner Ort. Durch die Staatsgründung Israels ist der Ort wieder zu Ehren und als Zentrum des Negeb auch wirtschaftlich zu Bedeutung gelangt. Die alte Siedlung liegt möglicherweise wadiaufwärts östlich der heutigen Stadt beim *tell es-seba˙*. Ausgräber sind heute daran, dessen Geheimnis zu enthüllen.

22,1–19   Isaaks Opferung

1 Es geschah aber nach diesen Begebenheiten, da versuchte Gott[65] den Abraham und sprach zu ihm: «Abraham!» Er aber sagte: «Hier bin ich.» 2 Da sprach er: «Nimm deinen Sohn, deinen einzigen, den du liebhast, den Isaak, und gehe ins Land Moria und bringe ihn dort als Brandopfer auf einem der Berge, den ich dir sagen werde, dar.» 3 Und Abraham machte sich am Morgen früh auf, sattelte seinen Esel und nahm seine zwei Diener und seinen Sohn Isaak mit sich. Und er spaltete Holz zum Brandopfer und machte sich auf und ging an den Ort, den ihm Gott sagte.
4 Am dritten Tag, als Abraham seine Augen erhob, sah er den Ort von ferne. 5 Da sprach Abraham zu seinen Dienern: «Bleibt ihr hier mit dem Esel, ich und der Knabe aber, wir wollen dorthin gehen. Wenn wir dann angebetet haben, so wollen wir zu euch zurückkehren.» 6 Dann nahm Abraham die Holzscheite zum Brandopfer und legte sie Isaak, seinem Sohne, auf. Und er nahm das Feuer und das Messer in seine Hand, und so gingen die beiden zusammen.

---

[65] Der starke Akzent, der im Hebräischen auf dem vorangestellten «Gott» liegt, ist im Deutschen schwer hörbar zu machen (etwa: «Da war es Gott, der Abraham versuchte»).

7 Da sagte Isaak zu seinem Vater Abraham: «Vater!» Er aber sagte: «Ja, was ist, mein Sohn?» Und er sagte: «Siehe, da ist das Feuer und sind die Holzstücke. Wo ist aber das Tier zum Brandopfer?» 8 Da sagte Abraham: «Gott wird sich das Tier zum Brandopfer ersehen, mein Sohn.» Und so gingen die beiden zusammen.
9 Dann kamen sie an den Ort, den ihm Gott gesagt hatte. Und Abraham baute dort den Altar und schichtete die Holzstücke auf und band seinen Sohn Isaak und legte ihn auf den Altar oben auf die Holzstücke. 10 Und Abraham streckte seine Hand aus und nahm das Messer, um seinen Sohn zu schlachten.
11 Da rief ihm der Bote Jahwes vom Himmel her zu: «Abraham, Abraham!» Und er sprach: «Hier bin ich.» 12 Und er sprach: «Strecke deine Hand nicht aus gegen den Knaben und tu ihm nichts an, denn nun habe ich erkannt, daß du Gott fürchtest und mir deinen einzigen Sohn nicht vorenthalten hast.» 13 Und als Abraham seine Augen aufhob und hinsah, siehe, da war ‹ein›[66] Widder, der sich mit seinen Hörnern im Dickicht verfangen hatte. Da ging Abraham hin und nahm den Widder und brachte ihn anstelle seines Sohnes als Brandopfer dar. 14 Und Abraham nannte den Namen jenes Ortes «Jahwe ersieht». So sagt man noch heute: «Auf dem Berge, da Jahwe gesehen wird.»
15 Und der Bote Jahwes rief Abraham zum zweitenmal vom Himmel her zu 16 und sagte: «Bei mir selber schwöre ich, ist der Spruch Jahwes, weil du dieses getan hast und deinen einzigen Sohn ‹mir›[67] nicht vorenthalten hast, 17 so will ich dich reich segnen und deine Nachkommenschaft reichlich mehren wie die Sterne am Himmel und den Sand an der Küste des Meeres. Und deine Nachkommenschaft soll das Tor ihrer Feinde in Besitz nehmen. 18 Und mit (dem Namen) deiner Nachkommenschaft sollen sich alle Völker der Erde Segen wünschen, weil du auf meine Stimme gehört hast.»
19 Dann kehrte Abraham zu seinen Dienern zurück, und sie machten sich auf und gingen miteinander nach Beerseba. Und Abraham blieb in Beerseba wohnen.

Die Erzählung verwendet bis hin zu V. 14 außer in der Benennung des «Boten Jahwes» in V. 11 durchgehend die Elohimbezeichnung für Gott. Sie wird auch durch ihre Erzählweise, in der bei aller Härte des Berichteten die menschliche Empfindung indirekt (etwa im Gespräch beim Aufstieg auf den Berg) stark angerührt wird, durch das Reden des Gottesboten vom Himmel her sowie durch das Leitwort «Gott fürchten» deutlich zu E gewiesen. Da E in 21,17 auch die elohistische Bezeichnung «Gottesbote» verwendete, muß beim «Jahweboten» von V. 11 eine nachträgliche Veränderung in Angleichung an V. 15 (s. u.) angenommen werden. Ebenso sind die zwei Namensätiologien von V. 14, die den Jahwenamen enthalten, nachträglicher Überarbeitung verdächtig. Hier könnte die Verbindung mit der Ortsangabe Moria in V. 2 der Grund dafür gewesen sein. Deutlich heben sich dann V. 15–18 als ein Nachtrag heraus. Die Tatsache, daß der Jahwebote, nachdem die eigentliche Erzählung mit ihrer inneren Dramatik an ihr Ende gelangt ist, ausdrücklich «zum zweiten Mal» (V. 15) vom Himmel her redet, die im Botenwort gebrauchte Gottesspruchformel und vor allem das Einbringen der ganzen Segnungsterminologie des J legen es nahe, hier noch eine ausdrückliche Nachinterpretation der Erzählung mit dem Sprachgut des J zu finden. Es ist ein Jünge-

---

[66] Mit der Masse der Textzeugen ist hier statt des «hinter» des MT das im Hebräischen graphisch minimal davon verschiedene «einer» zu lesen.
[67] Entsprechend V. 12 ist hier zusammen mit der samaritanischen Überlieferung, der griechischen Übersetzung u. a. das im MT fehlende «mir» zu ergänzen.

rer, der in seiner Aussage dann auch wieder spürbar von J (12,1–3) abweicht, der hier zu Worte kommt. Der Schlußvers 19 dürfte im ursprünglichen Text direkt an V. 14 angeschlossen haben.

Man hat auch bei dieser Erzählung des E, die anders als Kap. 20f. keine Parallele bei J hat, nach ihrer stofflichen Vorgeschichte gesucht. Zwei Fragerichtungen, die in diesem Zusammenhange befolgt worden sind, seien hier kurz berührt.

1. Man hat gesehen, daß die Erzählung eine ätiologische Ausmündung hat. Der Name des Ortes, an dem das in 1. Mose 22 Erzählte geschehen ist, soll erklärt werden. Um welchen Ort handelt es sich dabei? Auf diese Frage ist leider wenig Gewisses mehr auszumachen. Nach V. 2 gebietet Gott Abraham, ins «Land Moria» zu gehen. Ein so benanntes Land ist sonst nirgends belegt. Dagegen sagt 2. Chr. 3,1, daß Salomo Gott den Tempel «auf dem Berge Moria, wo er seinem Vater David erschienen war», gebaut habe. Dabei ist auf das in 1. Chr. 21 (2. Sam. 24) Erzählte zurückgewiesen. Josephus hat dann den Ort von 1. Mose 22 offen mit dem «Berg, wo später der König David einen Tempel baute», gleichgesetzt. Während nun in V. 2 die älteren Übersetzungen seltsam abweichend vom «hohen Lande» oder vom «Land der Amoriter» reden, ist schon in der samaritanischen Überlieferung, dem Targum u. a., Moria mit «Erscheinung» wiedergegeben. Die Beziehung hin zu V. 14, wo der Jahwename aber Verdacht gegen die Ursprünglichkeit der Formulierung erweckt, ist nicht zu übersehen. So ist der heute in V. 2 zu findende Name Moria zusammen mit den Angaben von V. 14 nicht frei vom Verdacht, einen früher hier stehenden Namen verdrängt zu haben und das ganze Geschehen nachträglich auf den späteren Tempelberg verlegen zu wollen. Die Tendenz, Jerusalem nachträglich in den Vätergeschichten ins Spiel zu bringen, war schon bei 14,18–20 deutlich zu erkennen. Da man in einer älteren Überlieferung eher den El- als den Jahwenamen meint vermuten zu sollen, hat man, in Beachtung einer offenbar auch in der Antwort Abrahams von V. 8 beabsichtigten Anspielung, sich gefragt, ob man etwa auf den Namen Jeruel geführt werde. Dieser Name ist in 2. Chr. 20,16 als Name einer Örtlichkeit in der Wüste nahe bei Thekoa erwähnt. Nichts deutet aber darauf hin, daß dort ein heiliger Ort zu suchen wäre. So bleibt es in der Frage nach der ursprünglichen Lokalisierung der Geschichte und des Namens, auf den sie ätiologisch hinführen will, bei einem Non liquet.

2. Man hat weiter vermutet, in dieser Geschichte, in der zuerst von Abraham das Opfer seines Sohnes gefordert wird, dann aber Gott selber das Opfertier bereitstellt, sei es ursprünglich um eine Erzählung gegangen, welche von der Ablösung des Menschenopfers durch ein Tieropfer redete und dieses mit einem bestimmten Opferort verband. Aber auch dieser Hintergrund ist, wenn er überhaupt je bestanden haben sollte, ganz verblaßt und trägt zum Verständnis des vorliegenden Textes nichts aus. Dieser will nicht von einer allgemeinen Regel der Auslösung des Menschen durch ein Tieropfer reden, sondern sehr konkret ein einmaliges Geschehen der Geschichte Abrahams erzählen. Auf die Aussage der Jetztform der Erzählung, die sich auch nicht in die verschiedenen Erzählfäden einer Wallfahrts- und einer Kultstiftungstradition auflösen läßt, sondern ein strenges inneres Gefälle hat, gilt es nun zu achten.

In einer Weise, die an 1. Mose 18,1 erinnert, stellt der Erzähler gleich an den Anfang (1) die Mitteilung dessen, worum es in der ganzen Erzählung gehen wird. Ähnliches wäre auch von den himmlischen Szenen in Hiob 1f. zu sagen. «Gott versuchte den Abraham.» Vgl. auch Anm. 65. Der Leser der Erzählung weiß von diesem ersten Satze an, worum es gehen wird. Das mildert die schwere Härte des Ganzen für den Hörer, nicht aber für Abraham, der (gleich Hiob) von der ganzen Absicht Gottes nichts weiß.

Im Nachtgesicht – so möchte man es nach der Weiterführung verstehen (vgl. dazu in E auch 20,3 sowie 21,12–14) – gibt Gott dem Abraham Befehl, ihm seinen Sohn darzubringen (2–3). «Deinen Sohn, deinen Einzigen, den du liebhast.» Diese volle Beschreibung leuchtet in die Tiefe der Anfechtung hinein, die dieser Befehl für Abraham bedeuten muß. Im weiteren aber ist von keiner Gefühlsreaktion Abrahams geredet, sondern in großer Verhaltenheit nur der schlichte Gehorsam, in dem er tut, was ihm aufgetragen ist, berichtet. Gleich am anderen Morgen trifft er seine Vorbereitungen, bepackt sein Tier mit dem Nötigen, spaltet das Holz für das Altarfeuer und macht sich mit zwei Dienern und Isaak wohl von Beerseba aus, wohin er nach V. 19 zurückkehrt, auf den Weg.

Am dritten Tag (4–6) ist der Berg, dessen ursprünglich gemeinte Örtlichkeit sich unserer Kenntnis entzieht, in der Ferne zu sehen. Da läßt Abraham die Diener und das Lasttier zurück, um sich mit Isaak allein an den offenbar einsamen Ort aufzumachen, an dem er die Tat des Gehorsams tun soll. Behutsam verteilt er die mitzunehmende Last. Die Holzstücke gibt er dem Knaben, die gefährlichen Dinge, die wohl in einem Tonkrug mitgenommene Glut und das Messer, nimmt er sorgsam in die eigene Hand, damit sich der Knabe nicht verletze. So hütet väterliche Liebe das Leben des Sohnes, den dann doch bald nachher Gott von ihm fordern wird.

Erregend und hintergründig aber ist dann das Gespräch auf dem Weg zum Berge (7–8). Hier der Knabe, der arglos den Vater anruft, dort der Vater, der hinhört. Das: «Siehe, hier bin ich», mit dem Abraham Gott in V. 1 und dann V. 11 antwortet, ist hier beziehungsvoll erweitert: «Ja, was ist (wörtlich ebenfalls: Hier bin ich), mein Sohn?» Und dann die erstaunte Frage des Sohnes, die feststellt, daß bei aller sorgfältigen Vorbereitung doch das Wichtigste vergessen ist: das Opfertier. Und darauf die hintergründig-vielsinnige Antwort des Vaters: «Gott wird sich das Tier zum Brandopfer ersehen», und dazu wieder das liebevolle: «Mein Sohn». Eine verhüllende Antwort, die doch so voll enthüllt, wo des Vaters Gedanken sind: Bei Gott – um ihn geht es. Er handelt auf dem Weg, auf dem Abraham ist. Er ersieht sich auch sein Opfertier. Abraham ahnt nicht, was er damit vorwegnehmend sagt – das, was dann nach dem Schluß der Erzählung den Namen des Ortes bestimmen wird. Gott hat sich dann in der Tat sein Opfertier ersehen. Für Abraham ist aber dieses «Ersehen des Opfertieres» in dem Anruf Gottes, der ihn auf den Weg rief, vernehmbar geworden. Es wird sein Sohn sein. Und doch formuliert er das nicht perfektisch. Wo Gott am Werke ist, ist auch immer noch Zukunft offen. Und weil er so von Gott als dem, bei dem nicht fatalistisch die Dinge festliegen, obwohl menschlich gesehen für Abraham alles festliegt – weil er so sein Reden für das Tun des lebendigen Gottes offenhält, darum redet er auch wahr von Gott. So wahr, wie er es selber noch nicht ahnen kann.

Es ist töricht, in diesem Zusammenhang die Frage aufzuwerfen, ob Abraham mit seiner Antwort denn nicht seinen Sohn angelogen habe, so wie er auch den Dienern, wenn er von ihrer beider Rückkehr redete (V. 5), nicht die Wahrheit gesagt habe. Abrahams Antwort, die Gott nicht als Fatum der Vergangenheit einverleibt, sondern sich seinem Tun entgegengehen weiß, ist in tieferem Sinne wahr, als es die bloß auf geschehene Entscheidung zurückweisende Aussage gewesen wäre. Dann aber ist der Dialog zwischen Vater und Sohn, von dem der Erzähler berichtet, zu Ende. Mit der gleichen Bemerkung, mit welcher der Wegbericht eingeführt war, wird er weitergeführt: «Und so gingen die beiden zusammen» (V. 6. 8).

Das Weitere (9–12) ist ohne jedes Gespräch in reiner Aufzählung der nun geschehenden Akte Abrahams berichtet: Am Orte angekommen, baut er den Altar, schichtet das Holz auf ihm, bindet Isaak (wieder ist hinzugefügt: «seinen Sohn»), wie man ein Opfertier bindet, legt ihn auf das Holz auf dem Altar, streckt seine Hand aus, ergreift das Messer zur Opferschlachtung seines Sohnes – wieder dieses schier unerträgliche «seinen Sohn»! Da fällt Gottes Stimme ein. Ganz so wie bei E in 21,17 geschieht der Anruf durch den Gottesboten vom Himmel her und verbietet Abraham mit leidenschaftlichem zweimaligem Namensanruf, Hand an den Sohn zu legen. Und dann enthüllt sich auch Abraham, was der Hörer der Geschichte von V. 1 ab weiß: Gott hat ihn auf die Probe gestellt. Probe aber soll etwas an den Tag bringen, was zuvor so noch nicht am Tage lag. So hat Gott in dieser Probe erkannt, daß Abraham Gott fürchtete und bereit war, auch seinen Sohn, den einzigen (vgl. V. 2), Gott zurückzugeben, wo dieser ihn forderte.

Und dann (13–14) erweist sich auch sogleich, wie wahr Abraham unwissend geredet hatte, als er seinem Sohne sagte, daß Gott sich das Opfertier ersehen werde. Im Gebüsch auf dem einsamen Opferhügel entdeckt er das von Gott zum Opfer ersehene Tier, einen Widder, den er nun anstelle seines Sohnes darbringt – wie befreit kann nun die zum neuntenmal lautwerdende Bezeichnung «Sohn» in V. 13 ausgesprochen werden! In der ätiologischen Ausmündung von V. 14 ist zunächst festgehalten, daß Abraham den Ort mit dem Satz seiner unwissend-wissenden Antwort an den Sohn benannt habe: «Jahwe ersieht.» Der Name ist dann, wo von seiner Benennung «heute», d.h. in des Erzählers Gegenwart, geredet wird, in die passive Form umgesetzt: «Jahwe wird gesehen», d.h. «Jahwe erscheint». In 12,7; 18,1 war mit dieser Formulierung eine echte Jahweerscheinung ausgesagt, wie sie in 22,1ff., wo die Gottesstimme vom Himmel her redete, nicht zu finden war. Sollte die Vermutung, daß die jetzt vorliegende Ätiologie den heiligen Ort Jerusalem vor Augen hat, zu Recht bestehen, so enthält die zweite, die Gegenwartsaussage meinende Formulierung, wenn sie schon nur sehr von ferne an das Moria von V. 2 anklingt, den Hinweis auf den Ort besonderer Nähe Jahwes, wie Israel an sie glaubte.

Mit der ganz sachlichen Feststellung von V. 19, die einst unmittelbar an V. 14 anschloß, klingt der Bericht über das Abraham im Tiefsten aufwühlende Geschehen aus: Rückkehr zu den Dienern, Heimkehr nach Beerseba, weiteres Wohnen in Beerseba.

Die Verhaltenheit dieser ganzen Erzählung wird einem klar, wenn man etwa die späteren Ausmalungen danebenhält – etwa im Blick auf den Abschluß des Ganzen. R. Levi (um 300) berichtet den Abschluß: «Als Isaak zu seiner Mutter zurückkehrte, sprach sie zu ihm: Wo bist du gewesen, mein Sohn? Er sprach zu ihr: Mein Vater hat mich genommen und mich die Berge hinauf- und die Hügel hinabgeführt ... (dann folgt die Schilderung der Opferszene). Da rief sie (Sara): Wehe über den Sohn der Unglücklichen! Wenn nicht der Engel gewesen wäre, so wärest du längst geschlachtet? Er antwortete: Ja! In jener Stunde stieß sie sechs Laute aus entsprechend den sechs Trompetenstößen (am Neujahrstag, durch die an Isaaks Opferung erinnert werden soll). Man hat gesagt: Kaum hatte sie dieses Wort beendet, da starb sie.»

Das Meisterhafte dieser Erzählung hat E. Auerbach im 1. Kapitel seines Buches «Mimesis», 1946, 7–30, unter der Überschrift: «Die Narbe des Odysseus» im

Vergleich mit der homerischen Szene vom Wiedererkennen des Odysseus durch die Schaffnerin Eurykleia im 19. Gesang der Odyssee herausgearbeitet. Ist dort alles bis ins letzte anschaulich ausgemalt, so daß jeder Zug mit Augen geschaut werden kann, ohne viel tieferen Hintergrund zu haben, so ist 1. Mose 22 in der Außenschilderung verhalten, ferne von jeder Ausmalung. Aber jeder Satz ist hintergründig. Der Mensch, der die Geschichte hört, ist an einem Geschehen zwischen Gott und Mensch beteiligt. Der biblische Text «will uns ja nicht nur für einige Stunden unsere eigene Wirklichkeit vergessen machen wie Homer, sondern er will sie sich unterwerfen; wir sollen unser eigenes Leben in seine Welt einfügen» (20). In seinen vier Meditationen der Geschichte von Isaaks Opferung in «Furcht und Zittern», die Kierkegaard seiner «Lobrede auf Abraham», der «in hundert und dreißig Jahren nicht weitergekommen ist als zum Glauben», voranstellt, ist etwas von der Betroffenheit sichtbar gemacht, welche die Geschichte von Isaaks Opferung im Menschen weckt. In seiner Monographie «Isaaks Opferung, christlich gedeutet» hat D. Lerch 1950 die mannigfache Brechung sichtbar gemacht, welche diese Erzählung im Laufe der christlichen Interpretation erfahren hat.

Die Erzählung berichtet von der schweren Probe, die ein Vater erleidet, dem Gott seinen Sohn abfordert, den einzigen, den er liebhat (V. 2). Diese menschliche Komponente ist in der Art, wie der Erzähler erzählt und das «dein (mein, sein) Sohn» nicht weniger als neunmal wiederholt, sichtbar gemacht.

Aber die Erzählung ist in dem, was der E im weiteren Kontext seiner Geschichtserzählung, soweit sie uns noch erkennbar ist, mit ihr sagen will, durch den Hinweis auf dieses Menschliche der Vaterliebe noch nicht in ihrem tiefsten Grunde erfaßt. 20,13 ließ erkennen, daß auch er von der Herausführung Abrahams in die Ungesichertheit eines Wanderlebens fern von seiner Sippe wußte. 21,12 zeigte darüber hinaus, daß Gott ihm im Sohne Isaak, der nach 21,6 so spät geboren wurde, daß, die es hören, über das Unglaubliche lachen, Nachkommenschaft verheißen hatte. Den Sohn der Nebenfrau hatte er nach 21,8ff. auf ausdrückliches Geheiß Gottes mit seiner Mutter aus dem Hause treiben müssen. Auf Isaak allein stand alle Hoffnung, daß der prophetische Gottesmann, mit dem Gott so offensichtlich war, daß Fürsten Kanaans sich von ihm seine bleibende Huld vertraglich sichern ließen, die ihm geschenkte Gottesnähe an Zukunft weiterreichen könne. Und diesen Sohn Isaak forderte Gott nun von ihm. Nicht allein das Herz des Vaters war darin betroffen, sondern die ganze Geschichte, das «Gott mit ihm» stand darin auf dem Spiel. Nach der Opferung Isaaks würde Abrahams Geschichte Episode ohne Zukunft bleiben.

Die Frage, die sich hier Abraham stellen mußte, lautet: Wollte er sich, etwa gar unter ausdrücklicher Berufung auf die ihm zuteil gewordene Verheißung von 21,12, dem Gehorsam gegen Gottes Forderung verschließen? Wollte er sich an die Verheißung als an einen festzuhaltenden «Raub» (Phil. 2,6 braucht in verwandtem Zusammenhang dieses Bild) festklammern, auf Verheißung pochend den Gehorsam versagen? Konnte er denn mit der Opferung Isaaks die ganze Verheißung aufs Spiel setzen? Der Ausweg, unter dem Heb. 11,17–19 die Geschichte von Isaaks Opferung sieht und von dem auch Luther in seiner Auslegung der Geschichte redet, ist dem alttestamentlichen Glauben verschlossen: «Er hielt dafür, daß Gott mächtig sei, auch von den Toten zu erwecken.» Von Erweckung der Toten weiß die alttestamentliche Vätergeschichte noch nichts. «Leben» ruht hier noch ganz im Nachkommen – dem Nachkommen, den er im Gehorsam gegen Gott nun wieder zurückgeben soll.

Es ist hier die tiefste Frage an den Glauben, der sich von Gott berufen weiß, gerichtet. Dieser Glaube oder, um das Vokabular von P zu benutzen, die Wirklichkeit des Bundes beruht nicht in einem festen «Haben», sondern in einem Gehorsam, der auch die Wirklichkeit des Kreuzes nicht meidet. Im Gehorsam des Gekreuzigten «bis zum Tode, ja bis zum Tode am Kreuz» (Phil. 2,8) scheint so die ganze Zukunft des Reiches Gottes aufs Spiel gesetzt zu sein. Und doch ist in eben diesem Sich-Hingeben an den Gehorsam die Wirklichkeit und Zukunft des Reiches Gottes begründet, indem hier nun im Sinne von Heb. 11,19 die Macht Gottes selbst über dem Tod offenbar wird. Von da aus gewinnt der Satz: «Wer sein Leben erhalten will, der wird es verlieren, wer es aber verliert um meinetwillen, der wird es erhalten» (Mat. 10,39) – der Satz, der in der Verlängerung der Erzählung von 1. Mose 22 zu hören ist –, seine volle Gültigkeit.

So will E in Abraham nun den Riesen des Glaubens, der sich durch seine Tat ein unmeßbares Verdienst schafft – für sich und seine Nachkommen –, zeichnen? Die Erzählung ist in der Folge im Judentum oft so ausgelegt worden. Aber auch E. Hirsch meint in seiner Meditation von 1. Mose 22 in seiner Schrift: «Das Alte Testament und die Predigt des Evangeliums», 1936, 1. Mose 22 so verstehen zu müssen: Abraham ist angesichts eines Gottes, der Unmöglichstes zu fordern vermag, der gigantische Gerechte. Er meint von da her in 1. Mose 22 die Verkündigung des Deus absconditus, die durch die Verkündigung vom Kreuz zerbrochen ist, hören zu müssen. Das liegt aber nicht in der Erzählung, wie E sie erzählt. Diese rechnet ganz einfach damit, daß Verheißung nicht ohne Probe und Bewährung ist, daß Glaube stets auch «Gehorsam des Glaubens» ist. In einer zugespitzten Situation besteht Abraham die Probe und bleibt «gottesfürchtig», indem er, ohne auf Besitzrechte zu pochen, glaubt, daß «Gott sich das Tier zum Opfer ersehen wird», auch wo die Möglichkeit dazu sich seinen menschlichen Augen verschließt.

Ebensowenig aber geht es hier, wie Kolakowski in seiner satirischen Nacherzählung von 1. Mose 22 es zu sehen meint, um den blinden Kadavergehorsam eines «Untertanen», der nichts ist als stumpf gehorchender Untertan. Die Antwort an seinen Sohn in V. 8 zeigt auch hier, welches Gegenüber Abraham auch in der tiefsten Tiefe sich gegenüber weiß. Die Erzählung redet nicht von dem Gott, der den Menschen blind, in Ergebung unter herrschaftliches Fatum zum Sinnlosesten bereit haben will, sondern von dem lebendigen Gott, der bis zuletzt dazu frei ist, sich sein Opfertier zu ersehen. 1. Mose 22 redet von der Wirklichkeit der Erprobung des Glaubens an den lebendigen Gott, von dem her Verheißung ergangen ist, von der der Glaube nun auch da nicht läßt, wo der Weg ins scheinbar Ausweglose führt – und der erfährt, daß solcher Glaube nicht zuschanden wird.

Noch fehlt der Blick auf die zweite Rede des Jahweboten (15–18) vom Himmel her, welche die von E erzählte Geschichte 1. Mose 22 in den zusammengearbeiteten Gesamtkomplex der Abrahamgeschichten einbauen will und ihn mit der Terminologie des J deutet. Offenbar empfindet der Ergänzer es noch als ungenügend, daß Abraham lediglich gesagt wird: «Ich erkenne, daß du Gott fürchtest.» Er will auch über dieser Erzählung die volle Verheißung, die von Kap. 12 her über Abraham steht, erneuert sehen. In Form des Schwures redet Jahwe, dessen Wort durch den Jahweboten vom Himmel her mit der Gottesspruchformel verbürgt wird. Weil Abraham seines Sohnes nicht verschont hat (darin sind die Worte der ersten Botenrede in V. 12 aufgenommen), darum wird Jahwe nun all das von ihm Verheißene wirklich machen: den Segen und die Mehrung der Nachkommen. Das Bild von den nicht zu zählenden Sternen stammt aus 15,5, das vom unzählbaren Sand an der

Meeresküste ist 32,13 in einer Verheißung an Jakob zitiert. Der kriegerische Wunsch, daß die Nachkommen Abrahams das Tor ihrer Feinde einnehmen, wird 24,60 als Wunsch der Angehörigen vom Hause der Rebekka über diese ausgesprochen. Dieser polemischen Wendung gegen die Feinde entspricht es, daß dann auch nicht mehr vom Segen, der auf die Heiden ausgeht, geredet ist, sondern von der Segenswunschformel, die von den Völkern gebraucht werden wird und in der Abraham als der exemplarisch Gesegnete zitiert werden wird. All dieses soll wirklich werden, weil Abraham auf die Stimme Jahwes gehört hat. Die Formulierung macht deutlich, daß Segen sich nicht da auswirken wird, wo der von Gott Gerufene sich im Ungehorsam von diesem löst. Sie steht dann in der Gefahr, mißverständlich zu werden, wenn sie die Segenswirklichkeit als Ganzes konditional vom Tun des Menschen her bedingt sein läßt. Die Meinung des J ist das nicht gewesen.

22,20–24   Die Nachkommen Nahors

20 Es geschah aber nach diesen Begebenheiten, da wurde dem Abraham gemeldet: «Siehe, auch Milka hat deinem Bruder Nahor Söhne geboren: 21 seinen Erstgeborenen Uz und dessen Bruder Bus und Kemuel, den Vater Arams, 22 und Chesed und Haso und Pildas und Jidlaph und Bethuel. 23 Bethuel aber zeugte Rebekka. Diese acht hat Milka dem Nahor, dem Bruder Abrahams, geboren. 24 Seine Nebenfrau aber – ihr Name war Rehuma – auch sie hat geboren: den Tebah und Goham und Thahas und Maacha.»

Die knappe Nachricht schlägt zurück auf den Eingang der Abrahamgeschichte in 11,27–29. Dort waren seine nächsten Blutsverwandten aufgeführt worden. Aus deren Kreis hatte Abraham sich nach dem göttlichen Befehl von 12,1–3 gelöst. Nur Lot, sein Sohnsbruder, hatte sich ihm angeschlossen. So war denn auch von Kap. 12 ab dieser Menschenkreis der Blutsverwandten ganz aus dem Gesichtskreis der Erzählungen von 12,1–22,19 verschwunden. In Kap. 24 wird er überraschend wieder bedeutsam werden. Das ist wohl auch der Grund, warum der Redaktor, welcher der Abrahamerzählung ihre jetzige Gestalt gegeben hat, diese Nachricht aus dem Kreis der fernen Verwandten Abrahams gerade hier einfügt – nach der endgültigen Bestätigung der Nachkommenschaft Abrahams und unmittelbar vor der Nachricht vom Tode der Sara in Kap. 23, welche das Ausscheiden einer der in 11,29 erwähnten Personen aus dem Kreise der Lebenden bedeutet. Im vorliegenden Erzählungsgang wird in 20,20–24 das Geschehen von Kap. 24 vorbereitet.
Da die knappe Nachricht ausdrücklich drei von den in 11,29 erwähnten Personen (Abraham, Nahor, Milka) erwähnt, ist man geneigt, sie aus dem Bericht des J herzuleiten. Andererseits aber hat die lose Einfügung mit der formelhaften Wendung «Es geschah nach diesen Begebenheiten» ihre Parallele in 22,1, leicht modifiziert auch in 15,1, während sie in J nie zu finden war. So wird man wahrscheinlich die Form der Einführung eines Redaktors, der 22,1 vor Augen hatte, verdanken, wenn man nicht weitergehend vermuten will, daß hier ein ganz eigenständiges Überlieferungselement durch einen Dritten, der sowohl 11,29 wie auch 22,1 vor Augen hatte, eingefügt worden ist.
Inhaltlich geht es um eine genealogische Orientierung in der Art der zuletzt in Kap. 11 vorgefundenen. Sie ist durch die Formulierung, daß Abraham eine Mitteilung zugekommen sei, leicht erzählerisch belebt. Über den Mitteilenden und die

Weise der Kommunikation Abrahams mit seiner Verwandtschaft ist nichts ausgesagt. Auch zu der überraschenden Tatsache, daß solche Kommunikation erst in
dem Zeitpunkt geschieht, wo alle zwölf Söhne Nahors geboren sind, und auf die
Frage, ob Abraham irgendwie auf diese Mitteilung reagiert habe, wird nichts weiter gesagt. Der Bericht über ein scheinbar ganz einmaliges Mitteilungsereignis ist
sichtlich die lose Hülle, die über die neutral-sachliche Information, wie sie etwa
in Kap. 11 begegnet, gelegt ist. So kann man denn fragen, ob der Erzähler durch die
ganzen fünf Verse hin den Stil der direkten Botschaft durchhält. Sollten die Zusatzbemerkungen von 21 b und 23 a, welche auch Enkelkinder erwähnen und von denen
die zweite schon deutlich den Bogen zu Kap. 24 hin schlagen will, dem Text ursprünglich angehören, so wäre das wenig wahrscheinlich. Doch dürfte man es hier
eher mit zugesetzten Erläuterungen zu tun haben.
Das in dem vorliegenden Abschnitt Berichtete ist in doppelter Hinsicht von Interesse. In den Namen der Nächstverwandten Abrahams liegt zunächst eine weitere,
wertvolle Information über Kap. 11 hinaus darüber vor, in welchem Bereich die Ur-
sprünge Israels, die sich in den tradierten Verwandtennamen spiegeln, zu suchen
sind. Und zum anderen erregt es Interesse, daß hier eine Zwölfergruppierung begegnet, die zudem auf eine Haupt- und eine Nebenfrau verteilt ist. Die Assoziation
zur Zahl und Gruppierung der Nachkommen Jakobs stellt sich dabei ganz unmittelbar ein.
Zunächst muß das Augenmerk den Namen der Söhne Nahors gelten **(21–22)**. Diese
weisen, soweit sie durch andere Nachrichten erhellt werden können, alle in die
Gebiete jenseits des Jordans. Die Personen sind dabei Stammeseponymen.
Uz begegnet 1. Mose 10,23 P (= 1. Chr. 1,17) in der Genealogie Sems, der fünf
Söhne hat: Elam, Assur, Arpachsad, Lud, Aram. Des letzteren vier Söhne sind Uz,
Hul, Gether und Mas. Danach ist Uz eine Untergruppe der Aramäer. In den edomi-
tischen Bereich führt 1. Mose 36,28 (= 1. Chr. 1,42), wo der Name in der Genealogie Seïrs, des Horiters (dazu o. S. 38), zu finden ist. Klag. 4,21 sagt, daß die Edomiter im Lande Uz wohnen, in dem nach Hiob 1,1 auch Hiob zu suchen ist. Keine
Hilfe für eine nähere Lokalisierung gibt Jer. 25,20. Josephus Ant. I 6,4 schreibt Uz
die Gründung der Trachonitis und von Damaskus zu. Als «Erstgeborener»
scheint Uz zeitweilig eine führende Stellung unter den Nahoriden eingenommen zu
haben. **Bus** ist in Jer. 25,23 etwas abgerückt von Uz zusammen mit Dedan und
Thema genannt, beides *(el ῾ öla, teimā)* Oasen im nordarabischen Bereich. In die Nähe
von Uz weist auch das Auftreten des «Busiters» Elihu unter den Freunden
Hiobs (Hiob 32,2). In 1. Chr. 5,14 taucht Bus als einer der Vorfahren des transjorda-
nischen Gilead auf. Vielleicht ist der Name in dem *ba-a-zu* zu finden, einer der von
Asarhaddon während eines Feldzugs im arabischen Bereich erwähnten Landschaf-
ten. Man wird sich fragen, ob dann auch der etwas später folgende, im Alten Testament sonst nicht erwähnte Name **Haso** mit dem im gleichen Zusammenhang von
Asarhaddon genannten *hasu* gleichzusetzen ist, was wieder in den nordwestarabi-
schen Bereich führte. Auffällig ist die ausdrückliche Benennung von Bus als «Bruder» des Uz, was eigentlich selbstverständlich ist. Handelt es sich bei den beiden um
ein besonders eng verbundenes Paar? Der Name **Kemuel** eignet in 4. Mose 34,24
einem Stammesfürsten von Ephraim, 1. Chr. 27,17 einem Leviten, scheint also ein
weiter verbreiteter Personenname gewesen zu sein. Er wird hier in einer genealogischen Zuordnung, die von 1. Mose 10,22 abweicht, als Vater Arams, d. h. wohl als
eine unter den Aramäern bekannte Ahnengestalt, bezeichnet. **Chesed** dürfte mit den
Chaldäern, einem Wüstenstamm, der nach Hiob 1,17 Hiobs Kamelherden raubt,

zusammengehören. Ob damit auch die bekannteren «Chaldäer», die Aramäer-
gruppe, die von Süden her unter Nabopolassar die Herrschaft in Babylon an sich
gerissen und das neubabylonische Reich begründet hat, zu verbinden sind, ist nicht
mit Sicherheit zu sagen. Auch diese Kombination würde aber wieder in den aramäischen Bereich führen. Über **Pildas** und **Jidlaph** ist nichts Näheres auszumachen.
Auch **Bethuel,** dessen Tochter Rebekka in V.23a vorwegnehmend schon im Blick
auf 24,15 erwähnt wird (warum nicht auch Laban? Vgl. 28,5), dürfte ein Personenname sein, der in die aramäischen Beziehungen der Ahnen Israels zurückweist. Vgl.
weiter zu Kap. 24. Von den vier weiteren, halbbürtigen Söhnen Nahors **(24)** läßt
sich für **Goham** und **Thahas** nichts Näheres ausmachen. **Tebah** kann vielleicht mit
dem Namen der in 2.Sam.8,8 (wo der Text nach der griechischen Übersetzung zu
ändern ist) genannten gleichnamigen Aramäerstadt zusammengebracht werden.
Sicher begegnet in **Maacha** der Name eines kleinen, später von Israel in Besitz
genommenen Aramäerstaates südlich vom Hermon, von dem 5.Mose 3,14; Jos.
13,11.13; 2.Sam.10,6; 20,14f. reden. Die Aussagen über die Söhne Nahors sind
danach in ihren großen Umrissen durchaus eindeutig. Israel weiß sich über Nahor
mit den Gruppen östlich des Jordans, unter denen die Aramäer besonders deutlich
heraustreten, verwandt. Das fügt sich durchaus zu dem liturgischen Gebet von
5.Mose 26,5ff., in dem der israelitische Bauer bekennt: «Mein Vater war ein ver-
lorener (umherirrender) Aramäer», um dann die gnädige Führung Jahwes über
Ägypten ins Fruchtland Kanaan zu rühmen.
Das zweite, was in 22,20-24 Aufmerksamkeit erregt, ist die Tatsache, daß hier
eine Zwölfzahl von Söhnen (Eponymen) aufgezählt wird, von denen acht von der
Hauptfrau und vier als Halbbürtige von einer Nebenfrau herstammen. Ganz so
sind bei Jakob acht voll- und vier halbbürtige Söhne aufgeführt – mit dem Unterschied allerdings, daß dort für beide Gruppen je zwei Mütter erwähnt sind. Da im
Geschlechtsregister Ismaels in 25,12-16 ganz so von zwölf Söhnen, und dann noch
ganz ausdrücklich von «Zwölf Fürsten nach ihren Stämmen» die Rede ist, hat
man darin mehr als nur einen Zufall oder auch nur eine muntere Spielerei zu
erkennen. Man hat mit der Existenz solcher Zwölfergruppierungen gerade im östlichen Grenzbereich Israels wie dann auch in Israel selber zu rechnen. Man hat
dieses nach der Analogie der griechischen Amphiktyonien, die sich in gleicher
Zählung um ein zentrales Heiligtum herum zusammengeschlossen haben, verstehen
wollen. In neuerer Zeit sind Einwendungen dagegen gemacht worden, ohne daß
eine wirklich einleuchtende Erklärung dieser eigenartigen Struktur, die mehr sein
dürfte als bloß nachträgliche Theorie, hat gegeben werden können. So wird man
an der Existenz solcher Zwölfergruppierungen bei noch nicht staatlich organisierten
Stämmen nicht vorbeisehen können, auch wenn die Erhellung von deren Lebens-
formen zurzeit noch nicht voll gelungen ist.
Über die Gestalt der Rehuma, der Nebenfrau Nahors, die in 1.Mose 11,29 noch
keine Erwähnung gefunden hatte, ist Näheres nicht mehr auszumachen. Man wird
aber in dem ostjordanischen Zwölferverband von ihr mehr zu erzählen gewußt
haben, so wie die Jakobtradition von den Nebenfrauen Jakobs, von Silpa und
Bilha, noch einige Aussagen zu machen weiß (1.Mose 30; 35,22).

23,1–20   Tod und Begräbnis der Sara

1 Die Lebens-‹Jahre›[68] der Sara aber betrugen 127 Jahre ‹›[68]. 2 Dann starb Sara in Kirjath-Arba – das ist Hebron – im Lande Kanaan. Da ging Abraham hinein, um Sara zu beklagen und zu beweinen.
3 Darauf stand Abraham auf von seiner Toten und redete zu den Hethitern und sagte: 4 «Ein Schutzbürger und Beisasse bin ich bei euch. Gebt mir einen Grabbesitz bei euch, daß ich meine Tote hinausbringe[69] und begrabe.»
5 Da antworteten die Hethiter dem Abraham und sagten: «‹Bitte›[70], 6 höre auf uns, Herr[71]! Du bist ein Gottesfürst in unserer Mitte. Begrabe deine Tote im ausgesuchtesten unserer Gräber. Keiner von uns wird dir sein Grab verweigern, daß du deine Tote (nicht) darin begraben könntest.»
7 Abraham aber erhob sich und verneigte sich tief vor den Landbesitzern[72], den Hethitern, 8 und redete mit ihnen und sagte: «Wenn ihr wirklich wollt, daß ich meine Tote hinausbringe[69] und begrabe, dann hört auf mich und tut Fürsprache für mich bei Ephron, dem Sohn Zohars, 9 daß er mir die Höhle Machpela gebe, die ihm gehört, die am Ende seines Feldes liegt. Um einen guten Preis möge er sie mir zum Grabbesitz in eurer Mitte geben.»
10 Ephron aber saß inmitten der Hethiter. Und der Hethiter Ephron antwortete Abraham vor den Ohren der Hethiter – aller, die ins Tor seiner Stadt gekommen waren – und sagte: 11 «‹Bitte›[73], mein Herr, höre auf mich: Das Feld gebe ich dir und die Höhle, die darauf ist – ich gebe sie dir, vor den Augen meiner Volksangehörigen gebe ich sie dir. Begrabe deine Tote.»
12 Da verneigte sich Abraham tief vor den Landbesitzern[72] 13 und redete zu Ephron vor den Ohren der Landbesitzer[72] und sagte: «Doch nur, wenn du – bitte, höre mich. Ich gebe dir das Geld für das Feld. Nimm es von mir an, so daß ich meine Tote dort begraben kann.»
14 Da antwortete Ephron dem Abraham und sagte: «‹Bitte›[70], 15 mein Herr, höre mich an. Das Land – 400 Sekel Silber, was bedeutet das schon zwischen mir und dir! So begrabe (nur) deine Tote.»
16 Da hörte Abraham auf Ephron. Und Abraham wog Ephron die Geldsumme dar, die er vor den Ohren der Hethiter genannt hatte – 400 Sekel Silber nach dem handelsüblichen Gewicht.

---

[68]   Das Wort «Jahre» ist im MT ausgefallen, ist aber nach der Analogie etwa von 47,28 zweifellos zu ergänzen. Der überhängende nachträgliche Zusatz am Versende «die Lebensjahre Saras» wird eine Randbemerkung enthalten, die ursprünglich zur Korrektur des Textes zugeschrieben worden war. Er ist nach der Korrektur des Textes überflüssig.

[69]   Freiere Übertragung der wörtlich lautenden Aussage: «daß ich meine Tote von meinem Angesicht weg begrabe».

[70]   Das «ihm» des MT ist in V.5 und V.14 nach dem Vorbild von V.13 in die Ausrufs- und Höflichkeitspartikel mit dem gleichen Konsonantenbestand umzuvokalisieren und als Eingang zur folgenden Rede zu ziehen. Vgl. auch noch V.11, Anm.73.

[71]   Wörtlich «mein Herr», was in der Rede eines Einzelnen in V.11.15 am Platze ist, hier aber sichtlich ganz abgeschliffen gebraucht wird. Oder steckt darin die Empfindung, daß ein Einzelner als Wortführer der Gemeinschaft redet?

[72]   Wörtlich: «Volk des Landes». In dieser Bezeichnung geht es um den grundbesitzenden, rechtsfähigen Bauernstand.

[73]   Auch hier ist die Höflichkeitspartikel verkannt und das Wort mit der akustisch gleichlautenden, wenn auch leicht abweichend geschriebenen Negation «nicht» verwechselt. Vgl. auch Anm.70.

17 So wurde das Feld Ephrons in Machpela, das gegenüber Mamre liegt, das Feld und die Höhle darauf und alle Bäume, die auf dem Felde standen, in seinem ganzen Umfange ringsherum **18** käuflicher Erwerb Abrahams vor den Augen der Hethiter, aller, die ins Tor seiner Stadt gekommen waren. **19** Und danach begrub Abraham sein Weib Sara in der Höhle des Feldes Machpela gegenüber von Mamre – das ist Hebron – im Lande Kanaan. **20** Und das Feld und die Höhle, welche darauf lag, wurde dem Abraham zu eigen, als Grabbesitz (erworben) von seiten der Hethiter.

Die Erzählung führt in den Bereich der Quellenschrift P. Darauf deutet die genaue Altersberechnung beim Tode Saras. Das Wort für den käuflichen Erwerb von V. 18 entspricht dem in 17,12f.23.27 von P gebrauchten Vokabular. Vor allem aber begegnet der Hinweis auf die von Abraham legal erworbene Grabstätte bei Hebron in den aus P stammenden Schlußbemerkungen der Geschichte Abrahams und Jakobs (25,9; 49,29ff.; 50,13) in stereotyper Formulierung wieder. Das zeigt, daß P besonderes Gewicht auf diesen Erwerb legt, und kann damit auch die auffallende Breite, in der dieser Erwerb hier geschildert wird, verständlich machen.

Nach den früheren Wahrnehmungen an P wird diese Breite überraschen. In knappen Notizen nur hatte er durch die Abrahamgeschichte hin zum Höhepunkt von Kap. 17 geführt (s. o. S. 67) und auch die Erwähnung der Sodomepisode in einen einzigen Vers zusammengepreßt (19,29). Wir meinten feststellen zu müssen, daß sich für ihn das ganze Interesse der Abrahamerzählung in den Bundschluß zwischen Gott und Abraham, von dem Kap. 17 redet, zusammendrängt und daß er in diesen Bericht alles, was aus den anderen Episoden für den in den Bund berufenen Erzvater wichtig war, eingebaut hatte. Warum nun unversehens diese langatmig erzählte Geschichte von einem kleinen Landerwerb, den man doch auch in einem knappen Satz hätte erwähnen können? Warum diese Breite eines Berichtes, in dem vom «Bund» nirgends die Rede ist, ja auch die Erwähnung Gottes nur in der Bezeichnung Abrahams durch die Hethiter als «Gottesfürst» (V. 6) geschieht?

Bevor dieser Frage nachgegangen wird, soll zunächst die Erzählung in ihren Einzelaussagen vergegenwärtigt werden.

Sie beginnt mit der Mitteilung vom Sterben Saras **(1–2)**. Lediglich Alter und Ort des Sterbens sind erwähnt. Im Alter von 127 Jahren, 37 nach der Geburt Isaaks in ihrem 90. Jahr (17,17; 21,5), 38 Jahre vor dem Tode ihres nach 17,17 zehn Jahre älteren Mannes, des bei seinem Tode 175-jährigen Abraham (25,7f.), stirbt Sara in Hebron im Lande Kanaan. Zum erstenmal wird hier bei P ein bestimmter Ort in dem schon in 12,5; 13,12; 16,3; 17,8 von ihm erwähnten Land Kanaan, dem «Land der Fremdlingschaft» Abrahams (17,8), genannt. Nicht in der Stadt selber, wie hier vorausgesetzt zu sein scheint, wohl aber bei den Eichen Mamres in der Flur von Hebron hatte auch nach J Abraham schließlich sein Zelt aufgeschlagen (13,18, dazu s. o. S. 32f.). Hebron wird hier als Kirjath-Arba, «Stadt der Vier», bezeichnet. Deutet dieser Name, der in Jos. 15,13.54; 20,7; 21,11 ebenfalls immer durch «das ist Hebron» erläutert wird und in 1. Mose 35,27; Neh. 11,25 durch die Artikelsetzung eindeutig als «die Stadt der Vier» gekennzeichnet ist, auf eine aus vier Quartieren vereinigte Stadt? Jos. 14,15 und Richt. 1,10 halten fest, daß «Stadt der Vier» der ältere Name gewesen sei. Da der Name Hebron mit dem hebräischen Verb «verbinden» gebildet ist, könnte dieser «Quartierverbund» evtl. noch in dem jüngeren Namen festgehalten sein.

Nach dem Tode Saras vollzieht Abraham zunächst die rituelle Totenklage im Hausinneren bei der Leiche seiner Frau. Ez. 24,15ff. kann verdeutlichen, was dabei neben der weinenden Klage im Wort (2.Sam.1,17; 3,33, nach Jer.9,16 von Frauen ausgeführt) an Gestik geschieht: Abtun der Kopfbedeckung, Ausziehen der Schuhe, Verhüllen des Hauptes, Essen von «Trauerbrot». Andere Stellen erwähnen dazu das Zerreißen der Kleider, Anlegen des härenen Trauergewandes, Streuen von Erde aufs Haupt. All dieses wird in dem «Beklagen und Beweinen» nur knapp angedeutet. Es ist nicht das eigentliche Thema von 1.Mose 23.

Dieses folgt vielmehr in der öffentlich am Stadttor (V.10.18) abgehaltenen Kaufverhandlung um den Erwerb der Grabstelle, an der Sara begraben werden kann. Ruth 4,1 ff. illustriert anschaulich, wie solche Rechtsgeschäfte von den Männern «im Tor» öffentlich getätigt werden. Diese Öffentlichkeit ist in 1.Mose 23 stark betont: «Vor den Ohren» der im Tore Sitzenden werden die Verhandlungen geführt (V.10.13.16), «vor den Augen» der Männer geschieht die Besitzübertragung (V.11.18). Die Verhandlung wird dabei protokollarisch genau festgehalten. Verhandlungspartner Abrahams sind die «Hethiter» (3–4). Nicht weniger als achtmal ist die Rede von den «Söhnen (Angehörigen) Heths» zu hören. Der Verkäufer der Grabstelle, Ephron, wird in V.10 ausdrücklich als Hethiter bezeichnet. So dann auch weiterhin in den Bezugnahmen auf Kap.23 in 25,9; 49,29.30; 50,13. Hatte J von den Kanaanitern als der Vorbevölkerung des Landes geredet (12,6, der Glossator von 13,7 fügte dazu die Pheresiter), findet sich in 15,19–21 die auch anderswo beliebte Kette von Vorbewohnernamen, unter denen dann auch die Hethiter figurieren, so führt P auf die umrissene Vorstellung von den Hethitern als der eigentlichen Vorbevölkerung im Lande (vgl. 26,34; 27,46; 36,2).

Beim Priesterpropheten Ezechiel wird die Mutter Jerusalems als Hethiterin bezeichnet (16,3.45), während der Vater dort ein Amoriter ist. Wie zu 10,15 (Urgeschichte[3], 390) ausgeführt, ist das hethitische Reich in Kleinasien zu suchen, hethitische Oberschichten sind aber auch in Syrien und offenbar auch in den Städten Palästinas zu finden (Uria, der Hethiter, in Jerusalem, 2.Sam.11f.).

In 1.Mose 23 wird in den Hethitern aber das eigentliche «Volk des Landes», d.h. die den Ackerboden außerhalb der Städte besitzende, in den älteren Quellen den eigentlichen Landadel ausmachende autochthone Bevölkerung gesehen. In der Eröffnung seiner Rede bezeichnete sich Abraham ihr gegenüber demütig als «Schutzbürger (Fremdling) und Beisasse». In 17,8 war die spezifisch priesterliche Prägung vom «Land der Fremdlingschaft», das Abraham verheißen wurde, zu finden gewesen. Abraham wohnt in diesem Land als ein auf den Rechtsschutz der landbesitzenden und rechtsfähigen Bevölkerung angewiesener «Schutzbürger» und bloßer «Bewohner», was etymologisch in dem hebräischen Wort «Beisasse» liegt. Er hat keinen Rechtsanspruch auf Landbesitz und kann nur darum bitten, daß ihm Begräbnismöglichkeit für seine Tote gegeben wird. In überraschender Weise formuliert er dieses aber als Bitte um «Grabbesitz». Auch dieses Wort wird in dem weiteren Bericht mit Nachdruck als Leitwort durchgehalten (V.4.9.20). Der Schutzbürger und Beisasse bittet um die Möglichkeit, ein Stück Grundbesitz zu erwerben.

Mit der demütigen Redeeröffnung Abrahams kontrastiert eigentümlich die hochachtungsvolle Beschreibung Abrahams durch die von ihm Angeredeten als «Gottesfürst» (5–6). Beides ist in diesem Titel vereint. Im hebräischen Wort «Fürst» kann ein hebräisches Ohr (wie immer es mit der ursprünglichen Etymologie des Wortes bestellt sein mag) den «Hoch-Erhobenen» heraushören. Fürsten haben Autorität unter Menschen. Zugleich liegt aber in dem «Gottesfürst» der Hinweis auf das Angesehensein vor Gott. In 1.Mose 21,22 hatte E formuliert, daß «Gott

mit Abraham» sei und ihn in 20,7 als «Propheten» bezeichnet. Die Parallele 26,29
(J) interpretiert voller, indem sie von Abraham als einem «Gesegneten Jahwes»
redet. P will in 23,6 unverkennbar in seiner Sprache etwas Ähnliches aussagen.
Es fällt in diesem Gespräch weiter auf, wie von beiden Seiten in ganz stereotypen
Höflichkeitsformen geredet wird: «Bitte, mein Herr, höre auf mich» (V. 5/6. 11. 13.
14/15). Aber in all der höflichen und ehrenden Anrede der hethitischen Grund-
herren ist doch nicht zu verkennen, daß sie zunächst Abrahams Leitwort «Grundbesitz» überhören (wollen?). In anscheinend weitherzigster Weise bieten sie ihm an,
seine Tote in dem besten Grab, das einem von ihnen gehört, zu begraben. Die
Tote soll auch im Tode noch als Schutzbürger Beisassen-Gastrecht im besten ihrer
Gräber bekommen.
Abraham aber bleibt bei seinem Wunsche (7–9). Mit tiefster Ehrfurchtsbezeugung
behaftet er die Grundbesitzer bei der ihm entgegengebrachten Hilfsbereitschaft,
indem er seinen Wunsch auf Erwerbung eines Grabortes konkretisiert. Diese Bereitschaft soll sich nun darin erweisen, daß sie einen unter ihnen, den ebenfalls
anwesenden Ephron, Sohn des Zohar, dazu bewegen, ihm eine genau bezeichnete
Stelle auf seinem Felde käuflich zu überlassen. Es geht um eine Höhle am Rande
des dem Ephron gehörigen Grundstückes. Der Name Machpela könnte nach seiner
hebräischen Etymologie anklingen lassen, daß es sich um eine Doppelhöhle handelt. Der Artikel bei dem Wort deutet darauf hin, daß es sich nicht schon ursprünglich um einen Ortsnamen, sondern um eine noch durchsichtige Beschreibungs-
bezeichnung handelt. Daß Tote in einer Höhle begraben werden, «ist die älteste
und denkbar einfachste, durch das Gelände empfohlene Form des Grabes; sie hat
vom Neolithicum bis zum Anfang der Spätbronzezeit vorgeherrscht» (Galling,
Biblisches Reallexikon 241). Die Lage der Höhle wird später in V. 17. 19 näher als
«gegenüber von Mamre» gelegen lokalisiert. In V. 19 wird Mamre in auffälliger
Weise geradezu mit Hebron gleichgesetzt. In 13,18 war nicht diese einfache Gleichsetzung zu finden. Man wurde auf einen Ort in der Flur von Hebron geführt, was
zu der in der Erklärung jener Stelle gegebenen Ortsbestimmung passen würde. Ist
hier an eine andere Stelle gedacht? Es wird auf diese Frage noch zurückzukommen
sein.
Abraham bietet an, diese Höhle in einem regulären Kaufakt zu erwerben. So engt
sich das Gespräch im weiteren auf die beiden Partner Ephron und Abraham ein
(10–16). Die übrigen Hethiter bleiben aber als die «Öffentlichkeit», in welcher der
Handel getätigt wird und die die Zeugenfunktion zu übernehmen hat, von Bedeutung. Ephron, der nun angesprochen ist, geht ohne weitere Verzögerung auf Abrahams Bitte ein. In einer für einen «Handel» in jenen Regionen auch weiterhin
üblichen generösen Geste, die nicht beim Nennwert zu nehmen ist, bietet er Abraham nicht nur die Höhle, sondern gleich sein ganzes Grundstück als Geschenk an.
Ist darin auch noch eine leise Unwilligkeit dem Verkauf gegenüber zu registrieren?
Es entspricht dann wohl einfach den Usancen des Handelns, hat aber im Kontext
gewichtigere Bedeutung, wenn Abraham dieses Angebot von sich weist und in einem
anakoluthisch anlautenden Satze (V. 13) den Handelspartner um einen konkreten
Preisvorschlag ersucht, worauf dieser auch sofort eingeht und seine Preisforderung
von 400 Sekel anmeldet. Es ist dabei noch nicht an gemünztes Geld, sondern an
dargewogenes Silber zu denken, wobei für den Sekel etwa ein Gewicht von
12 Gramm anzusetzen ist. Man mag vergleichsweise danebenhalten, daß Jeremia
nach Jer. 32,9 einen Acker in Anathoth für 17 Sekel kauft. Der Preis für einen
Sklaven ist nach 2. Mose 21,32 30 Sekel. Und das königliche Geschenk, mit dem

Abimelech nach 20,16 für die der Sara widerfahrene Kränkung Sühne leistet, beträgt 1000 Sekel. König Omri kauft den ganzen Bergbereich, auf dem er die Stadt Samaria anlegt, für den Preis von 6000 Sekel (1. Kön. 16,24). Diese Vergleichszahlen dürften darauf führen, daß Ephron das zu erwartende Feilschen um den Preis mit einer gewaltig übersetzten Forderung, die er zwar in der Formulierung von V. 15 zu bagatellisieren sucht, beginnt. Und es ist dann ohne Zweifel eine Überraschung, daß Abraham, ohne sich in ein weiteres Feilschen einzulassen, auf Anhieb den genannten Preis zahlt und Ephron die riesige Summe nach dem handelsüblichen Gewichtsmaß darwiegt. Wie bedeutsam muß dieses Grab für ihn (und den Erzähler) sein! Genau und umständlich wird dann abschließend die Besitzübertragung vor der Zeugenschaft der «im Tor» mitberatenden Grundbesitzer in Hebron vollzogen. Liegt noch eine besondere Feinheit darin, daß Abraham, der zunächst nur die Höhle «am Ende seines Feldes» (V. 9) erwerben wollte, angesichts des vollen Angebotes von «Feld und Höhle» in V. 11 und der dann maßlos übersteigerten Preisforderung tatsächlich «Feld und Höhle» erwirbt (17–18)? Die genaue Inventaraufnahme V. 17, die auch die auf dem Felde stehenden Bäume ausdrücklich erwähnt, könnte darauf führen.

Damit ist der Weg bereitet für die nun mögliche Bestattung Saras (19–20). Wieder aber fällt dabei auf, daß über die Bestattung selber nichts weiter gesagt wird, wohl aber die legale Erwerbung von «Feld und Höhle» durch Abraham «von den Hethitern» im Abschlußvers nochmals voll unterstrichen wird.

Was soll diese ausführliche Erzählung vom Erwerb eines Grabgrundstückes durch Abraham, das, abgesehen von der ihn selber betreffenden Benennung in V. 6, so vollkommen säkular, ohne jede Nennung Gottes berichtet wird? Das Fehlen einer Nennung Gottes kann man sich von daher noch verständlicher machen, daß im Alten Testament und in besonderer Weise auch gerade in der priesterlichen Reinheitsgesetzgebung der Tote als Unreiner streng vom Bezirk des Heiligen und dem Ort der Präsenz Gottes ferngehalten wird, vgl. etwa die Gesetzgebung 4. Mose 19,11 ff., aber auch 3. Mose 11,31 ff. Jahwe selber bleibt auffallend beziehungslos neben der Totenwelt der Schatten stehen. «Im Tode gedenkt man deiner nicht, wer wird dich in der Totenwelt preisen?» stellt Ps. 6,6 fest, vgl. weiter Ps. 30,10; 88,11–13; 115,17. Um so rätselhafter aber wird der Nachdruck, mit dem gerade der priesterliche Erzähler von diesem Begräbnisgeschehen berichtet.

Nun führt diese Erzählung zweifellos darauf, daß man in der Zeit des P von der Stelle in Hebron gewußt hat, an der das Grab nicht nur der Sara, sondern aller Väter und ihrer Frauen mit Ausnahme der Rahel, deren Grab an anderer Stelle gezeigt wurde (1. Mose 35,19f.), zu finden war (1. Mose 49,31; 50,13). Diese Stelle ist nicht identisch mit dem von J (13,18; 18,1) erwähnten Mamre, sondern liegt nach 1. Mose 23 «gegenüber von (oder sollte man übersetzen: ‹östlich von›?) Mamre», das in 1. Mose 23,19 mit Hebron gleichgesetzt wird. Im heutigen *el-ḫalīl*/ Hebron werden die Patriarchengräber, zu denen man später gegen die alttestamentlichen Aussagen (Jos. 24,32) auch noch das Grab Josephs geschlagen hat, in den Höhlen unter der großen Moschee lokalisiert. Deren große Umfassungsmauer weist charakteristische Merkmale der Bautechnik der herodianischen Epoche auf. In seiner Untersuchung «Heiligengräber in Jesu Umwelt», 1958, 90–94, hat J. Jeremias die frühchristlichen und jüdischen Nachrichten über diesen Ort zusammengestellt. Die Kontinuität dieser Tradition seit den Tagen des P ist nicht zu beweisen, aber auch nicht zwingend zu bestreiten. So ist wohl nicht auszuschließen, daß schon der priesterliche Erzähler von ehrwürdiger Tradition wußte, die in

Hebron die Höhle zeigte, in der die Väter bestattet lagen. Wenn 1. Mose 35,20
auch von der Steinsäule (Mazzeba), die «bis auf diesen Tag» beim Grabe Rahels
steht, berichtet, so ist das Wachhalten einer Tradition an jener Stelle und damit
wohl auch eine gewisse Ehrung der nach der Überlieferung dort Begrabenen nicht
zwingend auszuschließen, wenn auch das Alte Testament selber nichts von solcher
Verehrung der «Heiligengräber» berichtet, vgl. aber Mat. 23,29. Man wird es dann
auch für Hebron nicht ausschließen können.

Dann wäre 1. Mose 23 von P als Kultlegende eines «Heiligengrabes» berichtet?
Das will sich schlecht zu all dem fügen, was sonst bei P zu vernehmen war. Die
Antwort auf die Frage nach der «Aussage» von 1. Mose 23 innerhalb von P muß
wohl an einer tieferen Stelle gesucht werden. Sie muß vor allem mit dem verbunden
werden, was im Zentrum der bisherigen Ausführungen des P über Abrahams
Geschichte mit seinem Gott zu hören gewesen war. Bei der sonst so reflektierten
Art von P, der Nebensächliches in seiner Aussage rücksichtslos zu verkürzen weiß,
um dem Wichtigen breiten Raum zu schaffen, darf dieses von vornherein vermutet werden.

Nun hatte sich in 1. Mose 23 an einer Stelle eine deutliche Beziehung zu dessen
Zentralaussagen über Gottes Bund mit Abraham ergeben. Vom «Land der Fremdlingschaft, dem Lande Kanaan» hatte Gott im Zusammenhang seiner Bundschlie-
ßung mit Abraham in 17,8 geredet und dieses Land Abraham und seiner Nachkommenschaft nach ihm zum «ewigen Besitz» zugesagt. Um das Land Kanaan aber
ging es auch in Kap. 23 (V. 2. 19), in dem Abraham sich so ganz, wie es 17,8 gesagt
hatte, als «Fremdling (Schutzbürger) und Beisasse», d.h. noch nicht zum Landbesitz Berechtigter, bekannte. Aber dann ist es in Kap. 23 doch auch um «Besitz» gegangen – leitwortartig taucht dieses in 17,8 schon vorkommende Wort in 23,4. 9. 20
und dann auch später in den Bezugnahmen auf Kap. 23 in 49,30; 50,13 wieder auf.
Aber um was für einen Besitz geht es hier? Um «Grabbesitz». Von der ganzen,
großen, in 17,8 formulierten Verheißung des Landbesitzes ist es hier nur gerade
der Besitz eines Grabes, das von Abraham um einen horrenden Preis erstanden
wird. Nichts deutet darauf, daß das schließlich erstandene Feld mit seinen Bäumen
nun etwa dazu genützt werden sollte, Abraham schon jetzt im Lande ansässig zu
machen und ihm Ackererde zu verschaffen, die ihn dann dem «Volk des Landes»,
den Grundbesitzern, gleichstellte. Auch Feld und Bäume auf dem Feld sind offensichtlich nur erworben, um dem Grab etwas Umland und darin größere Ehre zu
geben.

In alledem aber wird diese eigentümliche Kaufszene ein Geschehen voll tiefer
Hintergründigkeit. Daß Abraham seine tote Frau im Lande Kanaan schon in einem
eignen «Grabbesitz» begraben kann und sie nicht als einen «Fremdling und Bei-
sassen» in den Gräbern der Hethiter bestatten muß, das ist ein auffallender Vor-
griff auf Kommendes. Die Hartnäckigkeit, mit der er das Stückchen Land und die
darin liegende Grabhöhle ohne Rücksicht auf Kosten und normale «Wertgemäß-
heit» zu erwerben weiß, ist ein verhülltes Bekenntnis hoffender Zuversicht, die um
kommende Einlösung der großen Landverheißung weiß und sie Gott glaubt. Das
Grab – nicht ein Symbol von Vergänglichkeit und des Sterbens, sondern ein Zeichen
bestimmter Erwartung und hoffender Vorwegnahme des durch Gott für die Zukunft
Zugesagten.

Von alledem aber redet P in einer eigentümlich verschlüsselten, nicht in offenen
Formulierungen explizierten Redeweise. Das Grab, in dem seine Frau und dann
später auch er und sein Sohn und sein Enkel mit ihren Frauen als in einem Stück

«Grabbesitz» ruhen (im hebräischen Wort «Besitz» steckt das «Zufassen, Ergreifen»), Kunde von Kommendem, von zugesagtem Leben im Lande der Verheißung!

24,1–67   Die Brautwerbung für Isaak

1 Abraham aber war alt (und) hochbetagt geworden und Jahwe hatte Abraham in allem gesegnet. 2 Da sprach Abraham zu seinem Knecht, seinem Hausältesten, der alles, was ihm gehörte, verwaltete: «Lege deine Hand unter meine Lende. 3 Ich will dich bei Jahwe, dem Gott des Himmels und dem Gott der Erde, schwören lassen, daß du meinem Sohne keine Frau von den Töchtern der Kanaaniter, unter denen ich wohne, nehmest. 4 Sondern in mein Land und zu meiner Verwandtschaft sollst du gehen und eine Frau für meinen Sohn Isaak holen.» 5 Da sprach der Knecht zu ihm: «Vielleicht ist die Frau nicht willens, mir in dieses Land nachzufolgen. Soll ich (dann) deinen Sohn in das Land zurückbringen, aus dem du ausgezogen bist?» 6 Da sprach Abraham zu ihm: «Hüte dich wohl, meinen Sohn wieder dorthin zurückzubringen. 7 Jahwe, der Gott des Himmels, der mich aus meinem Vaterhause und aus dem Land meiner Verwandtschaft herausgenommen und der mir gesagt – ja mir zugeschworen – hat: Deinen Nachkommen will ich dieses Land geben, er wird seinen Boten vor dir her senden, so daß du meinem Sohne von dort eine Frau nehmen kannst. 8 Wenn aber die Frau nicht willens ist, dir zu folgen, dann bist du dieses (deines) Eides mir gegenüber ledig. Nur – meinen Sohn darfst du nicht dorthin zurückbringen.» 9 Da legte der Knecht seine Hand unter die Lende Abrahams, seines Herrn, und schwur ihm dieses zu.
10 Dann nahm der Knecht zehn Kamele von den Kamelen seines Herrn ‹›[74] und Gut seines Herrn aller Art mit sich[75] und machte sich auf und zog nach Aram-Naharaim zur Stadt Nahors. 11 Dann ließ er die Kamele draußen vor der Stadt beim Wasserbrunnen sich niederlegen[76] zur Abendzeit, der Zeit, zu der (die Mädchen), die Wasser zu schöpfen haben, herauszukommen pflegen. 12 Und er sprach: «Jahwe, du Gott meines Herrn Abraham, laß es mir doch heute gelingen und erweise meinem Herrn Abraham Huld. 13 Siehe, ich stelle mich (nun hier) zur Wasserquelle, wenn die Töchter der Stadtleute herauskommen, um Wasser zu schöpfen. 14 Und wenn dann das Mädchen, zu dem ich sage: Neige deinen Krug, so daß ich trinken kann, sagt: Trinke, und auch deine Kamele will ich tränken – die hast du für deinen Knecht Isaak bestimmt, und daran werde ich erkennen, daß du meinem Herrn Huld erweisest.» 15 Und bevor er (noch) zu Ende geredet hatte, siehe, da kam Rebekka (aus der Stadt) heraus, die dem Bethuel, dem Sohn der Milka, der Frau Nahors, des Bruders Abrahams, geboren worden war; die trug ihren Krug auf ihrer Achsel. 16 Und das Mädchen war sehr schön von Ansehen, eine Jungfrau, kein Mann noch hatte sie berührt[77], und sie stieg zur Quelle hinunter und füllte ihren Krug und kam (wieder) herauf. 17 Da ging der Knecht eilends auf sie zu und sagte: «Laß mich doch ein wenig Wasser aus deinem Kruge trinken.» 18 Da sagte sie: «Trinke, mein Herr», und nahm schnell ihren Krug auf ihre Hand herab und gab ihm zu trinken. 19 Und als sie ihm genug zu trinken gegeben hatte, da sagte sie: «Auch für deine Kamele

---

[74] Das in der griechischen Überlieferung fehlende, im MT hier stehende «und zog weg» prellt vor und zerreißt zudem den Zusammenhang in unschöner Weise.
[75] Wörtlich: «in seine Hand.»
[76] Wörtlich: «niederknien.»
[77] Wörtlich: «hatte sie erkannt», dazu vgl. Urgeschichte³, 205f. zu 1.Mose 4,1.

will ich (Wasser) schöpfen, bis sie genug getrunken haben.» 20 Und sie leerte hurtig ihren Krug in die Tränkrinne und ging schnell (wieder) zum Brunnen, um zu schöpfen, und schöpfte (Wasser) für alle seine Kamele. 21 Der Mann aber schaute ihr schweigend zu, (bemüht,) zu erkennen, ob Jahwe seiner Reise Gelingen gegeben habe oder nicht.

22 Als aber die Kamele genug getrunken hatten, da nahm der Mann einen goldenen Nasenring, einen halben Sekel schwer, ‹und legte ihn ihr an die Nase›[78] und zwei Armspangen an ihre Hände, zehn (Sekel) Gold schwer. 23 Und er sagte: «Wessen Tochter bist du? Sage es mir doch. Ist im Hause deines Vaters Raum für uns, um die Nacht zu verbringen?» 24 Da sagte sie zu ihm: «Ich bin die Tochter Bethuels, des Sohnes der Milka, den sie dem Nahor geboren hat.» 25 Und (weiter) sagte sie zu ihm: «Sowohl Stroh als auch reichlich Futter haben wir, auch Raum, um die Nacht zu verbringen.» 26 Da verneigte sich der Mann und fiel (anbetend) vor Jahwe nieder 27 und sagte: «Gepriesen sei Jahwe, der Gott meines Herrn Abraham, der meinem Herrn seine Huld und Treue nicht entzogen hat. Mich hat Jahwe auf (meinem) Wege ins Haus der Verwandten[79] meines Herrn geführt.»
28 Das Mädchen aber lief und erzählte im Hause ihrer Mutter (all) dieses. ‹29a Rebekka hatte aber einen Bruder mit Namen Laban. 30a Als er den Nasenring und die Armspangen an den Händen seiner Schwester sah und die Worte seiner Schwester Rebekka hörte, wie sie sprach: «So (und so) hat der Mann zu mir gesprochen», 29b da lief Laban eilends hinaus an die Quelle zu dem Mann. 30b Und als er zu dem Manne kam und dieser (noch) bei den Kamelen an der Quelle stand›[80], 31 da sprach er (zu ihm): «Komm herein, du Gesegneter Jahwes. Warum stehst du (da) draußen, wo ich doch das Haus aufgeräumt habe und Raum für die Kamele vorhanden ist.» 32 Da kam der Mann ins Haus hinein und zäumte die Kamele ab, und er (d.h. Laban) gab den Kamelen Stroh und Futter und (ihm selber) Wasser, seine und der ihn begleitenden Männer Füße zu waschen. 33 Und (Speise) wurde ihm vorgesetzt, zu essen. Aber er sprach: «Ich will nicht essen, bevor ich nicht gesagt habe, was ich zu sagen habe.» Und ‹sie sagten›[81] (zu ihm): «So rede!» 34 Da sagte er: «Ich bin der Knecht Abrahams. 35 Jahwe nun hat meinen Herrn sehr gesegnet, so daß er groß geworden ist. Und er hat ihm Kleinvieh und Rinder und Silber und Gold und Knechte und Mägde und Kamele und Esel gegeben. 36 Und Sara, die Frau meines Herrn, hat meinem Herrn einen Sohn geboren, als sie schon alt geworden war. Und er hat diesem alles gegeben, was ihm gehörte. 37 Nun hat mir mein Herr einen Eid abgenommen, indem er (mir) sagte: Du sollst meinem Sohn keine Frau von den Töchtern der Kanaaniter, in deren Land ich wohne, nehmen, 38 ‹sondern›[82] zu meinem Vaterhaus sollst du gehen und zu meiner Sippe und sollst eine Frau für meinen Sohn (von dort) holen. 39 Ich aber sagte zu meinem Herrn: Vielleicht wird die Frau mir nicht folgen. 40 Da sagte er zu mir: Jahwe, vor dem ich gewandelt bin, wird seinen Boten mit dir senden und wird deinem Weg Gelingen geben, so daß du eine Frau für meinen

---

[78] Dieses Sätzchen ist wohl mit der samaritanischen Überlieferung einzufügen, so wie es auch in der Nacherzählung V.47 steht.

[79] Wörtlich: «der Brüder». Die Nacherzählung V.48 redet singularisch: «des Bruders», wobei an Nahor gedacht ist. Vielleicht ist schon an der vorliegenden Stelle so zu lesen.

[80] Die Reihenfolge der Versteile in 29f. ist sichtlich in Unordnung geraten und muß entsprechend der oben gegebenen Übersetzung umgestellt werden.

[81] So ist mit der griechischen und samaritanischen Überlieferung zu lesen. MT: «Und er (d.h. wohl Laban) sagte.»

[82] Der MT läßt sich zur Not als Aussage beschwörender Mahnung verstehen, ist aber wohl richtiger nach der samaritanischen Überlieferung zu ändern.

Sohn aus meiner Sippe und meinem Vaterhaus holst. 41 Dann (nur) wirst du
des Eides mir gegenüber ledig sein: Wenn du zu meiner Sippe kommst und wenn
sie dir (die Frau) nicht geben, dann sollst du des mir geschworenen Eides ledig sein.
42 Nun bin ich heute zur Quelle gekommen und habe gesagt: Jahwe, du Gott meines
Herrn Abraham, wenn du mir (wirklich) auf meinem Wege, auf dem ich gehe, Gelingen geben willst, (dann füge es so:) 43 Siehe, ich stelle mich (nun hier) zur Wasserquelle, und wenn (dann) das Mädchen, das (aus der Stadt) herauskommt, um zu schöpfen, und zu dem ich (dann) sage: Laß mich doch ein wenig Wasser aus deinem Kruge
trinken, 44 zu mir sagt: Trinke du, und auch für deine Kamele will ich schöpfen –
dieses soll dann die Frau sein, die Jahwe für den Sohn meines Herrn bestimmt hat.
45 Ich hatte (aber) noch nicht beendet, was ich zu mir selber sagte, siehe, da kam
Rebekka (aus der Stadt) heraus, die trug ihren Krug auf ihrer Achsel und stieg hinunter zur Quelle und schöpfte (Wasser). Da sagte ich zu ihr: Gib mir doch zu trinken. 46 Da ließ sie eilends ihren Krug von ihrer Achsel[83] herunter und sagte: Trinke!
Und auch deine Kamele will ich tränken. Da trank ich und sie tränkte auch die
Kamele. 47 Dann fragte ich sie und sagte: Wessen Tochter bist du? Da sagte sie:
Die Tochter Bethuels, des Sohnes Nahors, den ihm Milka geboren hatte. Da legte ich
ihr den Nasenring an ihre Nase und die Armspangen an ihre Hände. 48 Und ich verneigte mich und fiel (anbetend) vor Jahwe nieder und pries Jahwe, den Gott meines
Herrn Abraham, der mich auf rechtem Wege geführt hatte, um die Tochter des Bruders meines Herrn für seinen Sohn zur Frau zu nehmen. 49 Nun aber, wenn ihr meinem
Herrn Huld und Treue erweisen wollt, so tut es mir kund, wenn nicht, so tut es mir
(auch) kund, damit ich mich zur Rechten oder zur Linken wende.»
50 Da antworteten Laban und Bethuel (?)[84] und sagten: «Von Jahwe ist das gefügt[85],
wir können dir nichts (dazu) sagen, weder Böses noch Gutes. 51 Siehe, da hast du
Rebekka[86], nimm (sie) und geh, damit sie (die) Frau des Sohnes deines Herrn werde,
wie Jahwe (es) bestimmt hat[87].» 52 Als aber der Knecht Abrahams die(se) Worte
gehört hatte, da fiel er (anbetend) vor Jahwe zur Erde nieder. 53 Und der Knecht holte
Silber- und Goldschmuck und Kleider hervor und gab sie Rebekka, und Kostbar-
keiten gab er ihrem Bruder und ihrer Mutter. 54 Und sie aßen und tranken – er und
die Männer, die mit ihm waren, und blieben über Nacht.
Und als sie am Morgen (wieder) aufgestanden waren, da sagte er: «Entlaßt mich zu
meinem Herrn.» 55 Aber ihr Bruder und ihre Mutter sagten: «Das Mädchen möge
(noch) einige Zeit[88] oder (wenigstens) zehn Tage bei uns bleiben, nachher magst du[89]
gehen.» 56 Er aber sagte zu ihnen: «Haltet mich nicht auf, wo doch Jahwe meinen
Weg hat gelingen lassen. Laßt mich ziehen, daß ich zu meinem Herrn gehe.» 57 Da
sagten sie: «Wir wollen das Mädchen rufen und sie selber fragen.» 58 Da riefen sie
Rebekka und sagten zu ihr: «Willst du mit diesem Manne gehen?» Sie aber sagte:
«Ich will gehen.» 59 Da ließen sie ihre Schwester Rebekka und ihre Amme und
den Knecht Abrahams und seine Männer ziehen. 60 Und sie sprachen Segenswünsche

---

[83] Wörtlich: «von auf ihr».
[84] Da Bethuel in V.28f. nicht in Erscheinung trat und auch nachher nicht mehr erwähnt
wird, sondern nur mehr der Bruder und die Mutter Rebekkas, dürfte seine Nennung an
dieser Stelle in Rücksicht auf die Aussagen von V.15.24.47 eingetragen worden sein. Vgl.
die Auslegung.
[85] Wörtlich: «Von Jahwe ist die Sache ausgegangen.»
[86] Wörtlich: «Rebekka ist vor dir.»
[87] Wörtlich: «Wie Jahwe geredet hat.»
[88] Wörtlich: «Tage.»
[89] Der Text kann auch übersetzt werden: «Mag sie gehen.»

über Rebekka und sagten ihr: «Du, unsere Schwester, werde zu tausendmal Zehntausenden, und deine Nachkommen mögen das Tor ihrer Hasser in Besitz nehmen!»
61 Und Rebekka und ihre Dienerinnen brachen auf und setzten sich auf die Kamele und folgten dem Manne nach. Und der Knecht nahm Rebekka und zog von dannen.
62 Isaak aber war ‹in die Wüste›[90] von Beer-Lahaj-Roi gezogen, und er wohnte im Südland. 63 Und als Isaak (eines Tages) an der Wende zum Abend aufs Feld hinausgegangen war, um zu sinnen (?)[91], und als er aufschaute, da sah er Kamele (des Weges) kommen. 64 Als aber Rebekka die Augen erhob, da sah sie Isaak und glitt vom Kamel herunter 65 und sprach zum Knecht: «Wer ist der Mann dort, der auf dem Feld uns entgegenkommt?» Und der Knecht sagte: «Das ist mein Herr.» Da nahm sie den Schleier und verhüllte sich. 66 Der Knecht aber erzählte Isaak alles, was er ausgerichtet hatte. 67 Und Isaak brachte sie ins Zelt seiner Mutter Sara. Und er nahm Rebekka, und sie wurde sein Weib, und er gewann sie lieb. Und Isaak tröstete sich nach (dem Tode) seiner Mutter[92].

Die breit ausholende, in ruhigem Stil abgefaßte Erzählung von der Brautwerbung für Isaak, die u. a. eine ausführliche Rekapitulation von schon Erzähltem in der Rede des Knechtes (V. 34–48) aufweist, hat in den vorausgehenden Abrahamgeschichten nicht ihresgleichen. In ihrer geradezu novellistisch gestalteten Schilderung unterscheidet sie sich stark von dem ebenfalls relativ breit angelegten Bericht über den Kauf der Grabhöhle durch Abraham mit seiner auffallenden Stereotypisierung der Redegänge und dem stark juristischen Absehen des Ganzen, aber ebenso von der hintergründigen, Erregendstes nur knapp andeutenden Redeweise von Kap. 22. Von dieser wie von den Berichten über die Erscheinung der göttlichen Wesen bei Abraham und dann auch bei Lot trennt sie darüber hinaus auch inhaltlich der Umstand, daß hier, wenn schon die Formulierung von 24,7.40 es erwarten lassen könnte, kein himmlischer Bote direkt in das Geschehen eingreift. Alles geht nach seinem äußeren Ablauf ganz «natürlich» vor sich. Ganz ähnlich wird in der Folge die Josephgeschichte erzählt sein.
Man wird auch hier die Frage nach der ursprünglichen Quellenzugehörigkeit der vorliegenden Erzählung stellen. Nun ist nicht zu übersehen, daß etwa V. 4 und 7 unverkennbar auf die von J in 12,1 berichtete göttliche Forderung des Auszugs aus Heimatland, Verwandtschaft und Vaterhaus zurückweisen. Die Formulierung der Landverheißung wiederum läßt im Hintergrund 12,7 (15,18) erkennen. Auch der durchgehende Gebrauch des Jahwenamens scheint auf J zu weisen. Leichte Unausgewogenheiten gegen das Ende der Erzählung hin könnten die Frage nach der Beteiligung eines zweiten Erzählers aufbrechen lassen: So redet V. 59 vom Mitnehmen der Amme der Rebekka, V. 61 dann von ihren Mägden. In V. 50f. entscheidet Laban (und Bethuel?) über Rebekkas Geschick. Nach V. 57 wird diese selber ge-

---

[90]   MT: «War vom Ziehen (Kommen) nach Beer-Lahaj-Roi gezogen (gekommen)» ist schwerlich richtig, kann aber nach der samaritanischen und griechischen Überlieferung verbessert werden.
[91]   Schon die griechische und lateinische Übersetzung scheinen das Verb so verstanden zu haben. Das Bild des in der Wüste meditierenden Isaak (Vulgata: ad meditandum) ist aber recht ungewöhnlich. So könnte hinter dem Verb ein uns nicht mehr erkennbarer anderer Sinn stecken.
[92]   Zur Frage der Ursprünglichkeit dieser Lesung vgl. die Auslegung.

fragt. Doch läßt sich dieses möglicherweise dadurch erklären, daß es im ersten Falle um die Grundsatzentscheidung, im zweiten dagegen ganz konkret um den Zeitpunkt des Aufbruchs geht. Ob man in V.61 eine Doppelaussage über den Aufbruch zu finden hat, ist fraglich. Auch aus V.62 muß man nicht unbedingt zwei verschiedene Angaben über den Wohnort Isaaks heraushören. Diese leichten Unebenheiten im Schlußteil der Erzählung rechtfertigen auf jeden Fall nicht die Aufspaltung der im übrigen so geschlossenen Erzählung in zwei Erzählfäden. Haben wir danach hier mit einer Erzählung des J zu rechnen? Die spürbar andersartige Erzählweise gegenüber den sonstigen Stücken aus J gibt allerdings der Vermutung Nahrung, daß die in sich relativ geschlossene Erzählung von Kap.24 ein zwar auf den früheren Aussagen des J fußendes, gedanklich aus seinen Sichten herauswachsendes Stück Erzählung enthält, das aber von einer jüngeren Hand niedergeschrieben ist. Ähnliche Fragen stellen sich dann auch bei der Josephgeschichte.

Die Erzählung, die an Umfang den Komplexen Kap.12–14 oder auch Kap.18–19 gleichkommt, ist in sich durchsichtig gegliedert: Auf eine knappe Einführung **(V.1)**, die den Hintergrund des Ganzen sichtbar macht (der von Jahwe gesegnete Abraham ist alt geworden), folgt in **V.2–9** das Gespräch mit dem Knecht, dessen Name nicht genannt wird, sondern der bis in sein Gebet hinein «Knecht seines Herrn Abraham» bleibt und dessen letzte wörtlich zitierte Aussage in V.65, nun im Blick auf Isaak, lautet: «Das ist mein Herr.» In diesem Gespräch bereitet Abraham die Ehe seines Sohnes, in dem seine unter dem Ruf Jahwes stehende Geschichte weitergeführt werden soll, vor. **V.10–27** schildern die Szene vor dem Stadttor der «Stadt Nahors», die durch ein Gebet des Knechtes, der um göttliche Weisung bittet, eingeleitet (V.12–14) und nach der überraschenden Begegnung mit dem Mädchen aus der Familie Nahors durch das Dankgebet des Knechtes ausgeleitet wird (V.27). Die nächste, am breitesten ausgestaltete Szene, in welcher in der Rede des Knechtes das ganze vorausgehende Geschehen (V.1–27) nochmals, in z. T. wörtlicher Anlehnung an das Vorhergehende, erzählt wird, ereignet sich im Hause Labans **(V.28–61)**. Dabei fällt die Entscheidung der Familie Labans über die Ehe Isaaks mit Rebekka und am folgenden Morgen unter Zustimmung Rebekkas auch die Entscheidung über den raschen Aufbruch. Der Rückweg wird ebensowenig geschildert wie der Herweg. In **V.62–67** schließt vielmehr unmittelbar der Bericht über die Begegnung mit Isaak an. Die breiten, in die Erzählung eingelegten Redestücke erhellen dabei den Hintergrund des Geschehens sehr deutlich. Wie viel verhaltener hatte 1.Mose 22,1–14 von den Reden Gebrauch gemacht!

Durch diese Reden öffnet sich die Erzählung dem Verständnis sehr rasch. Es sind nur wenige stoffliche Voraussetzungen, die gemacht werden: Wohnbereich Abrahams ist das Land Kanaan. Wohnort Isaaks, an den er im Lauf dieses Geschehens zieht, ist das aus 16,14 bekannte Beer-Lahaj-Roi, das dort im besonderen mit Hagar/Ismael verbunden worden war. Darin ist 25,11 vorbereitet, wo der Ort nochmals als Wohnsitz Isaaks genannt wird. Anders als in 16,14 führen aber die Isaaknachrichten auf keine Ätiologie dieses Ortsnamens.

Wohnbereich der Familie Rebekkas ist «die Stadt Nahors» in «Aram-Naharaim» (V.10). Dieses «Aram-Naharaim» ist nicht, wie es die hebräische Sprache nahelegen möchte, als Dual «Aram der beiden Ströme» und dann nach dem griechischen «Mesopotamien» als «Land zwischen den (beiden) Strömen», d. h. zwischen Euphrat und Tigris, zu verstehen. Es bezeichnet vielmehr nach Ausweis altorientalischer Nachrichten eine beidseitig des oberen Euphrat gelegene Gegend, die um die Mitte des 2. vorchristlichen Jahrt. zum Mitannireich gehörte. Bei der «Stadt Nahors» würde man nach den allerdings aus P stammenden Nachrichten von 11,31f. am liebsten an die Stadt Haran (s. o. S. 16f.) denken. Es fällt aber auf, wie unbestimmt die ganze Erzählung in ihren Namengebungen bleibt. Dazu paßt, daß auch der Knecht Abrahams keinen Eigennamen bekommt. Die Kombination mit dem Elieser von 15,2 hat im Text selber keinerlei Anhalt. Man wird sich von da aus sogar fragen, ob der einzige präzise Ortsname, das Beer-Lahaj-Roi von V. 62, nicht erst durch eine andere Hand um der Vorbereitung auf 25,11 willen hier eingetragen ist.

Das zentrale Interesse dieser Erzählung liegt nicht in konkreten geographischen Bezügen und Personennamen, die über die Namen von Abraham, Isaak und die Namen der Nahorsippe hinausgehen. Wichtig ist allein die Verbindung des Abrahamsohnes mit seiner nichtkanaanitischen Heimatfamilie. Daß dahinter eine tiefe theologische Begründung steckt, wird später voller erwogen werden müssen. Negativ wird man schon aufgrund dieser zunächst ganz oberflächlichen Wahrnehmungen darauf schließen, daß hier kein traditionsgeschichtlich an bestimmten Orten lokalisiertes Erinnerungsgut zugrunde liegt, sondern daß es sich um ein mit starker Reflexion gesättigtes Verbindungsstück der Abraham-Isaak-Erzählung handelt. Das Wissen um die Herkunft der Ahnen Israels aus dem oberen Euphratgebiet wird Gefäß für eine breit entfaltete Erzählung, die den «Gehorsam Abrahams» in der bestimmten Situation der Bestellung seines Hauses zum Ausdruck bringen soll. Die Beziehung zu den aramäischen Gruppen des Euphratgebietes wird hier im Dienst ganz bestimmter Fragestellungen aktualisiert, wobei das konkret Stammliche vor der Verheißungsproblematik, welche den ganzen Bericht über Abraham beherrscht, ganz zurücktritt. Zu den Einzelheiten der Erzählung, die vorweg kurz durchgangen werden soll, ist nicht viel Erklärendes notwendig. Daß Abraham unter seinen Knechten (2) einen hat, der in der ganzen Begebenheit voll eigenverantwortlich als sein Stellvertreter wirkt, zeigt, wie wenig hier «Knechte» – wenn sie schon mit der gleichen Vokabel wie Sklaven bezeichnet werden – «Sklaven» im Sinne von «Onkel Toms Hütte» sind. Sie gehören ganz zum Hause und können ihren Herrn in schwieriger Mission voll vertreten. 1. Mose 24 ist wohl die schönste «Sklavengeschichte» im ganzen Alten Testament.

Die Gewichtigkeit der dem Knecht aufgetragenen Mission wird durch den Schwur (3–9) unterstrichen, den Abraham zu Beginn seinem Knechte abfordert. Der eigentümliche Schwurgestus, wonach der Schwörende die Hand unter die Lende dessen, dem er schwört, legt, ist noch in 1. Mose 47,29ff. belegt, wo Joseph seinem dem Tode nahen Vater in analoger Weise zuschwört, daß er ihn nicht in Ägypten bestatten werde. Auch hier geht es um eine Art «Testamentswunsch» des dem Tode Nahen. In 1. Mose 24 fällt auf, daß bei der Rückkehr des Knechtes Abraham selber nicht mehr auftritt. Die Vermutung, daß die Geschichte ursprünglich vom Tode Abrahams, der nach V. 36 schon vor dem Weggang des Knechtes Isaak all sein Gut übergeben hat, vor der Rückkehr des Knechtes berichtet und daß der Schlußvers (V. 67b) davon gesprochen hatte, daß Isaak sich über den Tod des Vaters getröstet habe, ist nicht von der Hand zu weisen. In der redaktionellen Zusammenfügung, in welcher der priesterliche Bericht über den Tod Abrahams in 25,7ff. folgt, während der Tod Saras in Kap. 23 erzählt worden war, konnte diese leichte Umakzentuierung der Geschichte ohne große Mühe geschehen. Was die Schwursymbolik selber angeht, so dürfte der Schwurgestus («Lege die Hand unter meine Lende») in urtümlicher Weise auf die Verbindung dieser Körperstelle mit der Zeugungs- und Fortpflanzungskraft des Mannes weisen. So werden denn etwa

die Nachkommen in 1. Mose 46,26; 2. Mose 1,5; Richt. 8,30 als «die aus den Lenden (des Vaters) hervorgegangen sind», bezeichnet. Vgl. auch Anm. 19 zu 15,4.
Mit reicher Brautgabe zieht der Knecht aus (10). Darin spiegelt sich der von Jahwe auf Abraham gelegte Segen, von dem in V. 1 und V. 35 die Rede ist. Am Zielort ereignet sich die erste Szene am Brunnen (11–27). Von solcher Brunnenszene reden 1. Mose 29,1 ff. in der Jakob- und 2. Mose 2,15 ff. im Zusammenhang der Mosegeschichte. Ist dort von der normalen abendlichen Tränkung der Herden, die im Weideland an die Brunnenstelle herangetrieben werden, die Rede, so hier vom Wasserholen der Mädchen einer Stadt. Bei diesem ist nun in unerwarteter Weise auch ein Fremder mit einer Anzahl Tiere da. Er erfährt hier die Hilfe eines Mädchens, das lediglich zum Wasserholen für den städtischen Haushalt aus der Stadt herausgekommen war. Mehrfach steigt es in den Brunnenschacht hinab und holt in seinem Krug Wasser herauf. Auch hier stehen wie an den beiden anderen Stellen Schöpfrinnen bereit, die für die Tiere gefüllt werden müssen. Unerwartet kommt es dann zu einer überreichen Lohnung des hilfreichen Mädchens und zur ausdrücklichen Frage nach Unterkunftsmöglichkeit. In der eifrigen Geschäftigkeit des Bruders, der die Gaben von stattlichem Wert gesehen hat, einen Nasenring von ¹/₂ Sekel, d. h. etwa 6 Gramm Gold, zwei Armspangen von je 10 Sekel, d. h. je 120 Gramm Gold, soll wohl schon der um sein gutes Geschäft besorgte Laban von 1. Mose 29; 31,6 f. gezeichnet werden. Will der Erzähler in der überschwenglichen Anrede an den Knecht («Du Gesegneter Jahwes») darüber hinaus noch etwas von der tatsächlichen Wirklichkeit Abrahams (V. 1. 35), die hier im Knecht präsent ist, sichtbar machen? Der Knecht ist im übrigen als der sorgsam überlegende und auf Jahwes Willen hörende Mann gezeichnet. Rebekka ist daneben das schöne, spontan zur Hilfe bereite Mädchen.
In der Szene im Hause Labans (28–61), in der ursprünglich wohl nur noch die Mutter genannt und der Tod des Vaters Bethuel vorausgesetzt war (Anm. 84), fällt die große Eile des Werbers, der nach gelungener Werbung schon am nächsten Tage wieder zurückkehren will, auf. Normalerweise läßt sich ein Gast Zeit und widersteht den Aufforderungen zu längerem Bleiben nicht. Vgl. etwa Richt. 19,1 ff. Steht hinter dieser Eile der Gedanke, Abraham nach Möglichkeit noch lebend anzutreffen? Und hat dann V. 62 ursprünglich besagt, daß Isaak nach dem in der Zeit der Abwesenheit des Knechtes erfolgten Sterben Abrahams weiter in den Süden gezogen sei? Oder soll auch darin nochmals der «Knecht» geschildert werden, der es auch nach dem Erfolg seiner Mission ablehnt, diesen «Erfolg» geruhsam auszukosten, sondern auch jetzt mit all seinen Gedanken bei seinem «Herrn» ist? Eindrücklich ist dann die Begegnungsszene zwischen Isaak und Rebekka (63–67) geschildert. Ist nicht mehr ganz klar auszumachen, zu welchem Zwecke sich Isaak auf dem Felde draußen und nicht bei seinen Zelten aufhält (Anm. 91), so ist auf jeden Fall sehr deutlich die schamhafte Scheu des Mädchens beim Anblick des fremden Mannes geschildert. Wie sie ihn aus der Ferne sieht, gleitet sie von ihrem Reittier, auf dem sie unverschleiert gesessen hatte, herab und verschleiert sich, sobald sie vom Knechte erfahren hat, daß der Mann, dem sie begegnen, der Mann ist, für den sie bestimmt ist. In aller Knappheit schildert der Schlußvers, wie Isaak, nachdem er den Bericht des Knechtes gehört hat, sein Weib liebgewinnt und sich so über den Tod der Mutter – ursprünglich wohl: des Vaters – hinwegtröstet.
Zum äußeren Gang der Erzählung, die so voll die natürliche menschliche Empfindung zum Schwingen bringt, ist nur wenig Erklärendes hinzuzufügen. Wohl aber

gilt es nun nach der eigentlichen «Aussage» des Textes, der sichtlich nach seiner
ganzen Struktur von Anfang bis zu Ende in die Verheißungsgeschichte Abrahams
hineingehört und seine Gestaltung dieser Geschichte verdankt, zu fragen.
Eigentlicher Träger und Hauptperson der Erzählung scheint zunächst der Knecht
zu sein. Aber es ist ganz deutlich, daß im Knecht durch alles hin Abraham und
das ihm von Gott Zugesagte gegenwärtig ist. Bis in die Gebete des Knechtes, der
Jahwe als «Gott seines Herrn Abraham» anruft (V. 12. 27. 42), ist diese Präsenz
Abrahams zu erkennen. Wohl wird man dazu zunächst rein soziologisch bemer-
ken können, daß ein Knecht eben rechtlich ganz ins Haus seines Herrn hineingehört. Des Herrn Gott ist auch des Knechtes Gott. So war auch etwa in Kap. 17
zu erkennen, daß die Beschneidung nicht nur Abraham und seinen leiblichen
Nachkommen galt, sondern dem ganzen Hausstand mit Einschluß der Knechte
(17,12 f. 23. 27). Eine «Privatfrömmigkeit» und etwa gar eigene «Religion» eines
möglicherweise aus einem fremden Religionsbereich stammenden Sklaven liegt
diesen Berichten ganz fern. Da nun der Knecht auch in seinem frommen Verhalten nicht etwas Eigenes tat, ist es auch nicht nötig, ihn mit einem Eigennamen
zu bezeichnen. Die Bezeichnung «Knecht Abrahams» bringt darum auch das Tie-
ferliegende zum Ausdruck, daß es in dieser Geschichte nochmals ganz zentral um
Abraham und seinen Gott geht. Abraham, der Empfänger göttlicher Verheißung,
ist die verborgene Hauptperson dieser Erzählung.
Wenn in den Worten Abrahams sein Gott als «Gott des Himmels und der Erde»
bezeichnet ist – die griechische Überlieferung hat auch in V. 7 das knappere «Gott
des Himmels» zur vollen Doppelbezeichnung aufgerundet –, so ist das gegenüber
den sonstigen Gottesbezeichnungen der Abrahamgeschichte des J neuartig (und
vielleicht wieder Hinweis auf die jüngere Hand, die hier am Werke ist). Es soll dieses aber wie das Jahweprädikat «Schöpfer Himmels und der Erde» der aus anderen
Bereichen stammenden Erzählung Kap. 14 (V. 22) neu zum Ausdruck bringen, was
in der Verbindung mit der Urgeschichte in J auf jeden Fall beschlossen liegt:
Jahwe ist kein Lokalgott, sondern der Herr der Welt. So hatte auch 18,25 in einer
Erweiterung des J von ihm als dem «Richter der ganzen Erde» geredet. Um diesen
Herrn der Welt geht es auch in der Abrahamgeschichte von Kap. 24, die nun nochmals von Kanaan, dem Abraham verheißenen Land, zurück in jenen Bereich, aus
dem ihn Jahwe herausgeholt hat, zurückführt.
1. Mose 24 erzählt eine Geschichte des Weiterschreitens Abrahams – des Aus-
schreitens in bisher noch nicht beschrittenes Land. Abraham ist bisher der direkte
Empfänger der Verheißung gewesen, die sein Leben und Verhalten seit dem Aufbruch aus seiner Heimat (12,4) bestimmt hat. «Segen» hat dieses Leben bisher
bestimmt (12,2 f.). Das wird auch in der vorliegenden Erzählung mit Nachdruck
aufgenommen (V. 1. 35). Zu diesem Segen gehört auch der Sohn (V. 36). Ohne zu
wissen, wie wahr er redet, bezeichnet sogar der wohl aus Berechnung so über-
schwänglich redende Laban den «Knecht», in dem ihm die Wirklichkeit Abrahams begegnet, als «Gesegneten Jahwes».
Nun aber steht Abraham, der sich als alter und hochbetagter Mensch weiß (V. 1),
an der Schwelle seines Lebens. Wie wird er die Verheißung richtig an die nächste
Generation weitergeben? Die vorliegende Erzählung will zeigen, wie Abraham auch
an dieser Stelle der ihm zuteil gewordenen Verheißung entsprechend handeln, ihr
treu bleiben will.
Zweierlei ist ihm dabei deutlich: Sein Sohn Isaak darf nicht einfach in das Land
Kanaan, wie es zurzeit ist, hineinwachsen. Kanaan ist das Land der Verheißung.

Das in diesem Wissen liegende Warten – P würde hier formulieren: der Charakter des Landes als «Land der Fremdlingschaft (Schutzbürgerschaft)» (17,8; 23,4) – darf nicht verlorengehen. So kommt ein einfaches Einheiraten in kanaanitische Familien und Erwerb von Landbesitz auf diesem Wege nicht in Frage (3–4). Wenn Esau nach 1. Mose 26,34f. eine «hethitische», d. h. der Landbevölkerung entstammende Frau nimmt, so ist er darin das Gegenbild des der Verheißung Gehorsamen. Bei Jakob sorgt Jahwe auf dem Umweg über Jakobs fragwürdiges Verhalten dafür, daß er in seiner Eheschließung (29,1ff.) den von Abraham für Isaak gehorsam geplanten Weg geht. Daß Abraham seinem Sohn Isaak durch seinen Knecht eine Frau aus dem Land seiner Herkunft und aus seiner Verwandtschaft werben läßt, ist nicht als «Nostalgie» des Alten, dem die Erinnerung an seine Jugend wieder aufsteigt, zu interpretieren. Es ist streng von der Verheißung Jahwes her zu verstehen, die ihn zunächst in Kanaan zum Fremdling macht. In den Einleitungsreden des 5. Mosebuches (7,3f.) und dann in der Mischehenpolitik Esras und Nehemias lebt dieses Wissen um die «Fremdheit» des Jahwevolkes in einer späteren Zeit weiter. Die neutestamentliche Gemeinde wird dann im Licht des Christusereignisses erkennen, daß die «Fremdheit» des Gottesvolkes auf eine andere Ebene zu liegen kommt und Christus in der Ehefrage in eine neuartige Freiheit hineinführt.

Daß Abraham in der Anordnung der Werbung einer Frau für seinen Sohn nicht von sentimentalen Heimwehgefühlen gelenkt ist, zeigt sich ganz deutlich in der bestimmten zweiten Weisung, die er seinem Knechte gibt (5–6): Er soll auf keinen Fall seinen Sohn wieder in den alten Heimatbereich zurückführen. Die göttliche Weisung von 12,1 bleibt unverrückt bestehen, auch über seinem Sohne. Das wird dem Knecht, der die Eventualität anspricht, daß eine Frau ihm nicht in die Fremde folgen könnte (V. 5.39), in aller Schärfe gesagt: «Hüte dich wohl, meinen Sohn wieder dorthin zurückzubringen» (V. 6 – es ist dann bezeichnend, daß diese scharfe Abgrenzung gegenüber dem Land der uranfänglichen Verwandtschaft im Gespräch mit den Verwandten in der «Stadt Nahors» durch den Knecht diskret unausgesprochen bleibt). Eine Rückkehr des Sohnes in die angestammte Heimat kommt keinesfalls in Frage. Sie wäre Ungehorsam gegen die Landverheißung.

In dieser Doppelanweisung: Keine Kanaaniterin, sondern eine Frau aus der Verwandtschaft, aber keinesfalls eine Rückkehr zu dieser Verwandtschaft, hat Abraham den Weg gefunden, auf dem die Verheißung in ihrem «Schon» und ihrem «Noch nicht» auch über dem Sohne aufrechterhalten werden kann. Aber nun wird im Gespräch mit dem Knecht ein Weiteres klar (7–9): Der von Abraham gehorsam geplante Weg ist alles andere als ein gesicherter Weg. Was geschieht, wenn die Frau nicht mitkommen will? Es ist ein völlig ungesicherter Weg, auf den Abraham seinen Knecht schickt, der nun als sein Vertreter und in dem Abraham selber als der im Vertreter eigentlich Gegenwärtige die Handlung des Gehorsams gegen die Verheißung zu vollziehen sucht. Es kommt sehr deutlich zum Ausdruck, wie dem Gehorsam an dieser Stelle lediglich das Wagnis des Vertrauens offensteht. Dieses wird in einer auffallend gegenständlichen Weise formuliert: Jahwe wird seinen Boten vor dem Knecht herschicken (V. 7.40). Die Ungesichertheit, in dem dieses Vertrauen menschlich gesehen steht, kommt darin zum Ausdruck, daß die Lage des Knechtes auch für den Fall der Weigerung der Frau bedacht wird. Er wird in diesem Falle von seinem dem Abraham geleisteten Eide entbunden sein (V. 8.41). Was aber dann? Darüber hinaus können die Planungen Abrahams nicht mehr

gehen. Sollte dieser vom Vertrauen Abrahams nicht erwartete, aber als Möglichkeit immerhin angesprochene Fall eintreten, so bleibt alles offen und ungelöst. Es
gehört wohl unaufgebbar zum Wesen des Vertrauens, daß es sich nicht total abzu-
sichern vermag, sondern dieses Element der Wehrlosigkeit immer in sich enthält.
Fragt man, woher denn nun nach dieser so unverkennbar «wissenden» Erzählung
das Vertrauen seine Zuversicht bekommt, so steht da ohne Zweifel über allem das
Sich-Anklammern an ergangenes göttliches Wort. V. 7 zitiert ganz ausdrücklich
die in 12,7 (15,18) ergangene Verheißung. Es steht dahinter die Erfahrung des
eigenen Lebens, daß Jahwe mit der Segenszusage bisher nicht gelogen hat (V. 1. 35)
und die dadurch gewonnene Erkenntnis des Gottes, der «herausgeholt» hat (V. 7)
und «vor dem (wörtlich: vor dessen Angesicht)» Abraham gewandelt ist (V. 40).
Der gehorchende Glaube hat keine anderen Fundamente für seine Gewißheit. Das
in 15,6 auftretende Verb «glauben» kommt in Kap. 24 nicht vor, aber das ganze
Kapitel ist in seiner Art nichts anderes als eine eindrückliche Erzählung vom
«Glauben», der Vertrauen wagt.
Und dieser Glaube übersetzt sich nun in eigenartiger Weise in das Tun des Knechtes (10–11), der in dem, was er tut, ganz «für Abraham» steht. Von dem Jahweboten, der von Jahwe vor dem Knecht hergeschickt werden soll, so wie es in
2. Mose 23,20 auch dem durch die Wüste wandernden Volk verheißen wird, ist in
dem, was folgt, nichts zu sehen. Dennoch wiederholt der Knecht in seiner Erzählung im Hause Labans nach V. 40 die Formulierung in der deutlichen Meinung,
daß dieses in der Tat in dem, was er erfahren, geschehen sei. Es ist dieses eine
für biblisches Denken wohl bezeichnende Erzählung: Die Begleitung und Führung
durch den göttlichen Boten kann auch da Wirklichkeit sein, wo kein mit leiblichen
Augen erschaubarer Bote in Erscheinung tritt. Es ist verlockend, von hier aus der
biblischen «Engellehre» weiter nachzudenken.
Die Erzählung will nun im einzelnen sichtbar machen, wie der Knecht die ihm
zugemutete Unternehmung des Vertrauens durchführt. Es ist dabei mehr als Zufall,
daß an den entscheidenden Stellen von der Wendung des Knechtes zu Jahwe hin
berichtet wird – mitten in Situationen, in denen auch ganz andere menschliche
Reaktionen denkbar wären. Diese Wendung zu Gott hin geschieht zunächst da,
wo der Knecht an dem ihm gewiesenen Ort ankommt – vor den Toren der Stadt
Nahors (12–14). Es ist ein Gebet, das zunächst die hier zu erwartende Bitte, daß
Jahwe sein Unternehmen gelingen lassen möge, formuliert. Aber es ist zugleich ein
eigentümlich kühn in der Situation mitdenkendes und ihre Möglichkeiten beden-
kendes Gebet. Das nüchterne Bedenken der Situation lebt in ihm. Das Gebet hat
sehende Augen. Es werden jetzt am Abend Mädchen aus der Stadt herauskommen.
Der Knecht will es mit einer Probe wagen. Er will sehen, ob ein Mädchen, das er
um Wasser für sich selber bittet, Augen auch für seine Tiere hat. Man möchte
zunächst hier einfach von einer Charakterprobe reden. «Der Gerechte weiß (ver-
stehend) um das Verlangen seines Viehs», formuliert Spr. 12,10. Die Probe wird
zeigen, ob das Mädchen «recht» ist. Und dieses «rechte» Mädchen soll dann unter
diesem «Test» als eine für den Sohn Abrahams «rechte» Frau erkannt werden.
Mit einer wohl im Verfahren des rechtlichen Zeichenbeweises üblichen Formel
(vgl. etwa 1. Mose 42,33 f.) wird dieses Wagnis vertrauender Frage an Gott zum
Ausdruck gebracht. So redet der mitdenkend vertrauende Glaube, der sich vor Gott
darauf beruft, daß dieser dem Herrn des Knechtes seine «Huld» beweisen möge.
Das mit «Huld» übersetzte Wort enthält im Hebräischen den Akzent der Bewährung einer Treue innerhalb eines bestehenden zwischenmenschlichen oder auch

Gott-menschlichen Verhältnisses. Mit «Bundestreue» hat man es schon übersetzen wollen, s.o. S. 106 zu 21,23.

Und dann ereignet es sich, daß dieses mit nüchternem Fragen verbundene Vertrauen eine auffallende Erfüllung erfährt (15–27). Nicht nur auf ein «rechtes», die Situation auch für die Tiere barmherzig erfassendes Mädchen trifft der Knecht mit seiner Bitte, sondern darüber hinaus auch gleich auf ein Glied aus der engeren Verwandtschaft Abrahams. Der Erzähler läßt in V. 21 wieder das zunächst sorgfältig prüfende Verhalten des Knechtes erkennen, bevor dieser dem um seine Tiere besorgten Mädchen überraschend reiche Gabe gibt und es nach seinem Namen und nach der Möglichkeit einer Unterkunft in seinem Hause fragt. Dann aber, wie in der Antwort des Mädchens die nahe Verwandtschaft zu Abraham erkennbar wird, geschieht zum andernmal die volle Hinwendung zu Jahwe. Unbekümmert um Ort und Zeugenschaft dieses Tuns vollzieht der Knecht den vollen Gestus der Anbetung und des Preisens des Gottes seines Herrn, der seine Huld und Treue an diesem Herrn ganz offensichtlich erwiesen hat.

All das so vom Knecht Erfahrene kehrt dann voll nochmals wieder in der Erzählung vom Geschehen im Hause (28–61), das ihn gastlich aufgenommen hat. Nach der Besorgung der Tiere und einer ersten Erfrischung, welche die gleiche Form der Gastfreundlichkeit zeigt, die schon in 18,3 ff. und 19,2 ff. geübt wurde, aber bevor er sich zum Mahle zu setzen bereit ist, erzählt der Knecht, woher er kommt und was er nun erfahren hat. Er wagt dabei das Erlebte unverhüllt als einen Gottesentscheid zu verstehen, so wie ihn das Gebet von V. 12–14 erbeten hatte. Und in diesem Lichte, wobei V. 48 auch den schon an Jahwe gerichteten Dank nicht verschweigt, stellt er seine Gastgeber vor die Frage, ob auch sie Augen haben, die dieses zu erkennen vermögen, und ob auch sie bereit sind, «Huld und Treue», d.h. die in ihrer Verwandtschaft mit Abraham eigentlich geforderte Tat, zu tun und Rebekka für die Ehe mit Isaak freizugeben. Die Antwort zeigt, daß auch die Gastgeber auf die doppelte Frage keine andere Antwort zu geben wissen als die, welche ihnen im ganzen Geschehen göttlicher Führung gezeigt worden ist. Ein bloßer «Zufall», wie gottgelöstes Denken es hier wohl auch sehen könnte, wird gar nicht erwogen. Und auf das Drängen nach raschem Aufbruch, das nach gehaltenem Mahl am Abend und der Nachtruhe durch den Knecht geschieht, gibt auch Rebekka keine abweisende Antwort. Unter dem Segen ihrer Angehörigen zieht sie in Begleitung ihrer Amme, die als Nächstvertraute verstanden sein dürfte, und von Dienerinnen mit dem Knecht Abrahams. Im Segenswort der Angehörigen aber klingt die Gottesverheißung reicher Mehrung über Abraham (12,2, vgl. auch 15,5; 22,17, auch P 17,2.6) an. In seiner zweiten Hälfte, die in 22,17 b ihre Entsprechung hat, sind es kriegerische Töne, welche die Anfangsverheißung von 12,3 a variieren. Ohne jede weitere Erwähnung Jahwes und seiner Führung klingt dann der Schlußabschnitt V. 62–67, der von der Begegnung mit Isaak berichtet, ganz im zwischenmenschlichen Geschehen aus. Was Jahwe geheimnisvoll gelenkt hatte, führt dann auch in die gute, mit leiser Zartheit geschilderte Begegnung der im ganzen Geschehen beteiligten Menschen. Im Bericht des Knechtes über das Geschehene kommt dessen Auftrag zu seiner Erfüllung. In der Hereinholung der Braut in sein Zelt nimmt Isaak, ohne daß die Führung Jahwes hier nochmals ausdrücklich erwähnt würde, ganz so wie es nach V. 50 f. die Familie Rebekkas getan hatte, das ihm Zugesandte als das ihm Geschenkte entgegen. Und in der Liebe zu Rebekka kommt auch der Kummer des Abschiednehmens von der dahingegangenen älteren Generation zu seiner Tröstung. Die Uhr der Geschichte Gottes ist in eine neue Stunde vorgerückt.

So erzählt 1. Mose 24 die Geschichte göttlicher Führung. Es ist in ihr nicht mehr von der harten Wende der Geschichte Gottes mit den Menschen die Rede, wie sie im Aufbruch Abrahams aus seiner Heimat und seinem Vaterhaus erkennbar wurde. Es ist auch nicht von Irrwegen Abrahams, wie sie in den Geschehnissen in Ägypten (12,10ff.) und Gerar (20) und in der Hagargeschichte (16; 21) deutlich wurden, die Rede, auch nicht von Bewährungsproben, die den Menschen schier zerreißen müssen, wie in Kap. 22, noch auch von offenbaren Gotteserscheinungen. Es geht in Kap. 24 schlicht um das gehorsame Weiterdenken des von Gott im Wort, ja im Schwur Angeredeten (24,7) und um das Vertrauen, daß dieser Versuch, dem gehörten Wort gehorsam zu bleiben, den Gehorsam nicht zuschanden werden lassen wird. Die Geschichte will die Realität der führenden Hand Gottes mitten in konkreten Lebensentscheidungen und die Zuversicht auf die Präsenz des den Weg führenden Gottesboten, auch wo kein Engel mit Augen geschaut werden kann, verkündigen. Sie wagt es, solche «Führung» als ein «Reden Gottes» zu bezeichnen (V.51). Sie ruft in ihrem Gang durch das Beispiel des Knechtes Abrahams zu der in jeder Stunde auf Gott hin geöffneten Bereitschaft auf: zum Bittgebet da, wo die Ungewißheit des Kommenden lastet (V.12–14.42–44), zum unbekümmerten Lobpreis da, wo der Glaube in dem, was Menschen sonst als «Zufall» bezeichnen, die führende Hand Gottes erkennt (V.27.48.52). So enthält Kap. 24 eine eigentümlich reif «abschließende» Abrahamgeschichte, die dem Glauben Gewißheit geben möchte, daß auch an Schwellen, über die es zu Neuem geht und die ein bemessenes Menschenleben nicht mehr zu überschreiten vermag, die göttliche Hand in die Zukunft einer neuen Generation hineinführt, in der die göttliche Verheißung in einem neuen Geschlechte kräftig bleibt.
Die Abrahamgeschichte gelangt damit eigentlich zu ihrem Ende. Über einen überraschenden Nachtrag in 25,1–6 hinweg bekommt in 25,7–11 der priesterliche Erzähler das Wort zum Bericht über den Tod Abrahams.

25,1–6   Die Abrahamssöhne von Ketura

1 Und Abraham nahm (sich) noch ein Weib, das hieß Ketura. 2 Sie aber gebar ihm den Simran und den Joksan und den Medan und den Midian und den Jisbak und den Suah. 3 Joksan aber zeugte den Saba und den Dedan. Und die Nachkommen Dedans waren die Assuriter und die Letusiter und die Lehummiter. 4 Die Söhne Midians aber sind Epha und Epher und Hanoch und Abida und Eldaa. Alle diese sind Nachkommen der Ketura.
5 Und Abraham gab all seine Habe dem Isaak. 6 Den Söhnen der Nebenfrauen aber, die Abraham hatte, gab Abraham Geschenke. Und er entließ sie noch zu seinen Lebzeiten von Isaak weg nach Osten, ins Ostland.

Dieses Stück, das nach seiner Sprachgestalt sicher nicht P, sondern wohl J zuzuschreiben ist, überrascht an dieser Stelle. In Kap. 24 war eben eine Episode geschildert worden, die es deutlich mit einer Art testamentarischer Verfügung Abrahams, der denn auch in der Ausmündung der Geschichte gar nicht mehr selber erwähnt wurde, zu tun hatte. Der Tod Saras war schon in Kap. 23 berichtet worden. Und nun nochmals eine Ehe Abrahams, aus der eine Fülle von Söhnen stammt! Da dann V.6 die in 25,1–4 überraschend auftauchende Frau Ketura sichtlich mit zu den Nebenfrauen rechnet (so wird es in 1. Chr 1,32 offen gesagt), ist nicht etwa an die

Verheiratung Abrahams mit einer neuen Hauptfrau nach dem Tode Saras, sondern an eine zu Lebzeiten der einzigen Hauptfrau Sara noch erfolgte Verheiratung mit einer Nebenfrau gedacht.

In besondere Schwierigkeiten führt auch hier (wie schon vorher bei Kap. 20 s. o. S. 98) die Einfügung in die Altersberechnungen des P, die das Gerüst des zusammengearbeiteten Textes ausmachen. Nach 17,17 erscheint es Abraham selber ganz unglaubwürdig, daß einem Hundertjährigen noch ein Kind geboren werden sollte. Auf die besondere Zusage Gottes hin aber erhält er dann noch den herausgehobenen Sohn der Verheißung. Beim Tode Saras führt der Altersvergleich von 17,17 und 23,1 auf das 137. Jahr Abrahams. Nach 25,20 P ist Isaak 40 Jahre alt, wie er Rebekka heiratet. P rechnet danach zwar mit einem Weiterleben Abrahams über die Geschehnisse von Kap. 24 hinaus, zu deren Zeit Abraham 140 Jahre alt sein würde. Aber was soll zu einer neuen Ehe des nun mindestens 140-jährigen gesagt werden?

So führt alles darauf, daß 25,1–6 einen erzählerisch verspäteten Nachtrag bieten, der in der Abrahamerzählung sinngemäß viel früher hätte eingefügt werden müssen und in gewissem Sinne der Hagargeschichte parallel läuft. Da die ganze vorhergehende Abrahamerzählung (mehr oder weniger direkt) von Abraham, dem Verheißungsträger (15; 17; 18,18f.), dem «Gesegneten» (12,2f.; 14,19; 24,1.35), dem «Propheten» (20,7), «mit dem Gott ist» (21,22) und dem «Gottesfürsten» (23,6), handelte, war bisher kein Raum für diesen Bericht, der es nun offensichtlich ohne jede theologische Note mit einer weiteren Beschreibung der Verwandtschaftsbeziehungen Abrahams zu tun hat. Darin unterscheiden sich 25,1–6 von der Hagar-Ismael-Erzählung (und der Abraham-Lot-Geschichte), die ebenfalls vom weiteren Verwandtschaftsbereich Abrahams berichten will, aber (als Fehlweg) bewußt in jene Hauptgeschichte einbezogen ist.

Dabei liegen 25,1–6 mit ihrem berichtenden Anliegen nicht weitab von der Verwandtenbeziehung, die in der Ismaelerzählung sichtbar gemacht werden will. Auch hier handelt es sich um Gruppen im östlichen und südöstlichen arabischen Bereich, denen sich das spätere Israel verwandtschaftlich näher verbunden weiß. Die Liste wird in 1. Chr. 1,32–33 unter Übergehung von 1. Mose 25,3 b nochmals aufgeführt. Nicht alle Namen sind für uns mehr näher bestimmbar.

In den arabischen Bereich könnte schon der Name der Nebenfrau Ketura (1), der vom Hebräischen her etwa als «die in Weihrauch Gehüllte» zu verstehen ist, weisen. «Spezereien, Gold und Edelsteine» bringt nicht nur die Königin aus dem südarabischen Saba dem Salomo. Die gleichen drei Güter sind ganz so in der Handelsliste von Ez. 27 (V. 22) für Saba aufgeführt, «Gold und Weihrauch» in Jes. 60,6 und «Weihrauch aus Saba» allein in Jer. 6,20.

Sechs Söhne der Ketura werden dann aufgeführt (2). Trifft das nur zufällig mit der Sechszahl der Söhne Leas zusammen? Oder muß an feste Stammesgruppierungen nicht nur in der Zwölf-, sondern auch der Sechszahl gedacht werden (s. o. S. 117)? Simran könnte evtl. als Bereich der «Könige von Simri», die in Jer. 25,25 unmittelbar hinter den «Königen der Araber» genannt werden, erwähnt sein. Der Geograph Ptolemäus kennt ein Zambram westlich von Mekka. Bei Joksan, der im Alten Testament sonst nie genannt wird, ist schon die Frage aufgeworfen worden, ob sein Name mit Joktan, von dem in 10,26–29 dreizehn wohl südarabische Gruppen hergeleitet werden (Urgeschichte[3], 393–395), identisch sei. Die Gleichsetzung ist aber sprachlich schwierig. Auf einen Gottesnamen Medan könnte der arabische Familienname Abd-el-Madan führen. Tiglat-Pilesar III. von Assyrien erwähnt unter seinen Eroberungen einen Ortsnamen Bedan südlich der westarabischen Oase Teima

(25,15 als Sohn Ismaels aufgeführt), der mit Medan identisch sein könnte. Aus vielen biblischen Nachrichten ist das im Nordwesten Arabiens zu lokalisierende **Midian** bekannt. Aus dem «Land Midian» stammt nach 2. Mose 2,15ff. Moses Frau Zippora. Mit leicht beweglichen Midianiterscharen hat Gideon nach Richt. 6–8 zu kämpfen, während der Midianiterkrieg Moses in 4. Mose 31 geschichtlich kaum einzuordnen ist. Der Name Midian bleibt mit leichter sprachlicher Variation den griechischen und arabischen Autoren bekannt. **Jisbak** ist nicht weiter bekannt, während **Suah** in der Herkunftsbezeichnung des Hiobfreundes Bildad von Suah noch zu fassen ist, was wieder in die östliche arabische Nachbarschaft Palästinas führt. Die in assyrischen Nachrichten genannten *sūḫi* oder *šūḫi* sind als aramäische Gruppe am südlichen Ufer des mittleren Euphrat lokalisiert.

Joksans Söhne (3) tragen wohlbekannte Namen. **Seba** (= **Saba**) wird in der Völkertafel 10,7 als Nachkomme Hams aufgeführt, während J in 10,28 Seba eindeutig unter die arabischen Joktaniden, die sich von Sem herleiten, einordnet. Das könnte für die Gleichsetzung von Joktan und Joksan sprechen. Während man in Saba etwa in 1. Kön. 10 eindeutig das kulturell hochstehende südarabische Reich vor sich hat, führt Hiob 1,15 auf die Existenz von räuberischen Gruppen, die Hiobs Schafherden wegtreiben und ihre Hirten erschlagen. Haben wir darin eine ältere Phase der Sabäer vor ihrer Seßhaftigkeit vor uns, oder muß man mit dem Nebeneinander beider Sabäergruppen rechnen? Auch **Dedan** steht in 10,7 P unmittelbar neben Saba und wird als Sohn Ragmas über Kusch von Ham hergeleitet. Jes. 21,13 erwähnt Karawanen aus Dedan, Ez. 38,13 Händler von Saba und Dedan, und Ez. 27,20 erwähnt in der großen Handelsliste, daß aus Dedan Stoffe für Satteldecken nach Tyrus auf den Markt gebracht werden. Dedan ist in der Oase El-Öla im nördlichen Hidschāz zu suchen. Von den drei Völkergruppen der **Assuriter, Letusiter** und **Lehummiter,** die im Paralleltext 1. Chr. 1,32f. übergangen werden, läßt sich lediglich für die Assuriter fragen, ob sie mit dem Assur von 25,18; 4. Mose 24,22.24; Ps. 83,9 in Beziehung zu bringen sind. Sicher ist damit nicht das Großvolk der Assyrer gemeint.

Von den fünf Söhnen Midians (4) ist **Epha** in Jes. 60,6 zwischen Midian und Saba unter den reichen Handelsgruppen genannt, die Gold und Weihrauch in das neuerbaute Jerusalem bringen. **Epher** wird von einigen mit dem Stammnamen *apparu,* der in Assurbanipals Listen erscheint, und auch mit dem heutigen Ofr in Arabien gleichgesetzt. Der Name **Hanoch** entspricht dem Namen Henoch von 1. Mose 5,18–20 P, hat aber mit diesem nichts zu tun. Auch über die in 4,17 J nach Henoch benannte Stadt und eine allfällige Beziehung zu dem Hanoch der vorliegenden Stelle läßt sich nicht ausmachen. Wer mit **Abida** und **Eldaa,** deren Namen man mit südarabischen Personennamen verglichen hat, gemeint ist, bleibt ganz dunkel.

Es ist nun bezeichnend, wie J auch diese Aufzählung von Nachkommen Abrahams in einer knappen Abschlußbemerkung (5–6) doch noch in eine gewisse Beziehung zum großen Thema der Abrahamgeschichte zu bringen versucht hat. Es geschieht durch die rein abwehrende Angabe, daß Abraham die Söhne seiner Nebenfrauen, in welcher Bezeichnung Ketura mit Hagar zusammengefaßt sein dürfte, nicht zu seinen Erben gemacht, sondern sie durch Geschenke abgefunden und sie aus dem Lande Kanaan hinaus entlassen habe. Im Unterschied zu Hagar ist Ketura nicht in eine ausgeführte Geschichte, die es mit der Segens- oder Bundesnachfolge zu tun hätte, einbezogen worden. Es wird aber ihren Söhnen gegenüber absichernd betont, daß Abraham «all seine Habe» an Isaak übergeben habe. Isaak allein ist als Vollerbe legitimiert. All die anderen Söhne ziehen weg ins «Ostland», womit hier in einer ganz allgemeinen Bezeichnung der Raum Arabiens umgriffen sein dürfte.

25,7–11   Abrahams Tod und Begräbnis

7 Das aber sind die Lebensjahre[93] **Abrahams, die er gelebt hat: 175 Jahre, 8 dann verschied er. Und Abraham starb in gutem Alter, alt und ‹lebens›-satt**[94] **und versammelte sich zu seinen Stammesgenossen. 9 Seine Söhne Isaak und Ismael aber begruben ihn in der Höhle Machpela auf dem Feld des Hethiters Ephron, des Sohnes Zohars, das gegenüber von Mamre liegt, 10 dem Feld, das Abraham von den Hethitern erworben hatte. Dort wurden Abraham und seine Frau Sara begraben. 11 Nach dem Tode Abrahams aber segnete Gott seinen Sohn Isaak. Und Isaak wohnte bei Beer-Lahai-Roi.**

In diesem Stück ist P unmittelbar an seiner stereotypen Sprache und dem Wertlegen auf Datierung zu erkennen. Nur in der Angabe V. 11 b ist die Aufnahme der P fremden Ortsbestimmung von 24,62 zu erkennen. Ganz so wird dann im weiteren an die Genealogie Ismaels V. 12–17 in V. 18 noch der entsprechende Wohnortsvermerk für Ismael im Anschluß an 16,7. 12–14 angeschoben.

Der Bericht über den Tod Abrahams ist ganz so wie derjenige über den Tod Saras (23,1) mit der Angabe des erreichten Alters (7) eingeleitet. Hatten die Lebenszahlen der Väter vor der Flut noch nahe an die Tausendergrenze herangereicht (1. Mose 5, dazu Urgeschichte[3] S. 253 f.), war dann nach der Flut die Lebenszeit abgesunken, wobei Abrahams Vater Tharah nach MT noch knapp über die Grenze der 200 Jahre gelangte, so sinken die Alterszahlen nun, wie es bei Nahor vorweg schon geschehen war (11,24f.), definitiv unter die Zweihundertgrenze (Abraham 175, Isaak nach 35,28 180, Ismael nach 25,17 137, für Jakob fehlt eine Angabe in 49,33, Joseph nach 50,26 110 Jahre).

Wie dann später bei Isaak, so wird aber auch bei Abraham festgestellt (8), daß er «alt und lebenssatt» gewesen sei. Von einem Leben nach dem Tode weiß der Erzähler nichts. Ein erfülltes, mit Nachkommen gesegnetes Leben ist sattgewordenes Leben. Die Redewendung, daß einer zu seinen Familienangehörigen (oder Vätern) versammelt wird, setzt ursprünglich das Begräbnis im gleichen Familiengrabe voraus. Die Formulierung ist hier auch für Abraham, bei dem dieses ja nicht zutrifft, beibehalten worden. In gutem Frieden wird Abraham von seinen beiden Söhnen, die danach noch nahe beieinander wohnend gedacht sind und zwischen denen keinerlei Spannung herrscht, begraben (9–10). Die aus den älteren Quellen zugefügten Sätze **V. 11 b** und V. 18 führen entsprechend der Erzählung dieser Quellen auf getrennte Wohnsitze der beiden. Bedeutsam ist auch für Abraham, daß er in das Grab, das als erstes Unterpfand des eigenen Landbesitzes in Kap. 23 sichtbar gemacht worden war, gebettet wird. Ausdrücklich wird nochmals der Erwerb desselben von seinem früheren Eigentümer ausgesagt. Der eigentliche Abschluß der Abrahamgeschichte aber ist mit der Feststellung erreicht, daß Gott Isaak segnete (11 a). P greift damit

---

[93]   Wörtlich: Tage (= Zeit) der Lebensjahre.
[94]   Ein Teil der Textüberlieferung legt es nahe, das knappe «alt und satt» des MT nach dem Vorbild der völlig gleichlautenden Aussage des P über den Tod Isaaks in 35,29 durch die Vokabel «Tage» zu ergänzen. So wörtlich: «Alt und satt an Tagen.»

auf die zentrale Vokabel des J, um zum Ausdruck zu bringen, daß auch der Tod Abrahams für die von Gott geplante und nach Kap. 17 im Bund verankerte Geschichte der Verheißung, die eine Geschichte des Segens ist, nicht das Ende bedeutet. Diese Geschichte hat Zukunft und Hoffnung.

Ein Nachwort

Die Geschichten von Abraham in 1. Mose 11,27–25,11, in denen die Stimmen einer Mehrzahl von Erzählern zu vernehmen waren, haben an sehr verschiedenartige Aussagen herangeführt.

Da waren karge, erzählerisch und theologisch nicht weiter durchgeformte genealogische Listen zu finden (11,27–32; 22,20–24; 25,1–6), welche allein den Zweck verfolgten, die verwandtschaftliche Verflechtung des Ahnen Israels und in ihr Israels selber mit seinen Nachbarn sichtbar zu machen. Nur an zwei Stellen, in der Erzählung von Lot und seinen Nachkommen und den Berichten über Hagar/Ismael gewann das Erzählen von den Verwandten und den von ihnen herkommenden Gruppen größere Breite und trat je in verschiedener Weise in den Lichtkegel der besonderen Geschichte Abrahams mit Gott herein. In der Lotgeschichte so, daß dieser Verwandte zunächst an Abrahams Weg teilhatte, ja den besten Anteil am versprochenen Lande zu bekommen schien (Kap. 13). Dann aber wurde in zwei sehr verschiedenartigen Erzählungen sichtbar, an welch gefährdeten Ort er geraten war und wie er nur durch Abraham – einmal durch dessen militärisches Eingreifen (Kap. 14) und zum andernmal um seiner verwandtschaftlichen Verbundenheit mit Abraham willen, an die Gott «gedachte» (19,29 P, weniger deutlich 19,1–28 J) – aus der Lebensbedrohung errettet wurde. Segen (14,18–20) und göttliche Nachkommenverheißung (18,1–15) aber blieben Abrahams Vorrecht. Lots Nachkommen rückten gar in eine schimpfliche Ferne von der Segensgeschichte (19,30–38). Auf Ismael dagegen fiel, wenn er schon nicht der eigentliche Segensträger war und nach der Erzählung von J und E schon zu Lebzeiten Abrahams aus der Nähe Abrahams weggeriet (Kap. 16; 21,8–21, anders P 25,9), doch ein Seitenstrahl des göttlichen Segens.

In anderer Weise hielt E in 21,22–32 die Erinnerung an Auseinandersetzungen mit nicht verwandten, in 21,34 nach Kap. 26 anachronistisch als Philister bezeichneten Nachbarn im Südland und rechtliche Abmachungen mit diesen fest. Die Abrahamgeschichte schien darin ursprünglich von Isaak Erzähltes an sich zu ziehen.

Wenn in diesen Erinnerungen Abraham als der unter dem besonderen Schutz Gottes Stehende bezeichnet wird, so kommt darin zum Vorschein, was recht eigentlich das Anliegen des Erzählens von Abraham ist. Besteht die eingangs (s. o. S. 10) angesprochene, auf A. Alts These vom «Vätergott» beruhende Annahme zu Recht, daß das Überlieferungselement «Gott Abrahams» der eigentliche Kern der Erinnerung Israels an den Vater Abraham gewesen ist, so begreift sich von daher die Intensität, mit der die ganze Erzählung von Abraham um die Geschichte Gottes mit diesem Manne kreist. Das ist keine nachträgliche Verfremdung. Der J redet dabei in anachronistischer Verzeichnung schon unter dem Namen Jahwe von diesem Gott, während E und P in je verschiedener Weise die richtige Erinnerung daran bewahrt haben, daß der Jahwename erst von Mose ab bei den aus Ägypten Kommenden und dann beim landsässigen Volk der Name war, unter dem Israel seinen Gott kannte. Wenn E in der Väterzeit vom «Gott der Väter» oder individualisierend vom Gott des einzelnen Vaters redet, so dürfte er darin in die alte Erinnerung der Stämmegruppen vor ihrer Landsässigkeit zurückschauen. P dagegen schaut mit seiner Rede vom ʾēl šaddaj in eine kanaanitische Frühzeit zurück, die El früher kannte als Jahwe.

Auf die Frage, wie es denn nun zur bindenden Begegnung zwischen Gott und Abraham gekommen sei und auf welchem Grunde sie ruhe, läßt die Abrahamgeschichte verschiedene Antworten hören. Rätselhaft unverbunden, nicht voll in den Kontext eingepaßt, im vorliegenden Text schon leicht zu einer Opferszene verfremdet stand die nächtliche Bundes-Selbstverpflichtung Gottes in 15,9–12.17–18 da. Man meint in dieser örtlich nicht festgelegten Szene auf ein Element älterer Überlieferung zu stoßen, welche Gott so real gegenwärtig auszusagen wagt, wie es die altertümliche Überlieferung vom Bundesmahl Israels in seinen Vertretern auf dem Gottesberg oben (2. Mose 24,9–11) für die Mosezeit zu sagen wagt. Dabei wird Abraham die Gabe des Landes von Gott zugeschworen.

Der grundlegende Bericht des J in 12,1–3 ließ solche Anschaulichkeit vermissen. Hier ist alles in das herausrufende und zugleich verheißende Wort Gottes hineingelegt. Abrahams ganzer Weg aus der fernen Heimat im Zweistromland wird hier mit dem Gotteswort verbunden, das Volkwerdung und Land zugleich verheißt. Dabei wird die Abrahamgeschichte durch die Segenszusage in unverkennbarer Antithetik von Gott als die Gegengeschichte gegen die von J erzählten Fluchereignisse der Urgeschichte (1. Mose 3–11) gesetzt. Die Frage, mit der die Urgeschichte den Leser entlassen hatte, ob Gott es bei der bloßen Abdämpfung der Fluchwirklichkeiten bewenden lasse (s. o. S. 13), ist hier ganz voll durch eben die Berufung Abrahams beantwortet. In diesem Ruf, in dem Gott sich in seiner dreifachen Zusage (Landgabe, Mehrung zum Volk, Wirklichkeit des Segens) zu Abraham bekennt und ihn aus seiner Blutsverwandtschaft aussondert, damit er völkerweit zum Segen werde, wird der eigentliche Nerv der Geschichte Abrahams gesehen. Auf diese Zusage vom Anfang kommt J in der Abrahamgeschichte immer wieder zurück. In Sichem wird Abraham das Land, in das Gott ihn führen will, genannt (12,7). In Bethel darf er Umschau in die ganze Weite dieses Landes halten und, indem er es durchwandert, schon eine vorwegnehmende Besitzergreifung vollziehen (13,14.17). Und in Mamre bei Hebron erfährt die Verheißung des Nachkommen, eingebettet in eine alte Theophanielegende beim heiligen Baum (den Bäumen) von Mamre, ihre konkreteste Zuspitzung (18,1–15).

Auch von P wird in seiner ganz anders gestalteten Erzählung von der Begegnung Gottes mit Abraham die Antwort auf die Frage, mit der seine Urgeschichte den Hörer entließ (s. o. S. 12f.), gegeben. In der Geschichte Gottes mit der Welt soll es nicht bei der Anhalteordnung von 1. Mose 9 sein Bewenden haben. In der Welt, der Gott durch seinen Bund mit Noah die Bewahrung vor einer neuen Weltkatastrophe zugesagt hatte, bestimmt Gott durch einen nochmaligen Bundschluß (Kap. 17) nicht nur, daß Abraham Land und Nachkommenschaft bekommen soll, sondern daß Gott nun im besonderen Abrahams und seiner Nachkommen Gott sein wolle. Das Volk, in dem Gott dann zur Mosezeit sein Heiligtum begründen und in dessen Mitte er selber Wohnung nehmen will (2. Mose 29,44–46), tritt hier von ferne in Erscheinung. So greift P das in 1. Mose 15 in krasser Anschaulichkeit versichtbarte Element des «Bundes» auf, weitet es aber weit über die Landverheißung hinaus. Die Verbindung dieses innerhalb von P zentralen Rufes mit der Forderung des Auszugs aus seiner Heimat an Abraham ist hier ganz fallengelassen. Sie könnte höchstens in der Formulierung von 17,1b noch ganz von ferne anklingen, s. o. S. 69. Dafür ist alles in einen mächtigen Erlaß Gottes hinein konzentriert. Abrahams Gehorsam wird hier in der Übernahme des rituellen Zeichens der Beschneidung erkennbar. Sein Sich-Festklammern an der Landverheißung in dem Lande, das für ihn noch «Land der Fremdlingschaft» bleibt, erfährt in dem breit geschilderten Vorgang des Grabkaufes von Kap. 23 eine eigentümlich verhüllte Bezeugung.

Ein Bericht des E von der grundlegenden Begegnung des «Gottes Abrahams» mit dem von ihm Erwählten ist, wenn man 15,1–6 nicht meint E zuschreiben zu können, nicht mehr erkennbar. Eine Anspielung darauf ist höchstens in 20,13 zu erkennen.

Der so von Gott Gerufene ist nach den Abrahamerzählungen ein in besonderer Weise Gott naher und in seiner Hut stehender Mensch. J redet von ihm als dem «Gesegneten» (12,2–3; 24,1.35, vgl. auch die Spiegelung in 24,31). In anderer Weise tut das 14,19. Bei E stellen Fremde an ihm fest, daß «Gott mit ihm ist» in allem, was er tut (21,22). Als «Prophet» kann E ihn bezeichnen (20,7), während in P Fremde ihn verehrungsvoll als «Gottesfürsten» anreden (23,6).

J zeigt daneben in großer Nüchternheit in Abraham auch den in seiner Furchtsamkeit, ja gar seiner Berechnung eigenen Vorteils menschlich Fragwürdigen (12,10–20), der sich dann durch Sara widerstandslos auf den schließlich scheiternden Weg eigenmächtiger Beschaffung des Erben führen läßt (Kap.16). Seines Weibes Lachen verrät deren Ungläubigkeit der großen Verheißung Gottes gegenüber (18,12–15). Durch kräftige Eingriffe muß Gott hier immer wieder deutlich machen, daß er bei seinem Plane bleibt. E sucht dieses Allzumenschliche stärker abzudämpfen und Abrahams halbe Wahrhaftigkeit zu retten, wenn auch hier ganz ebenso die Angst des «Propheten» nicht verhehlt wird (Kap.20). In der Hagargeschichte fällt die menschliche Fragwürdigkeit bei E ganz auf Sara. In erschreckender Direktheit wird hier aber sichtbar gemacht, wie Gott auch gerade das menschlich Fragwürdige seiner wählenden Entscheidung dienstbar zu machen weiß (21,8–21). Aber noch bei P ragt, gewiß unter dem Zwang der ätiologischen Erklärung des Isaaknamens, die Aussage vom Lachen Abrahams angesichts der Verheißung Gottes an Sara (17,17) wie ein erratischer Block in seine sonst so stark das Allzumenschliche aus seinen Berichten verbannende Gottesgeschichte mit Abraham herein.

So wie bei keinem anderen «Vater Israels» hat sich dann aber gerade in den Abrahamerzählungen die tiefe Reflexion über das Leben des Erwählten vor Gott eingestellt. Letzte Erkenntnisse über dieses Leben werden dabei ausgesprochen. Am Rande der Sodomgeschichte ist es nicht nur der Gedanke, daß Abraham seinen Nachkommen Lehrer von Recht und Gerechtigkeit zu sein habe (18,19), sondern noch viel mehr der kühne Glaube, daß Gott den von ihm «Erkannten» am Wissen um seine geheimen Pläne teilhaben läßt, und das Wissen um das kühne Wagnis des Fürbittegebetes. Dieses pocht bei Gott darauf, daß er den «Gerechten», d.h. den vor ihm Rechten, nicht im Zorngericht über eine sündige Stadt umkommen lassen könne, und wird darin zugleich zum Anwalt der von Gottes Zorn bedrohten, sündigen Stadt (18,16–18.20–33). Der Einschub in die nächtliche Bundesszene (15,13–16) sinnt dem Rätsel des langen Verzugs der Einlösung der göttlichen Landverheißung nach. Im Zusammenhang damit weist er auf die vergeltende Gerechtigkeit Gottes gegenüber den ägyptischen Fronherren Israels, aber ganz so auch auf die zuwartende göttliche Langmut gegenüber den amoritischen Vorbewohnern des Verheißungslandes. In Kap.24 ist es die Reflexion auf das Geheimnis der göttlichen Führung, welcher sich der Mensch, der den Weg des Gehorsams zu gehen sucht, auch in ungeklärte Zukunft hinein anvertrauen darf. Und Kap.22 bohrt in eine wahrhaft erschreckende Tiefe hinunter der Frage nach, was Versuchung und Gehorsam gegenüber Gottes Geheiß auch in der Anfechtung durch das Rätsel Gottes bedeutet. Am knappsten aber rafft 15,6 das, was alttestamentliches Nachsinnen über das Geheimnis der Verheißung, über die Antwort des Menschen und das Urteil

Gottes über des Menschen rechtes Antworten zu erkennen vermag, in einem gedrängten Satz zusammen: «Er glaubte Jahwe, und (dies)er rechnete es ihm als Gerechtigkeit an.» Es ist schon ganz in Ordnung, wenn Paulus im Römer- und Galaterbrief gerade auf diesen Satz zurückgreift und in ihm das ausgesagt findet, was dann auch dem großen göttlichen Tun in Christus gegenüber nicht besser gesagt werden kann. So läßt Sören Kierkegaard denn die unmittelbar auf 1. Mose 22 bezogene «Lobrede auf Abraham» in «Furcht und Zittern» mit den Worten schließen: «Niemals wird er (d. h. der Lobredner) vergessen, daß du hundert Jahre brauchtest, um einen Sohn des Alters zu bekommen wider Erwarten, daß du das Messer ziehn mußtest, ehe du Isaak behieltest, niemals wird er vergessen, daß du in hundert und dreißig[95] Jahren nicht weiter gekommen bist als zum Glauben.»

So ist denn der Abraham, von dem das Alte Testament zu berichten weiß und dessen Geheimnis es in immer tiefer bohrender Reflexion auszusagen sucht, nicht zu Unrecht an die Spitze der Aussagen, in denen Matthäus die göttliche Frohbotschaft zu entfalten beginnt (s. o. S. 9), gerückt worden.

---

[95]   E. Hirsch, nach dessen Übersetzung zitiert ist, bemerkt zu diesen 130 Jahren: «Da Abraham bei der Geburt Isaaks 100 Jahre alt war, setzt Kierkegaard hier die Opferung in Isaaks 30. Lebensjahr. Diese rein willkürlich freie Erdichtung ist eines der persönlichen Geheimzeichen in ‹Furcht und Zittern›. Kierkegaard war selber 30 Jahre alt, als er ‹Furcht und Zittern› und ‹Die Wiederholung› schrieb. Er setzt also sein eigenes Lebensalter und Abrahams Lebensalter bei der Opferung Isaaks in eine heimliche Beziehung, die zugleich die innere Verwandtschaft mit Abraham wie die innere Überlegenheit Abrahams ausdrückt.»

Stellenregister

Stelle	Seite
1. Mose	
1–11	9.12f.
1	46
1,1	77
1,22.28	20.72
1,28	69
2,4a	15
2,10–14	31
2,11	65
2,17	97
2,21	54
3–11	142
4,1	124
4,4f.	54
4,17	137
5	138
5,1–32	16
5,1	15
5,18–20	137
5,22.24	69
6,9f.	16
6,9	15.69
8,1	93
9	71.142
9,1	20.69
9,18–27	56.94
10f.	20
10,1	15
10,7	137
10,10	35
10,15	56.120
10,16f.	56
10,19	36.90
10,22f.	116
10,26–29	136
10,28	137
11,1–9	18ff.
11,2	35
11,5.7	88
11,10–26	15f.18
11,24f.	138
11,26	17
25,12ff.	61
25,12–17	74f.
25,12–16	117
25,15	56.137
25,17	138
25,18	61f.64.97.103.137
25,19–26	94
25,19f.	75
25,20	136
26	25.96.105ff.141
26,4	21.51
26,8	27
26,17ff.	102
26,19–22	30
26,26	104
26,29	121
26,34f.	132
26,34	120
27,29	20
27,46	120
28,3	68
28,4	71
28,5	117
28,10–22	23f.
28,12	63
28,14	21
29	130
29,1ff.	132
30	117
30,27	21
31,6f.	130
32,2	63
32,13	64.115
32,27	89
32,29	70
33,19f.	23
34	23
34,25.30	96
34,30	30
35,10	70
35,11	68
35,19f.	122
35,20	123
35,22	117
35,27	119
35,28f.	138
36,2	120
36,6–8	30
36,7	71
36,28	116
37,1	71
38	95
40,15	40
42ff.	26
42,33f.	133
43,14	68
46,1ff.	108
46,26	130
47,9	71
47,28	118
47,29ff.	129
48,3	68
48,20	21
49,5–7	96
49,25	68
49,29ff.	119
49,29f.	120
49,30	123
49,31	122
49,33	138
50,13	119f.122f.
50,20	102
50,26	138
2. Mose	
1,5	130
1,19	40
2,15ff.	130.137
3	68
3,8.17	30.48.56
3,14	13
3,18	40
3,22	58
4,10ff.	78
4,24–26	72
6,2ff.	13
6,2f.	67
6,4	71
6,16ff.	58
7ff.	58
9,8.10	90
9,11	27
11,2	58
12,35f.40	58
13,5	56
15,21	47
17	38
19	54
19,18	90
20,2	53
21,2ff.	54
21,2	40
21,12.15–17	97
21,32	121
22,20	58
23,9	58
23,20	133
23,21	63
24,9–11	142
29,44–46	142
29,45	71
33,14f.	63
33,20	64
3. Mose	
1,14	53
3,12	53
5,7.11.15	53
11,31ff.	122
17,1ff.	52
17,3	53
18	95
18,9.11	98
18,22.25.28	88
18,24ff.	57

Stichwortregister

Abimelech, 95–99.104–107
Abrahamname, 10.15.65.69f.
Ägypten-Ägypter(in), 24–28.57–59.62.100.103
Altar, 15.23f.29f.32f.53.75.105.109.112
Amalekiter, 34.38f.
Ammoniter, 94f.
Amoriter, 34.39.48.56–58
Amphiktyonie, 117
Anrechnung, 52
Arabien, 136–138
Aramäer, 115–117.128f.137

Babylon, 35f.63.84
Baum, heiliger, 15.23.29.32.76.79.104.108.142
Beer-Lahaj-Roi, 60f.64.127–129.138
Beerseba, 101–108
Begräbnis, 118–124.138
Beschneidung, 65f.71f.74f.99f.142
Bethel, 15.24.29.32.75.80
Bethuel, 115.117.124–127
Bote(n) Jahwes, 59.63.79.84–90.101.103.109.
112.114f.124f.133
Brunnenstreitigkeiten, 104–107
Bund (Zusage, Verpflichtung), 48f.54–56.65–
75.104.106f.119.142
Bundesformel, 71

Dan, 34.41
Doubletten, 25f.60f.96.101.103–105

Elam, 33f.36
El eljon (Gott, der Allerhöchste), 34.43f.46f.68
El olam (Gott Ewigkeit), 68.104.108
Elieser, 41.47.51
Elohist, 13.25.49.96–114.141.143
'él šaddaj, 65.67–69.141
Entwöhnungsfeier, 101
Erdbeben, 91
Erhörungswort (priesterliches), 50.103
Erwählung, 82.102.143
Exodus, 57f.63

Fluch, 20f.142
Fremdling-(Schutzbürger-)schaft,24.26f.65.71.
87.95.97.104.118.120.123.132
Führung, göttliche, 19.134f.143
Fürbitte, 83.95.97f.

Gastlichkeit, 77–80.87
Gebet, 128.133–135, vgl. auch Fürbitte
Gebote, 82f.
Gerar, 25.27.95.97.102.105f.
Gerecht,Gerechtigkeit,47.52.57–59.80–84.143f.
Geschichtsreflexion, 57–59
Glaube, 19.47.51f.78.83.113f.114.144
Grab, 118–124.138

Hagar, 59–65.100–104.128.136f.141.143
Haran, 15–18.26.129
Hebräer, 34.40
Hebron, 24.29.32f.40.75.79.118f.122.142
Hethiter, 36.48.56.118–120.132.138
Hiob(frage), 83f.116
Hungersnot, 26
Hurriter, 38

Isaak, 10.66.73.78.99–102.105f.108–115.124–
138.141.144
Ismael, 59–61.64–66.74.100–104.128.136–138.
141

Jahwist, 12.18–33.35.49.75–95.100.105.109f.
127f.135–137.141–143
Jericho, 31
Jerusalem, 43.45–47.110

Kades, 34.37f.60f.
Kanaan(iter), 15f.29f.48.56.88.118f.124f.131f.
Kaufpreise, 121f.
Keniter, 48.56
Ketura, 135–137
Koran, 74

Laban, 125f.130
Lohn, 50f.
Lot, 15.29–32.34.39.42f.75.84–95.141

Machpela, 118f.121.138
Mamre, 29.32–34.40.49.75f.79.100.118f.122.
138.142
Melchisedek, 34f.43–47
Menschenopfer, 110
Midian, 137
Moab, 94f.
Moria, 108–110

Nachtgesicht (-traum), 47.50.95.97.111
Nahor (Stadt Nahors), 15f.18.115–117.124–
126.128.132
Name, 20.65f.69f.72–74

Opfer, 53.55.108–115

Paran (El-Paran), 34.38.101.103
Pheresiter, 29f.48.56
Philister, 96.104f.107.141
Priester(-König), 44–47
Priesterschrift, 11f.15–18.29f.35.60.66–75.86.
93.99f.118–124.138f.141–143
Prophet, 50.95.97.121.143

Rebekka, 115.117.124–135
Reisebericht, 22–24.32f.75

Bisher erschienen

Altes Testament

Walther Zimmerli
1. Mose 1–11: Urgeschichte. 3. Aufl., 436 Seiten, Pappband.
1. Mose 12–25: Abraham. 150 Seiten, kartoniert.

Georg Fohrer
Jesaja 1–23. 2. überarb. Aufl., 263 Seiten, Pappband.
Jesaja 24–39. 2. überarb. Aufl., 205 Seiten, Pappband.
Jesaja 40–66. 268 Seiten, Pappband.

Robert Brunner
Ezechiel 1–24. 2. überarb. Aufl., 268 Seiten, Pappband.
Ezechiel 25–48. 2. überarb. Aufl., 158 Seiten, Pappband.

Heinrich Kühner
Zephanja. 70 Seiten, Pappband.

Robert Brunner
Sacharja. 176 Seiten, Pappband.

Neues Testament

Wilhelm Michaelis
Das Evangelium nach Matthäus. Kap. 1–7. 384 Seiten, Pappband.
Das Evangelium nach Matthäus. Kap. 8–17. 392 Seiten, Pappband.

Gottlob Spörri
Das Evangelium nach Johannes. Kap. 12–21. 220 Seiten, Pappband.

Ernst Gaugler
Der Brief an die Römer. Kap. 1–8. 2. Aufl., 366 Seiten, Pappband.

Eduard Schweizer
Der 1. Petrusbrief. 3. Aufl., 116 Seiten, Pappband.

Charles Brütsch
Die Offenbarung Jesu Christi. Johannes-Apokalypse.
Kap. 1–10. 2. überarb. Aufl., 415 Seiten, Pappband.
Kap. 11–20. 2. überarb. Aufl., 391 Seiten, Pappband.
Kap. 21/22. Anhang, Lexikon, Bibliographie. 2. überarb. Aufl., 395 Seiten,
Pappband.